U0952451

教育人类学书系

滕星 主编

中国教育人类学简史

陈学金 著

PEOPLE'S EDUCATION PRESS 人民教育出版社
·北京·

本书封四贴有含人民教育出版社注册商标的标识，无此标识者视为盗版图书。

图书在版编目（CIP）数据

中国教育人类学简史 / 陈学金著. —北京 ：人民教育出版社，2018.6
（教育人类学书系）
ISBN 978-7-107-32718-6

Ⅰ.①中… Ⅱ.①陈… Ⅲ.①教育人类学－历史－中国 Ⅳ.①G40－056

中国版本图书馆 CIP 数据核字（2018）第 135248 号

中国教育人类学简史

出版发行 人民教育出版社
（北京市海淀区中关村南大街 17 号院 1 号楼 邮编：100081）
网 址 http://www.pep.com.cn
经 销 全国新华书店
印 刷 山东临沂新华印刷物流集团有限责任公司
版 次 2018 年 6 月第 1 版
印 次 2018 年 7 月第 1 次印刷
开 本 787 毫米×1092 毫米 1/16
印 张 22
字 数 280 千字
印 数 0 001～1 000 册
定 价 56.00 元

版权所有・未经许可不得采用任何方式擅自复制或使用本产品任何部分・违者必究
如发现内容质量问题、印装质量问题，请与本社联系。电话：400-810-5788

教育人类学书系

策　　划：郭　戈　刘立德

主　　编：滕　星

编　　委（按姓名音序排列）：

巴战龙　陈学金

樊秀丽　海　路

李政涛　刘　捷

刘　谦　刘立德

滕　星　袁同凯

书系责编：刘立德　刘　捷

“教育人类学书系” 总目

- 《中国教育人类学简史》

  陈学金/著

- 《美国教育人类学简史》

  袁同凯　等/著

- 《德国教育人类学简史》

  李政涛　等/著

- 《中国教育人类学基本文献导读》

  海路　滕星/主编

- 《外国教育人类学基本文献导读》

  樊秀丽　刘谦/主编

- 《教育人类学理论导引》

  巴战龙/著

“教育人类学书系”
总序

人类学（anthropology）是全面研究人及其文化的学科。广义而言，人类学兼具自然科学、人文科学和社会科学的性质。生物人类学探讨现代人类的生物性差异，研究人类的起源与演化；哲学人类学有着悠久的历史传统，非常注重哲学思辨和演绎；社会文化人类学则主要使用田野调查、参与式观察的方式，研究某一人群的生存方式、政治组织、亲属制度、宗教信仰、民间风俗、价值观念等层面的社会文化。从根本上说，社会文化人类学是一门通过研究他者，理解他性和自性，来达到跨文化理解和沟通目的的学问。

教育人类学（anthropology of education）是一门由教育学和人类学相互交叉而形成的综合的开放性的学科，它主要应用人类学的理论、方法研究教育现象与教育问题。教育人类学作为一门新兴的综合学科，理应广泛吸收哲学、人类学、教育学、语言学、心理学、生物学、社会学、政治学、历史学等学科的研究成果。教育人类学既是一门应用学科，也是一门创新性的理论学科。

自 19 世纪末 20 世纪初人类学与教育学结合以来，教育人类学的内涵经历了一个不断充实与调整的过程，不同国家和地区的教育人类学研究形成了不同的特色。以德国、奥地利为代表的哲学教育人类学侧重于从人的本质、教育的本质、人接受教育的可能性与需要性出发，以思辨的方式从哲学的高度研究教育的理论与实践问题。以美国为代表的文化教育人类学继承了英美社会文化人类学的理论框架、概念与田野工作的方法，使用民族志和跨文化比较的方法研究教育的理论与实践问题。文化教育人类学的研究范围包括少数族群教育（包括移民教育、土著教育等）、多元文化教育、正规学校教育等，核心研究主题包括少数族群学生的文化适应、学业成就、双语教育、文化与人格养成、族群身份与认同、性别教育、宗教教育、学校亚文化、教师专业成长等内容。

社会文化人类学取向的教育研究，将教育视作历史、社会、文化、政治、经济的综合存在，力图通过扎实的田野工作与民族志撰述以及跨文化的比较，揭示文化、社会、教育与个体之间错综复杂的互动关系。田野工作、民族志撰写、理论阐释或建构是人类学研究的三个重要环节，也是教育人类学的显著标识。

教育人类学在国外已经取得了长足的发展，其作为教育学和人类学的分支学科的学科地位早已确立，并对许多国家的教育政策制定、学校教育改革和教育评估等产生了重大影响。由于教育人类学关注少数族群和处境不利群体，注重促进社会公平与正义，因此获得了良好的学术声誉。

中国教育人类学研究至少可以追溯到人类学燕京学派的教育研究和民国时期的少数民族教育和边疆教育研究。从 20 世纪 80 年代开始，中国开始系统引进西方教育人类学的学科知识，传播教育人类学的基本思想和理论方法。在 20 世纪 80 年代末 90 年代初，中国学者开始尝试结合西方教育人类学理论，研究本土的教育问题或试图构建本土的教育人类学的理论体系，同时开展教育人类学的田野工作。

中国教育人类学研究以少数民族教育问题研究为主阵地，经过最近十多年的快速发展，研究范围已经逐步扩展到主体民族汉族的正规教育与非正规教育，而且对外国教育问题的民族志研究已经初现端倪。从现实来看，中国教育人类学研究具有如下特点：从研究对象来看，格外关注异质文化群体中的教育问题，特别是关注边缘、弱势群体（少数族群、移民、原住民、流动人口等）的教育问题；从研究的方法来看，强调研究者亲身经历、体验真实的教育和生活实践，强调倾听被研究者的主位观点，以获取第一手资料，自下而上地阐释问题、构建理论；从研究价值和立场来看，倡导尊重和理解异文化中的他者，关注边缘与弱势群体的教育和社会地位的改善，强调教育公平和社会公正。

经过几代学人的共同努力，近年来，中国教育人类学出现了注重学科建设，注重在本土经验研究基础上探讨全球性议题，更加关注现实教育问题解决的新气象。中国人类学民族学研究会教育人类学专业委员会（简称中国教育人类学专业委员会），2012 年 4 月 6 日获得中国人类学民族学研究会批准筹备成立，2013 年 6 月 19 日正式通过民政部审批成为中国人类学民族学研究会的二级分支机构。中国教育人类学专业委员会已于 2014 年 3 月在中央民族大学、2015 年 11 月在广西民族大学、2017 年 7 月在西北师范大学举办了三届年会。以此为重要标志，中国教育人类学研究已由应用的非学术化阶段正式进入组织化的学术化发展阶段。

进入 21 世纪以来，中国已经更加全面地融入世界经济、政治和文化格局之中。伴随着全球一体化与民族和地区文化多样性之间的矛盾与冲突、社会文化差异与机会均等、国家整合与文化多样性的讨论，中国教育人类学迎来了前所未有的发展机遇。我们相信，凭借对教育实践的田野观察、主位理解、整体关注的学科优势，教育人类学将会成为一门重要的综合性的社会科学。

恰逢此时，人民教育出版社为贯彻落实习近平总书记在哲学社会科学工作座谈会上的重要讲话精神，纪念中国改革开放四十周年，计划推出一套“教育人类学书系”，邀请我担任主编。组织编写教育人类学理论研究著作，旨在总结、展示我国教育人类学研究成果，推动中国教育人类学的学科发展。这是一件非常有益的大事。希望教育学界、人类学界、社会学界的有识之士向我们推荐优秀作者和作品，以促进学术共同体的交流与学术对话，共同推动中国特色教育人类学体系的发展。我们相信，随着“教育人类学书系”的陆续出版，教育人类学学科将为中国的教育改革与发展做出更大的贡献。

2018 年 6 月 10 日

于中央民族大学

（滕星先生系中央民族大学教育学院教授、博士生导师，中国人类学民族学研究会教育人类学专业委员会理事长，“教育人类学书系”主编）

目　录

上编　总论

中编　百年史论

上编　总论

第一章　绪论：中国教育人类学历史研究的若干问题

第一节　问题缘起和研究意义

“悲夫！百家往而不反，必不合矣！后世之学者，不幸不见天地之纯，古人之大体，道术将为天下裂。”① 用此段话语描述当前中国教育人类学的研究现状，虽有以大概小之嫌，但当前中国教育人类学研究确有既不重视返回历史，也不注重全面占有资料进行学者间对话的倾向，表面上的欣欣向荣实际上隐藏着危机。至少可以说，当前的中国教育人类学研究缺少一种总体性的眼光，这成为影响学科持续发展的一个重要问题。

但同时，这可能并不是写作一部“中国教育人类学史”的最佳时机，因为在很多研究者看来，中国教育人类学研究似乎还没有取得什么可圈可点的成绩。就在这项研究正式开题之时（2012 年），还有学者以“小荷才露尖尖角”来比喻中国教育人类学的现状。这在一定程度上说明很多研究者对教育人类学缺乏最基本的了解。甚至，很多专门从事教育人类学研究的学者和研究生，也对这一学科的历史缺少全面系统的认识。仅仅从这点来看，中国教育人类学的历史研究就像箭在弦上，而不得不发。教育人类学的学科历史研究是打破人们对该学科的狭隘认识、主动扩大学科学术影响的必然选择。

① 《庄子・杂篇・天下》。

当前，中国的教育人类学正处在快速发展的时期。在优秀作品不断涌现的同时，也存在着一些打着“教育人类学”旗号一哄而上的庸俗化表演——一些冠以“人类学分析”“教育人类学研究”的论文，文本缺少人类学的韵味，其观点甚至有违于人类学的基本理念。这一良莠不齐的发展局面是令人尴尬的，这种混乱局面在一定程度上降低了教育人类学的学术声望。但是，这可能是一门学科发展到一定程度的必然产物，这种情况也表明中国教育人类学研究具有独特的魅力，其影响力在持续扩大。

中国教育人类学在 20 世纪 80 年代之后取得了快速发展，已经积累了一批学术水平较高、具有中国本土特色的教育民族志和教育人类学作品。尤其在少数民族教育领域，中国教育人类学越来越发挥其独特的理论价值和应用价值。中国的教育人类学已经过了“言必称西方”的时代，系统梳理、总结中国教育人类学的历史与经验，也是向国外学术界介绍中国实践、增强中国教育人类学学科影响力的基础和前提。

教育人类学的学科发展，一方面来自学者们借鉴、吸收国外学术理论和方法，积极主动地开展本土实践，另一方面也离不开全面而富有批判性地回顾与反思本土学科发展历程。真正实现学科的本土化，离不开对前人成果、经验、教训的归纳、吸收与升华。因此，教育人类学学科历史研究是加快学科发展的基础和前提。

在中国，专门从事教育人类学研究的学者越来越多，但是由于不同学者具有不同的专业背景、研究旨趣，学科并未因循相同的研究主题和路径发展。因此，教育人类学学科历史研究同时也是凝聚学科认同、凝练学术研究方向的重要手段。此外，对教育人类学的学科历史和发展现状做系统的梳理和研究，还是学习教育人类学的一个重要途径。

第二节 中国教育人类学史的研究现状

尽管中国教育人类学的研究队伍日见壮大，研究成果日见丰富，但是国内学界目前对中国教育人类学研究的系统梳理与评析尚不多见。在中国人类学界颇具影响的《中国民族学史》(上、下)① 以及《中国人类学史》② 中并未有教育人类学历史的专门论述。民族教育研究作为中国教育人类学研究的重要领域，有一些研究者对其历史和发展现状做了分析。安雪慧运用文献计量学原理，统计、分析了《民族教育研究》杂志 1990—1995 年所刊载的 403 篇学术论文的内容、研究方法和所附引文，定量地描述了该刊论文的核心研究内容、研究方法和该刊的引文量、类型、语种等的分布。③ 滕星较为系统地梳理和总结了 20 世纪中国民族教育学的产生和发展历史，将中国民族教育学的发展分为孕育（20 世纪初至 1979 年）、独立（1979—1990 年）和完善（1991 年以后）三个阶段。④ 陈立鹏撰文分析和总结了中国改革开放 20 年间的民族教育的成绩与不足、经验与教训，并在此基础上探讨了 20 世纪末及 21 世纪初少数民族教育发展的对策。⑤ 常永才对 20 世纪 80 年代至 20 世纪末的中国民族教育学的发展历程、学科建设成就和主要问题进行了论述。⑥ 彭亚华的硕士学位

① 王建民著：《中国民族学史》(上卷)，云南教育出版社 1997 年版；王建民、张海洋、胡鸿保著：《中国民族学史》(下卷)，云南教育出版社 1998 年版。

② 胡鸿保主编：《中国人类学史》，中国人民大学出版社 2006 年版。

③ 安雪慧：《〈民族教育研究〉学刊所载论文的文献计量研究》，《民族教育研究》1996 年第 4 期。

④ 滕星：《中国民族教育学的产生与发展》，《民族教育研究》1999 年第 1 期。

⑤ 陈立鹏：《我国少数民族教育回顾及前瞻》，《贵州民族研究》1999 年第 1 期。

⑥ 常永才：《中国少数民族教育学研究：历史、成就与问题》，《中央民族大学学报》(哲学社会科学版) 2000 年第 1 期。

论文以13所民族院校学报、5大自治区师范院校学报、7大师范院校学报、《民族教育研究》和《教育研究》以及1949—2003年出版的主题为少数民族教育的著作为研究对象，主要运用文献计量学，辅之以比较研究的方法对文献进行了分类、统计和分析，并着重论述了我国民族教育研究的发展趋势、成就及存在的问题。① 其后，滕星、彭亚华撰写了《20世纪80年代后的中国民族教育研究发展综述》一文，对20世纪80年代后的中国民族教育研究进行了系统说明。②

论及中国教育人类学历史的作品主要包括下述几篇文章。滕星的《回顾与展望：中国教育人类学发展历程——兼谈与教育社会学的比较》一文介绍了中国教育人类学的学术渊源、教育人类学的学科意识、中国教育人类学与民族教育的关系，回顾了中国教育人类学20多年来的发展历程，并展望了未来发展的趋势。此外，作者还比较了中国教育人类学与教育社会学之间的区别与联系。③ 吴晓蓉在《教育人类学研究的本土实践》一文中，从研究对象与研究内容、研究方法与方法论、学科体系与理论构建、学科建设与发展四个方面综述了20世纪90年代之后中国教育人类学的发展。④ 吴晓蓉随后的文章《中国教育人类学研究述评》更为系统地对20世纪80年代教育人类学的引进、兴起和发展做了梳理，并得出中国教育人类学学科尚处于创立阶段的结论。⑤ 祁进玉

---

① 彭亚华：《中国民族教育研究的回顾与前瞻》，中央民族大学硕士学位论文，2004年。

② 滕星、彭亚华：《20世纪80年代后的中国民族教育研究发展综述》，《中央民族大学学报》（哲学社会科学版）2007年第2期。

③ 滕星：《回顾与展望：中国教育人类学发展历程——兼谈与教育社会学的比较》，《中南民族大学学报》（人文社会科学版）2006年第5期。

④ 吴晓蓉：《教育人类学研究的本土实践》，《教育学报》2009年第6期。

⑤ 吴晓蓉：《中国教育人类学研究述评》，《民族研究》2010年第2期。

的《教育人类学研究：中国经验30年（1978—2008）》① 和《中国教育人类学研究的现状与反思》② 及张宏宇的《教育人类学在中国的发展及当前面临的主要问题》③ 也在一定程度上对中国教育人类学的发展做了梳理。

教育史学者田正平、叶哲铭注意到1949年之前的人类学著作中就已包含了对乡村教育的描述与分析，他们还对廖泰初的《动变中的中国农村教育：山东省汶上县教育研究》、费孝通的《江村经济》、杨懋春的《一个中国村庄：山东台头》中的教育内容做了分析。④ 这篇文章的重要意义在于，它在一定程度上确认了教育人类学在民国期间就已经存在，而且有待于进一步挖掘。马玉华著《国民政府对西南少数民族调查之研究（1929—1948）》⑤ 一书较为系统地研究了国民政府及云南、贵州、四川、西康等省政府对西南少数民族的官方调查，详细论述了民国时期的边疆民族政策发展演变及主要特征，其中涉及民族学家、人类学家对少数民族教育的调查研究。张建中所撰《早期民族学界参与边疆教育述略》一文对20世纪前半期中国民族学和人类学界参与的边疆教育研究做了较为系统的梳理。⑥ 这些研究论著为寻找和构建中国教育人类学的早期历史提供了珍贵的线索。

---

① 祁进玉：《教育人类学研究：中国经验30年（1978—2008）》，《民族教育研究》2009年第5期。

② 祁进玉：《中国教育人类学研究的现状与反思》，《湖南师范大学教育科学学报》2009年第4期。

③ 张宏宇：《教育人类学在中国的发展及当前面临的主要问题》，《高教论坛》2010年第9期。

④ 田正平、叶哲铭：《微观视野下的中国近代乡村教育——相关人类学著作的若干启发》，《湖南师范大学教育科学学报》2008年第6期。

⑤ 马玉华著：《国民政府对西南少数民族调查之研究（1929—1948）》，云南人民出版社2006年版。

⑥ 刘迎胜主编：《元史及民族与边疆研究集刊》（第24辑），上海古籍出版社2012年版，第145—161页。

在美国教育人类学学者凯瑟琳·M. 安德森-莱维特（Kathryn M. Anderson-Levitt）主编的《教育人类学：关于学习与学校教育民族志研究的全球指南》（*Anthropologies of Education: A Global Guide to Ethnographic Studies of Learning and Schooling*）中，中国学者欧阳护华以《雨后春笋：中国大陆的教育人类学与民族志》为题对中国教育人类学的发展历史、重要基地、代表人物与主要作品进行了梳理，重点介绍了中央民族大学、西北师范大学、西南大学的教育人类学研究传统和特点，并且介绍了使用民族志和叙事研究方法的教育社会学研究以及外语教育领域中的民族志和叙事研究的代表人物和主要作品。①

综观已有的中国教育人类学的历史研究，可以得出以下认识：对中国教育人类学历史与现状的研究相对较少，且比较零散，并且大多数研究者视中国教育人类学为 20 世纪 80 年代之后的产物，没有系统研究 20 世纪 80 年代之前的历史；已有的历史研究多基于期刊文章的梳理与分析，文献覆盖面不完整，呈现出“只见树木，不见森林”的特征，系统对教育人类学的专著、文集、博士论文、硕士论文、期刊和报纸文章进行整合的总体性研究暂付阙如。

中国的教育人类学研究既受到英美文化取向的教育人类学的影响，也受到德奥哲学取向的教育人类学的影响，但是由于历史的原因，哲学取向的教育人类学在中国一般被划入教育哲学中，已有的研究作品既没有将它们在本国的发展历史梳理清晰，也没有阐明它们是如何传入中国并对中国的教育人类学产生影响的。也就是说，已有研究缺乏对教育人类学的两种取向的综合分析，更没有将它们放到特定的社会文化背景以及学科发展史中去探索。而

① Kathryn M. Anderson-Levitt. *Anthropologies of Education: A Global Guide to Ethnographic Studies of Learning and Schooling*. New York: Berghahn Books, 2012, pp. 235-255.

且，已有的历史研究缺少从社会文化人类学角度对学科本体论与方法论进行反思与论述。

第三节 研究内容、思路与分析框架

探寻中国教育人类学的历史发展，就是要考察不同时期教育人类学的学术思想流派的形成过程、理论观点，揭示代表人物的学术经历，分析评价学术作品的优劣，明晰学术研究机构的组建和发展过程。就本研究来说，“中国教育人类学的历史研究”的目的在于对 20 世纪以来不同时期中国教育人类学的研究主题、代表作品、代表人物及其思想、学科制度发展进行梳理与叙述，揭示不同时期学科发展特点，以及学科发展的内在逻辑，探索学科发展与社会文化背景之间的联系。

中国教育人类学的发展受到德国、美国教育人类学的影响，德国、美国教育人类学是中国教育人类学发展的重要学术背景。但是，目前国内学术界并没有针对德国和美国教育人类学的发展历程、特点展开全面、系统、准确的论述，因此本书首先对两国教育人类学的发展历史及特点做一个简明的梳理与评论。其次，在全面搜集、整理、分析文献资料的基础上，划分中国教育人类学的发展阶段，总结、分析各阶段教育人类学研究的主要议题、代表人物、代表作品、学科发展情况，并揭示学科发展与社会文化背景之间的关系。最后，在历史研究的基础上，尝试评论学科发展中的经验与问题，并针对教育人类学的学科性质、认识论和方法论、深层研究主题、未来发展等问题发表自己的见解。

在本书中，“中国教育人类学”作为研究对象，是一个广义的概念，不仅包括各时期的代表著作、代表人物以及主要理论观点，还涉及教育人类学的学科意识、研究机构、学术团体、学术刊物、课程与教材等学科建设问题。本书不仅包括对各时期中国教育人类学主要议题的叙述与评论，而且包括学科建设等问题的讨论。

本书主要使用文献研究法、比较研究法、理论研究法对国外（主要是美国和德国）和国内不同时期的教育人类学资料、作品（包括期刊论文、学位论文、文集、著作等）进行整理、分析，以认识和研究国外教育人类学的历史以及中国教育人类学在不同发展时期的特点。比较研究的实质在于从事物的相互联系和差异的比较中探索事物发展的内在逻辑。作为一种思维方法，比较研究贯穿于全书始终。

在学术研究界，学科通常指某一专门的学术研究领域，它是在众多学者的努力下经历较长时间发展而逐步形成的。一门成熟的学科包括清晰的学科发展历史、经典的学科理论、完整的知识体系、专门的研究对象、特定的研究目的以及被学术共同体所广泛认同的研究范式与价值取向。学科历史就是指一个学科从孕育、产生到发展、成熟的历史。学科历史研究是一门学科走向独立和成熟的重要标志。

一种学术思想以及由此带来的学术实践和社会实践的发生和演变并不是偶然的，也不是仅仅归功于若干研究者和研究群体的主观努力就能实现的，从根本上说，是社会发展的要求。因此，它必然受到整个时代的社会思潮与社会运动的影响，并且与其相近的学科发展有关。

任何学术思想都不是凭空产生的，都带有特定时代、特定地域、特定历史与社会文化的烙印，并且与研究者所处的社会结构、政治环境以及研究者的生活经历、知识背景密不可分。简言之，学科的发展和学术思想的演变是在具体的历史时空中，在个人与社会的互动中被创造出来的。“社会科学一向都是围绕着国家这个中轴运转的”，“国家构成了一个假想的无须证明的框架”，“社会科学的分析对象的种种过程便发生于其间”。① 英国社会学家吉拉德·德朗蒂（Gerard Delanty，又译为吉尔德·德兰逖）也认为，作为知识的制度化体系的社会科学和现代国家的兴起、发展紧密相连。他说：“16 世纪和 17 世纪的科学革命为社会科学提供了一手素材，美国 1776 年革命和法国的 1789 年革命创造了新的社会科学观念，马克思主义革命（1917 年发生的布尔什维克革命是其巅峰）重新展现了‘革命的社会科学’这一理念。”②

20 世纪以来的中国国家构建与现代化建设的历史过程不仅是中国人类学、教育学等学科引进、孕育和发展的社会文化背景，而且也是这些学科共同关注的对象，这些学科都在从不同方向上为建设一个现代的中国而努力。国家的政治、经济、文化进程对学科的发展有着深刻的影响，正如人类学者王铭铭所说，“学科建设与国家建设的对应关系，是西方社会科学的核心关系，也是中国社会科学的核心关系”，在过去的百年中，学科繁荣与衰落的节奏，与国家政治变迁的步调是一致的。③ 这是中国教育人类学学科发展史研究不能忽视的重要事实。

因此，研究一门学科诞生和发展的历史过程必须把它放到当时的社会历史环境和学术环境中去叙述和评价，这样才能不失公允。

从国外教育人类学的发展历史来看，教育人类学这门学科在产生阶段大多

---

① ［美］华勒斯坦等著，刘锋译：《开放社会科学：重建社会科学报告书》，生活·读书·新知三联书店 1997 年版，第 87 页。

② ［英］吉尔德·德兰逖著，张茂元译：《社会科学——超越建构论和实在论》，吉林人民出版社 2005 年版，第 5—6 页。

③ 王铭铭著：《人类学是什么》，北京大学出版社 2002 年版，第 214—215 页。

是由人类学家或者具有人类学背景的研究者关注和研究教育问题开始的。另外，20 世纪以来，教育学作为一门学科一直比人类学学科发展速度快，体系也更加完善，因此中国教育人类学学科的独立发展更加依赖于人类学学科的发展和完善。正是基于这两点认识，本书将中国教育人类学的发展历程主要放在人类学学科的发展轨迹中去考察，并试图描绘出宏观的社会、政治和文化变迁对学科发展的影响，见图 1-1。

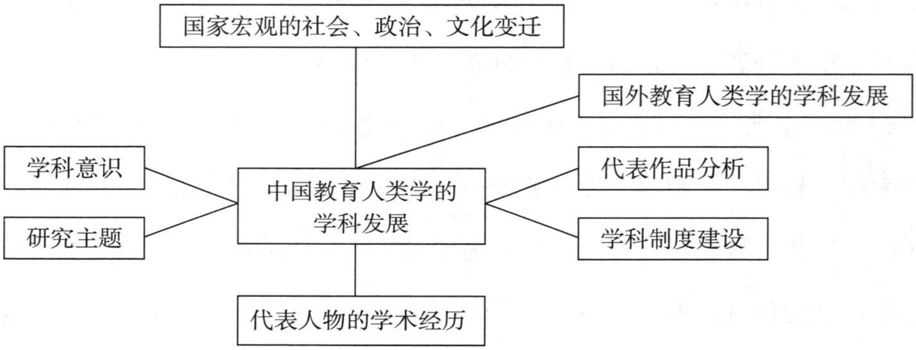

图 1-1　中国教育人类学学科历史研究的分析框架

胡鸿保认为，从 20 世纪初开始算起，中国人类学的学科发展大致经过了六个时期：1928 年以前的萌芽时期、1928—1937 年的创立时期、1938—1949 年的发展时期、1949—1966 年的恢复与发展时期、1966—1978 年的重灾期、1978 年以来的重新恢复和再度发展时期。① 人类学学者张海洋认为，中国人类学走过的历程可以分为三个阶段：1898—1948 年，“救国”是个主题，包括救亡图存、抗战建国和边政研究；1949—1978 年，“意识形态”是主题，包括“思想改造”“反右”“大跃进”“文化大革命”；1978 年之后，中国的人类学才

① 胡鸿保主编：《中国人类学史》，中国人民大学出版社 2006 年版，第 6 页。

有了正常的发展环境。1978年之后十年的主要工作是恢复队伍和整理遗产。中国人类学发展的前90年属于“问题取向”，后来才出现“学科取向”。① 人类学发展的脉络是分析中国教育人类学的发展历程的重要依据，但同时也要注意，德语世界的教育人类学中的人类学主要指哲学意义上的人类学，或者称为哲学人类学，因此德语世界的教育人类学对中国的学术影响并不受中国人类学学科发展的影响。但是，德语世界教育人类学在中国的传播和发挥影响，也是受到中国宏观的社会、政治和文化变迁的影响，而且在一定程度上，它和中国人类学发展中面临的问题是相同或相似的，因此，本书以中国人类学的发展线索作为中国教育人类学的发展线索是可行的。

在分析某一阶段中国教育人类学的发展现状时，本书将主要从学科意识、研究主题、代表作品、学科制度以及代表人物的主要学术经历五个方面展开。在某个阶段，可能会由于资料的限制，只对这五个方面的某些方面展开分析。另外，由于我国台湾地区的教育人类学的发展历史有其特殊性，将会单列一章集中论述。

第四节　界定研究对象的策略

确定教育人类学作品的标准非常关键。这个标准实际上也是教育人类学学科的界限。一般来说，判定一个学科的标准主要依据专门的研究对象和独特的研究方法。但是，随着社会科学的发展，学科互涉和边界跨越已经非常普遍，

① 张海洋：《马林诺斯基与中国人类学——〈科学的文化理论〉译序》，载［英］马林诺斯基著，黄剑波等译：《科学的文化理论》，中央民族大学出版社1999年版。

并已经成为当代学科发展的一种文化现象。① 因此，判定一门学科不能仅仅关注研究对象和研究方法，还要考虑学者的知识背景、研究旨趣以及学者对自己研究作品的“宣称”。

多元文化教育作为一种教育研究思潮、社会改革运动与教育人类学一同传入中国，由于其在研究对象、研究方法、研究旨趣上与英美等国的教育人类学多有重合，所以在中国一般把多元文化教育列入教育人类学研究的范畴。另外，中国的教育人类学的发展又受到弗莱雷、阿普尔、吉鲁等批判教育学派学者的影响，这在研究分析中也应该引起足够的重视。

一般认为，按照内容领域划分，中国的教育人类学的研究对象涉及少数民族教育、双语教育、多元文化教育、移民教育、原住民教育、乡土教育等。但是反过来说，就不一定成立，即并不能认为所有涉及这些内容的研究都是教育人类学的研究。但是，对于什么是教育人类学、教育人类学的研究应该具有怎样的性格或精神，在学界并没有统一的认识。

本书认为，教育人类学的内涵是一个动态的历史建构过程。本书将会首先辨析教育人类学的概念。从发生学角度来看，事物的产生和发展具有过程性，概念的内涵具有历史性，在每次的理解中，概念都会被重构和解释，被赋予新的内涵。本书无意陷入学科名称、学科归属的争论，而遵从人类学在中国发展的基本事实和脉络来阐释教育人类学的发展。也可以认为，在本书中的人类学属于广义的概念，要依据不同的历史阶段、不同的研究者对其界说。

本书采用充分尊重历史、标准逐步升高的方式作为判定教育人类学作品的

① 马维娜：《教育社会学拓展的可能空间》，《北京师范大学学报》（社会科学版）2007 年第 3 期。

标准。从时间上来看，20 世纪初，国外人类学、民族学的思想就已经进入了中国，早期的人类学、民族学、社会学学者就进行了卓有成效的本土化研究。尽管那时，一个现代意义上的独立的教育人类学学科并没有出现，但是早期的中国人类学家、民族学家所做的关于教育问题的研究与论述可以看作中国教育人类学的萌芽。当然，还有相当一部分教育学者在国外接触到了人类学、民族学的相关理论和方法，他们对于中国教育问题的研究，如果运用了实地调查的研究方法，用人类学的理论解释教育问题，那么这些论述也应该算作中国教育人类学研究的“前奏”。

20 世纪 50 年代至 70 年代末，人类学、民族学、社会学被撤销，教育学研究也陷入了停滞状态，大多数研究者中断了以往的研究，所有有关民族的研究只能在苏联民族学理论的指导下进行。我们对这段历史应该给予重视，并指出它对后来学科发展的影响。

20 世纪 80 年代以后，国外较为成熟的教育人类学学科被引进，并经过十多年的发展进入了快速发展期。应该承认，少数民族教育研究是孕育和催生教育人类学最重要的母体，少数民族教育研究在中国教育人类学发展史中具有重要地位。但是，进入 20 世纪 90 年代，尤其是进入 21 世纪之后，我们不能把少数民族教育研究全部算作教育人类学研究。这时中国的教育人类学已初步形成了一个有别于民族教育学的独立学科。如果把文化取向的教育人类学看作一门应用学科，一个作品是否属于教育人类学，我们就不仅要看它是否使用了人类学的理论、概念和方法，是否撰写了民族志，还要看其是否有明确的学科意识，是否应用了人类学等社会科学理论进行理论构建，以及研究者是否受过教育人类学的专业训练。虽然后两个标准看似有些苛刻，但这是教育人类学学科发展的必然。对于多元文化教育这个领域，我们还是采取比较温和的态度，但是单纯地介绍国外思想和理论显然已不是优秀著作的标准，本土化实践已经具备了条件和基础。

中国教育人类学不仅指中国大陆的教育人类学，还包括中国台湾地区的教育人类学。从研究主体来看，中国教育人类学不仅包括中国学者所做的教育人类学研究，而且包括国外研究者运用人类学的理论方法对中国教育所做的研究。限于研究者的语言能力，本书只涉及笔者目前可以查找到的英文文献。

第二章　教育人类学发展简况

从20世纪20年代末开始，德国精神科学教育学派（德国教育人类学的前身）的理论与思想就被介绍到中国。20世纪80年代之后的中国教育人类学研究则既受到德国教育人类学的影响，又受到美国教育人类学的影响。国外教育人类学研究从一个模糊的研究领域或一种理论思潮到形成一门独立的学科，经历了一个漫长的发展过程。一般认为，教育人类学学科萌芽于19世纪后期，形成于20世纪中期，并在20世纪70年代产生了广泛影响。因此，厘清国外教育人类学的发展历程是研究中国教育人类学历史的前提和基础。

第一节　教育人类学的三种内涵

“概念绝非漫无目标的玄学思辨，而是根源于特定地域，成长于特定社会背景，成型于既定的时空。”① 作为一个专有名词，或者一门交叉学科，要明晰教育人类学是什么，必须首先明确人类学的内涵。从词源上考证，“anthropology”一词由anthropos（人或与人有关的）以及logia（学问或研究）组成，意思是“与人有关的研究”或“研究人的学问”。据英国人类学家哈登（A. C. Haddon，1855—1940）的考证，人类学一词的拉丁文（anthropologium）最早

① ［英］埃里克·霍布斯鲍姆著，李金梅译：《民族与民族主义》，上海人民出版社2000年版，第219页。

出现在德国哲学家马格纳斯·亨特（Magnus Hundt，1449—1519）于1501年出版的《人类是万物之灵》一书中，此书对人体解剖学和生理学进行了概括性研究。①

德国哲学家马克斯·舍勒（Max Scheler，1874—1928）在其1928年所著的《人在宇宙中的地位》一书的开篇讲到人类学分为三类：一是具有犹太—基督教传统的神学人类学，二是古希腊—古典文化内的哲学人类学，三是自然科学和发生心理学思想范围内的自然科学的人类学。② 事实上，在拉丁语系的国家中，人类学一开始就沿着两个方向研究：一个方向是自然科学意义上的体质人类学，另一个方向是基于哲学或神学思维的关于一般的人的理论的研究。后来，随着社会的发展，由于加强了对非西方国家各民族及其文化的研究，才产生了民族学。③ 最后一种关于各民族及其文化研究的民族学在英国一般称为社会人类学，在美国称为文化人类学。20世纪50年代，法国人类学家克洛德·列维-斯特劳斯（Claude Lévi-Strauss，1908—2009）曾形象地描述人类学的学科形象："人类学仿佛双足在自然科学里，背靠着人文科学，眼睛却盯着社会科学。"④

综上所述，当前人类学这一术语主要包括三种取向（见表2-1）。一是主要以哲学思辨为方法对人和人类社会进行阐释的哲学人类学研究。二是针对人类自然特性的体质方面的研究。这一取向目前主要采用自然科学的方法，这种研究被称为体质或生物人类学研究。三是期待对人类的文化、社会进行全面、客

---

① ［英］A.C.哈登著，廖泗友译：《人类学史》，山东人民出版社1988年版，第1—2页。

② ［德］马克斯·舍勒著，李伯杰译：《人在宇宙中的地位》，贵州人民出版社2000年版，第1—2页。

③ ［法］高宣扬著：《德国哲学通史》（第2卷），同济大学出版社2007年版，第634页。

④ ［法］克洛德·列维-斯特劳斯著，张祖建译：《结构人类学》(1)，中国人民大学出版社2006年版，第332页。

观认识的文化取向的人类学研究。这一取向的研究注重在田野调查和撰写民族志基础上阐释现实或构建理论。这种划分的主要根据是研究内容以及采用的研究方法。这三种取向的划分并不是绝对的，三者之间的研究思路、研究方法可以相互借鉴、移植，其研究结果也可以相互印证。

表 2-1　人类学研究的三种取向以及主要分支学科或研究领域

	研究取向	主要分支学科或研究领域
人类学	思辨的/哲学的取向	生物哲学人类学
		宗教哲学人类学
		心理哲学人类学
		文化哲学人类学
	自然科学取向	体质人类学（生物人类学）
	人文社会科学取向	语言人类学
		考古人类学
		社会—文化人类学（民族学）

哲学人类学（philosophical anthropology）有四种含义：①从哲学的角度对一切有关人的科学进行理论探讨的学科；②围绕人的本质、价值、发展方向等问题进行讨论的哲学学科；③当代西方哲学中着重讨论人的问题的各个流派，即与着重讨论科学问题的科学主义相对立的人文主义各派；④由德国哲学家马克斯·舍勒首创的当代西方哲学中的一个流派。[①] 可见，这四种含义的外延越来越小，大致呈现出一种逐级包含与被包含的关系。

18 世纪的德国大哲学家伊曼努尔·康德（Immanuel Kant，1724—1804）的独特贡献使哲学人类学在德国哲学传统中始终占据一个非常特殊的地位。[②] 康德曾长期在大学讲授人类学课程，并著有《实用人类学》一书。哲学人类学

① 李鹏程主编：《当代西方文化研究新词典》，吉林人民出版社 2003 年版，第 371—372 页。

② ［法］高宣扬著：《德国哲学通史》（第 2 卷），同济大学出版社 2007 年版，第 629 页。

这一传统在德国经由狄尔泰（W. Dilthey，1833—1911）、马克斯·舍勒、卡西尔（E. Cassirer，1874—1945）、普列斯纳（H. Plessner，1892—1985）、格伦（A. Gehlen，1904—1976）、兰德曼（M. Landmann，1913—1984）等人的努力，成为西方哲学史的重要一支，并持久地对西方人文社会科学的发展产生了影响。

体质人类学还被称为生物人类学（biological anthropology），也曾一度被称为人种测量学、人种学、民种学、种族学等，它是人类学最早的分支研究领域之一。这个学科注重人类的起源，人的体质特征，人类进化和变异的过程和机制，人种、种族的分布、差异及演化，以及人类体质与文化之间关系等方面的研究。体质人类学研究大致可以分为如下几个方面：人体形态学（含解剖学、生理学、生化学和人体测量学），生物进化论（含生物学、古生物学、遗传学等），灵长类学（含社会生物学和生态学），古人类学（人类起源学），人种学（民族人类学），人的体质与文化的关系。① 第二次世界大战之后，随着研究仪器、研究技术的不断改进提升，体质人类学研究越来越倾向于成为一门自然科学。体质人类学也被哲学人类学家称为“科学人类学”②。

虽然在不同的国家和地区，千百年之前就有类似于民族志的文章或典籍，但是西方的社会文化人类学被认为是伴随着环球地理大发现、资本主义生产方式的扩张以及帝国主义的殖民统治而发展起来的。20 世纪 20 年代，以马林诺斯基（B. Malinowski，又译马林诺夫斯基、马凌诺斯基等）的功能论、拉德克利夫-布朗（Radecliffe-Brown）的结构功能论以及博厄斯（F. Boas）的历史特殊论为标志，现代人类学才得以建立。马林诺斯基建立的田野工作（field

① 庄孔韶主编：《人类学通论》（修订版），山西教育出版社 2004 年版，第 76—77 页。
② ［德］兰德曼著，阎嘉译：《哲学人类学》，贵州人民出版社 2006 年版，第 3 页。

work）赋予了人类学方法论的独特地位。

马林诺斯基曾经说人类学是“一门在科学中历史最短、抱负最大”的“研究人类的科学”。① “建立在近代科学观念基础之上的人类学，期待在人类的自然特性和人类的文化创造这两个方面客观地认识人，避免神创论的影响。”② 马林诺斯基所说的人类学主要指的是人类学的两个面向，如果加上哲学的人类学，那么人类学的历史无疑将更长，抱负也更大。

目前，在社会文化人类学界，最广义的人类学，是指从生物和文化的角度对人类进行全面研究的学科群。广义的人类学包括体质人类学和文化人类学。狭义的人类学还有两种不同的见解。第一种观点认为人类学就是体质人类学，这是欧洲大陆国家的传统，它们把研究人类文化和社会的那一部分学问归为民族学。第二种观点认为，人类学几乎等同于文化人类学或民族学，“尽管这种说法十分含糊，但学者们却约定俗成地加以运用”③。

在美国，人类学系一般同时开设体质人类学（physical anthropology）、考古人类学（archaeological anthropology）、语言人类学（linguistic anthropology）、社会文化人类学（social and cultural anthropology）这四个专业。狭义的人类学指社会文化人类学，它又等同于德语、俄语以及斯堪的纳维亚国家中的民族学（ethnology）。社会文化人类学是“通过研究文化来理解人性的学科，或者通过研究时空和结构中的异文化来理解人类共性（human commonality）、自性（self-identity）和他性（otherness）的学科”④。由于学科发展不断细化，体质人类学、考古人类学、语言人类学已经逐步从人类学中分化出去了。一个

① ［英］马凌诺斯基著，费孝通译：《文化论》，华夏出版社 2002 年版，第 1 页。

② 王铭铭著：《人类学是什么》，北京大学出版社 2002 年版，第 4 页。

③ 胡鸿保主编：《中国人类学史》，中国人民大学出版社 2006 年版，第 4—5 页。

④ 庄孔韶主编：《人类学通论》（修订版），山西教育出版社 2004 年版，第 37 页。

人类学家很难同时精通这四个专业领域，在区域研究或者文化研究中，通常需要不同背景的人类学家协同合作。

1949年之前，中国学者引进了不同传统的人类学。吴文藻、费孝通、林耀华等对英国功能主义和结构功能主义的介绍，杨堃对法国社会学派的介绍，蔡元培、陶云逵等对德国学派的介绍，凌纯声、林惠祥等对传播论、历史具体主义和进化论的介绍，使中国20世纪早期的人类学形成了“南派”与“北派”的传统。① 中国的北方学界沿袭了欧洲大陆的学术传统，与人类学相关的学科形成独立的四大部分：人类学、考古学、民族学与语言学。南方学界较多地受到美国学派的影响，把体质人类学和文化人类学两大分支、四大学科糅合在了一起。②

人类学与教育的结合产生了教育人类学。教育人类学这一专业术语从诞生到现在，至少包括三种研究取向，并具有不同的特点：从思辨的、形而上的角度阐释人与教育的问题，从生理（生物性）、心理的角度研究教育，从文化、社会的角度研究教育。第一种取向的研究历史最长，并且具有强烈的哲学思辨色彩。第二种取向现在已发展成为教育生物学和教育心理学等学科，具有较强的自然科学的性质。第三种取向主要是运用社会文化人类学的理论、方法来研究教育问题，具有社会科学的性质。随着学科综合化的发展，教育人类学的第一种和第三种取向已经表现出交叉、吸收和融合的发展趋势。近年来，中国的教育生物学学科取得了较大发展。教育生物学是生物学与教育学相融合形成的一门交叉学科，是从生物学、神经生理学、神经心理学、脑神经科学的角度研

① 王铭铭著：《西方人类学思潮十讲》，广西师范大学出版社2005年版，引言。

② 胡鸿保主编：《中国人类学史》，中国人民大学出版社2006年版，第3页。

究人类教育现象及其一般规律的学科。①

第二节 不同国家教育人类学的特点

俄国教育家乌申斯基（1823—1870）所著的《人是教育的对象——教育人类学初探》两卷本在1867年和1869年出版。作者原打算写第三卷，并为它搜集了资料，这些资料于1908年由奥斯特罗戈尔斯基用《〈教育人类学〉第三卷的资料》的书名出版。作者将教育学所依据的科学通称为“人类科学”，包括解剖学、人体生理学和病理学、心理学、逻辑学、语言学、地理学、统计学、政治经济学、宗教史、文明史、哲学史、文学史、艺术史和教育史等。他认为在所有这些科学中以心理学最为重要，但也强调了哲学对认识自然、社会现象和解决教育问题的意义。② 这本著作主要从生理学和心理学的角度论述教育问题，更像现在的教育生理学和教育心理学的作品。

意大利著名教育家蒙台梭利（M. Montessori，1870—1952）1908年出版了《教育人类学》一书，1913年出版了该书的英文版。这本著作注重从学生体质方面（如体重、身高、胸围、肺活量、肤色、肌肉等发展指标）制订教育方案，因此这项研究可以列入体质教育人类学的范畴。③ 当然，这也可看作教育生物学的范畴。

涂尔干（E. Durkheim，1858—1917）被认为是较早、系统研究教育的法

---

① 周加仙：《教育生物学的领域建构》，《教育生物学杂志》2013年第2期。

② 陈远等主编：《世界百科名著大辞典·社会和人文科学》，山东教育出版社1992年版，第567—568页。

③ 冯增俊选编：《教育人类学》，海南人民出版社1988年版，第4页。

国人类学家。他在《社会分工论》《教育与社会学》《道德教育》等著作中分析了社会发展与教育之间的关系。① 涂尔干认为："教育是成年人作用于后代的活动，这些后代还没有为参加社会活动做好准备。教育的目的在于引导儿童在身体、理智和道德方面达到一定的状态，这种状态是儿童的整个社会和他将投身其中的社会环境对他的要求。"②

社会科学自从16世纪萌生以来，就一直试图发展出一种系统的、世俗的知识，并成为近代世界构建过程中的一个基本方面。③ 可以说，现代社会科学的构建和发展与现代国家的构建和发展之间是相辅相成的关系。教育人类学作为一门新兴的人文社会学科，从萌芽阶段开始算起已经有一百多年的历史，它的发展和逐步走向成熟的过程与当代世界格局的发展变化，与各国谋求建设现代国家的步伐是一致的。

从世界范围来看，不同国家的教育人类学有着不同的历史传统、研究主题与学术特色。德语国家的人类学包含哲学人类学，也包含民族学（社会文化人类学）。德国的哲学人类学和民族学传统继承了启蒙运动之后对人性的思考的传统，强调民族性、精神等概念，关注民族的生物和文化特征上的差异，以及人类思维与精神世界普同性。因此德国的人类学暗含着民族精神如何构建现代国家的情愫。德国的哲学人类学注重从人的生理、心理、宗教、文化等诸多层面对人及社会进行思辨研究，民族学注重日常社会生活实践中的民族精神的探讨，教育学也非常关注这些问题。因此，德语国家的教育人类学注重从人的生

① 石奕龙著：《应用人类学》，厦门大学出版社1996年版，第345页。

② ［法］米亚拉雷：《"教育"一词的多种含义》，载瞿葆奎、沈剑平选编：《教育学文集·教育与教育学》，人民教育出版社1993年版，第66—75页。

③ ［美］华勒斯坦等著，刘锋译：《开放社会科学：重建社会科学报告书》，生活·读书·新知三联书店1997年版，第3页。

物属性、心理、文化等多方面研究教育和社会问题，并且以上升到哲学层面探讨为主要特色。

英法两国的人类学在一定程度上是伴随着资本主义的殖民扩张而成长起来的。这两个国家的人类学更注重对初民社会的文化状况的考察，探讨部落社会文化多样性与现代教育之间的关系问题。因此，早期的英国和法国的人类学有意无意地参与了构建宗主国—殖民地关系、治理殖民地的历史过程。1936 年，英国著名人类学家马林诺斯基写了一篇题为《本土教育与文化接触》的文章，他在综合考察当时非洲本土教育与西方式的学校教育之间差异的基础上指出，“我们正在提供的学校教育是有一点非自然的意味，为了达到整体教育的目的，非洲儿童仍然要依赖于在社会与文化背景中学习”，“欧式的学校教育如果脱离非洲的背景，将导致部落社会的瓦解和文化的中断”，两种形式的教育应该同步、和谐地发展。① 在英国，教育民族志研究在 20 世纪 60 年代末兴旺发展起来。② 在法国，教育研究的民族志取向发源于社会学的传统。③ 在一篇论述讲法语的撒哈拉以南非洲地区教育人类学发展历史的文章中，可以看到殖民征服时期（colonial conquest，1860—1920 年）和殖民时期（colonial period，1920—1945 年）这样的阶段划分。④ 法国民族志学者研究教育参与殖民统治的事实跃然纸上。20 世纪中叶以后，随着民族解放运动不断取得胜利，英法两国的教育民族志研究逐步转向了本国的正规学校教育、少数族群和移民群体教育。

---

① Bronislaw Malinowski. Native Education and Culture Contact. *International Review of Missions*，1936（1）.

②③④ Kathryn M. Anderson-Levitt. *Anthropologies of Education：A Global Guide to Ethnographic Studies of Learning and Schooling*. New York：Berghahn Books，2012，p. 1，pp. 131-149，pp. 279-302.

美国的文化人类学一方面受到了德国学术传统的强烈影响，另一方面又具有其特殊性。美国是一个由移民和土著人组成的国家，其发展历史就是如何构建一个移民群体与土著和谐相处的美利坚合众国的历史。因此可以说，美国的文化人类学是以探讨土著和移民的文化以建设“合众国”为特色的。随着美国对国际政治、经济的日益介入，美国的文化人类学更加注重揭示世界各地不同文化的形态，探讨不同文化的逻辑和独特价值，以及探讨如何将不同文化有效融合等问题。美国的教育人类学是人类学的文化概念、社区研究和田野调查的综合产物。由马林诺斯基和拉德克利夫-布朗等人开创的现代人类学主要以非西方社会作为田野调查的对象，这种传统长期地影响着人类学。直到今天，主流的人类学家对现代教育也没有多少兴趣。美国的教育人类学主要是由文化与人格学派（the school of culture and personality）的本尼迪克特（R. F. Benedict，1887—1948）和玛格丽特·米德（Margaret Mead，1901—1978）以及人类学家乔治·斯宾德勒（George Spindler，1920—2014）、金博尔（S. T. Kimball，1909—1982）、奥格布（J. U. Ogbu，1939—2003）等学者共同推动的结果。美国的教育人类学在美国现代国家建设中充当着调节各种族、族群、阶层的教育权利和促进社会公正的角色。①

总之，各国在教育人类学的研究主题上呈现出了不同特色。德国的教育人类学强调人性，北欧国家（丹麦、瑞典、挪威、芬兰、冰岛）的教育人类学家更关注儿童的生活及成长，墨西哥的文献更多地关注教师问题，法国的人类学家与社会学家更关注高等教育问题，日本的相关文献更多地关注地方政府对学校的检查与验收，美国的教育人类学更加关注薄弱学校和低学业成就的

① 此部分观点受到北京师范大学巴战龙博士的启发，在2012年5月初及随后的一年多的时间里，我们就此问题进行过多次讨论，在此表示感谢。

学生等问题。①

目前，美国的《人类学与教育季刊》、法国的《教育与社会季刊》和英国的《民族志与教育》(*Ethnography and Education*，2006 年创刊）是具有全球影响的教育人类学研究刊物。

第三节 文化人类学与教育研究

20 世纪之前，虽然很多思想家已经论述过教育对于人类生存、发展的特殊意义，但是几乎没有人类学家直接从事教育研究，这可以部分地归因于早期人类学家所研究的非工业化社会中尚未出现有组织的学校教育机构的缘故。虽然可以在早期人类学家对“野蛮”民族文化记述的民族志当中找到描写教育的一些痕迹，但是亲属关系、宗教、生产方式、文化传播与变迁才是那时人类学研究的主题。琼·罗伯茨（Joan Roberts）在论及美国教育人类学的历史时指出，人类学家对教育研究的忽视还可能反映了西方知识传统遗留下来的某种偏见——教师被认为是低下的职业，教师的实践艺术不值得仔细研究。此外，无论在正规的还是非正规的教育中，很多教育者由女性担任，而大多数人类学家是男性，这也在一定程度上妨碍了人类学与教育的结合。②

美国教育人类学家伊丽莎白·艾迪（Elizabeth Eddy）将美国教育人类学的发展分为三个阶段：1920—1954 年是教育人类学的形成期，1954—1970 年

① Bradley A. U. Levinson，Mica Pollock. *A Companion to the Anthropology of Education*. Chichester：Wiley-Blackwell，2011，p. 12.

② Joan I. Roberts，Sherrie K. Akinsanya. *Educational Patterns and Cultural Configurations*：*The Anthropology of Education*. New York：D. McKay Co.，1976，p. 3.

是建立专业、制度化时期，1970 年之后是成熟发展期。① 著名教育人类学家奥格布认为美国教育人类学在 20 世纪 70 年代之前是应用服务性阶段，70 年代之后走上了学术性发展阶段。② 在 20 世纪 50 年代之前，美国教育人类学的发展应该归功于呼吁将人类学与教育相结合的那些人类学家，尤其是文化与人格学派的人类学家。

19 世纪末期，已经有美国人类学家将人类学与教育联系起来讨论。1896 年，美国人类学家博厄斯的学生、克拉克大学人类学教授亚历山大·张伯伦（Alexander Chamberlain，1865—1914）出版了《民俗思想中的儿童和儿童生活》（*The Child and Childhood in Folk-Thought*）一书，作者对原始社会文化中的儿童成长、学习的家庭和社会活动进行了综合描述和分析，并指出原始社会中的一些儿童活动一直延续至今并在当前的社会组织和文化活动中有所体现。作者希望这本著作能够引起人类学家、教育学家和心理学家的重视。1898 年，范德沃克（N. C. Vandewalker）发表了《论教育对人类学的若干要求》一文，倡导人类学与教育相结合。

在美国，对文化人类学与教育相结合的倡导在很大程度上是 19 世纪末 20 世纪初民权运动推动的结果。教育对人类学的吁求在一定程度上反映了少数族裔希望主流社会更加关注他们的文化，希望获取更多民主权利的诉求。美国人类学家、新墨西哥大学人类学系的创建者休伊特（E. L. Hewett）在 1904 年第 4 期的《美国人类学家》上发表了题为《人类学和教育》的短文。休伊特认

① Elizabeth M. Eddy. Theory，Research，and Application in Educational Anthropology. *Anthropology & Education Quarterly*，1985（2）.

② ［瑞典］胡森、［德］波斯尔斯韦特主编，张斌贤等译：《教育大百科全书》（第 2 卷），西南师范大学出版社、海南出版社 2006 年版，第 30—31 页。

为：科学的教育学必须从人的科学中获得更多有价值的资源，特别是从我们称之为文化历史的那部分。但是，很多普遍使用的教科书并没有经过人类学家的审查，其中关于原始文化的内容不免出现错误。简而言之，人类学家应该为教育的科学化贡献力量，丰富学校的课程内容。休伊特还在 1905 年的《美国人类学家》上发表了《教育中的族裔因素》一文，提出要分析和解决印第安本土人民和移民子女的教育问题，需要对教育领域中的文化与种族因素给予关注。他指出，关系到不同群体的教育要取得成效的话，应该考虑到这些群体的不同文化背景。

大约在同一时期，威廉·杜波依斯（William Du Bois，1868—1963）在其发表的《黑人问题》中，用犀利的语言批判了布克尔·华盛顿（Booker Washington）①“对黑人进行工艺教育”以及“黑人领袖本来应产生于庄稼汉”的主张，认为这是“一种愚蠢而又有害的谎言”。杜波依斯主张，黑人中“有才能的十分之一”应该接受大学教育，成为整个黑人群体的领袖，带领黑人争取权利和自由。

对美国教育人类学萌芽的进一步发展起到重要推动作用的是博厄斯，他被誉为美国人类学之父。他的研究中有很多方面涉及对教育的分析，其名著《人类学与现代生活》中有一章的标题即为“教育”。他摒弃当时流行的生物解剖学方法，运用统计学的方法进行研究。他提出，人的发展不是由遗传决定的，而是由环境和教育决定的，人的发展与教育、文化与教育之间存在着紧密的关系。博厄斯还撰写了《教育：一致性与文化变迁》的文章。

---

① 布克尔·华盛顿是 19 世纪末 20 世纪初美国最有影响的黑人领袖。他主张种族和睦，号召黑人通过教育自助自救，提高自身素质，掌握专门技艺，加强经济实力，从而改善黑人种族的境遇与地位。华盛顿还创办黑人学校，培养黑人工作技能。华盛顿被认为是“务实派”的黑人领袖。

博厄斯对教育的关注及其主要观点对他的学生也产生了很大的影响。博厄斯学派的文化相对主义和历史特殊论是一种反对“我族中心主义”和“欧洲中心主义”的价值观念。这种理论认为，任何文化都有其特有的历史、独特的表现，对文化价值的认识及评定，不能采用同一个标准，也不能采取自己文化的标准。一切文化都有其内在的价值，任何文化都是与各自环境相适应的，具有相对性，不能判断优劣高低。文化相对论的核心在于强调和肯定多种而不是一种文化的价值，倡导不同文化之间相互尊重，具有不同价值的文化成员应学会相互理解。

博厄斯的学生赫斯科维茨（M. J. Herskovits）较早提出和使用了濡化（enculturation）的概念。濡化是指“成长中的个体获得本民族的文化模式的过程”。对濡化过程的研究主要包括观察儿童的行为、研究母亲如何养育和教导其子女。这些研究中特别注意研究哺乳期的长短、哺乳的过程，儿童的排泄训练，对儿童暴露性器官的态度，对良好行为态度的肯定，儿童的各种游戏和活动，等等。研究者们通过比较世界各地儿童养育方法的差异，分析不同的养育方式如何使儿童成为不同类型的成年人，来说明文化和人格的关系，民族文化和民族性格的关系。① 还有一个极易与濡化混淆的概念——涵化（acculturation），它是指不同民族接触引起原有文化的变迁的过程。涵化研究的一个重要方面就是探讨文化接触对处于从属地位的社会成员的个性心理结构的影响。这一人类学研究主题直接影响了教育人类学家以后对跨文化人群心理适应过程与教育过程的研究。

20 世纪之后，美国文化人类学与教育的结合主要得益于人类学家与心理学家关于儿童心理和人格发展的论争，以及美国文化人格学派的不断发展壮

---

① 车文博主编：《心理咨询大百科全书》，浙江科学技术出版社 2001 年版，第 612 页。

大。美国的文化与人格学派的研究和理论发展受到弗洛伊德（S. Freud）的精神分析理论和约翰·杜威（John Dewey）的教育理论影响较大。从20世纪20年代起，一些人类学家开始关注婴幼儿成长的文化环境对日后个性或性格形成的影响。① 文化与人格研究基于一个明确的假设，即所有的儿童都需要被喂养，需要接受生活技能的训练，需要学习劳动本领。②

在第二次世界大战期间，文化与人格研究在人类学界和心理学界引起了广泛的影响，1946—1949年，美国人类学学会（American Anthropological Association）的四任会长林顿（R. Linton，1884—1953）、本尼迪克特、克拉克洪（C. Kluckhohn，1905—1960）、哈洛韦尔（A. I. Hallowell，1892—1974）皆是文化与人格研究的主将。由克罗伯（A. L. Kroeber，1876—1960）主编的具有半官方性质的学科指导手册——《人类学的今天：一个百科全书式的介绍》中有五章涉及文化与人格这个主题。这个学派的主要代表人物还有卡迪纳（A. Kardiner，1891—1981）、玛格丽特·米德、许烺光（1909—1999）等人。

美国文化人格学派的研究在很大程度上是针对心理学家的论述而兴起的。在19世纪的美国，很多学者和教育家深受达尔文（C. R. Darwin）、斯宾塞（H. Spencer）和赫胥黎（T. H. Huxley）及德国大学观念的影响，斯坦利·霍尔（Stanley Hall，1844—1924）就是最容易引起争论的一位。③ 霍尔先后在纽约和德国的波恩和柏林求学，起初学习神学和哲学，后来学习心理学。1876年他到哈佛大学接受威廉·詹姆斯（William James，1842—1910）教授的指

① ［美］C. 恩伯、M. 恩伯著，杜杉杉译：《文化的变异——现代文化人类学通论》，辽宁人民出版社1988年版，第62页。

② ［美］古塔、弗格森著，骆建建、袁同凯、郭立新译：《人类学定位：田野科学的界限与基础》，华夏出版社2005年版，第127页。

③ ［美］S. E. 佛罗斯特著，吴元训等译：《西方教育的历史和哲学基础》，华夏出版社1987年版，第502—507页。

导，并于1878年获哈佛大学博士学位。他在1883—1888年任约翰斯·霍普金斯大学心理学和教育学教授，并于1889—1919年任克拉克大学校长。美国教育学者佛罗斯特（S. E. Frost）认为，霍尔丰富的求学经历使其熟悉神学、哲学、生理学、人类学、生物学、解剖学、心理学和神经病学，并能打破这些学科领域的界限。霍尔于1904年出版了两卷本的《青春期：它的心理学及其与生理学、人类学、社会学、性、犯罪、宗教和教育的关系》。在这部著作中，霍尔阐发了他的心理发展的“复演说”，他认为，个人从胎儿到成人的发展实际上重复了人类从原始社会到现在的发展历史，这些人类的发展阶段被个体贮存下来并遗传下去。霍尔以此来解释人的本能和冲动。

霍尔认为，在个体生活早期所表现出来的遗传特性比此后表现出来的遗传特性更古老。也就是说，人类进化历史上最早出现的活动在个体发展中也最先表现出来。霍尔用人类游戏具体说明他的观点。他认为，游戏是人类远祖的运动习惯和精神通过遗传而保留至今的功能表现。例如，儿童特别喜欢追逐活动，这种本能是远古人类狩猎的“复演”。原始人的生存竞争是非常残酷的，所以现代儿童身上残存着野蛮的本能，他们喜欢角力、打斗、攻击等。① 霍尔的理论本质上是说个体发展在很大程度上是由其先天的遗传素质决定的。霍尔提出的“青春期危机”后来也被霍林沃思（L. S. Hollingworth）称为“心理断乳”。

美国文化与人格学派的研究是直接指向人性的研究。关于人类究竟属于何物，一直存在两种争论：一种认为它是教养的产物，另一种认为它是人类生物遗传的结果。② 启蒙时代的哲学家霍布斯（T. Hobbes）认为，处于“自然状

① 陈会昌主编：《中国学前教育百科全书·心理发展卷》，沈阳出版社1995年版，第39页。

② ［美］罗伯特·F. 墨菲著，王卓君译：《文化与社会人类学引论》，商务印书馆2009年版，第20页。

态”中的人们始终在追求“自然权利”，因此必然会陷入“一切人反对一切人的战争”的状态，人们需要放弃一些原有的自由，达成一种契约成立国家而获得某种保护，从而摆脱恐惧。卢梭（Rousseau）则认为，处于自然状态的人们是纯朴的，是社会特别是民族国家形式的社会毁灭了人性，哲学家的任务就在于设计一种符合人类品格和理性的社会秩序。①

美国文化与人格学派反对普遍人性的存在，注重研究文化与人格的关系，并重点探讨了民族性格、国民性、文化与认知等问题。他们认为，文化塑造了各民族的基本人格，而基本人格又决定了这个民族文化的命运，各民族文化的差异正是由基本人格的差异造成的。儿童期的早期训育对人格的形成有着重要影响，不同文化塑造的性别气质差异可能是迥然不同的。

玛格丽特·米德是文化与人格研究最重要的开拓者之一。米德于1925—1926年的9个月中对南太平洋群岛的波利尼西亚（Polynesia）群岛萨摩亚人进行了田野考察。根据在萨摩亚的田野研究资料，米德于1928年出版了《萨摩亚人的成年——为西方文明所做的原始人类的青年心理研究》一书。该书描述了正值青春期的萨摩亚少女的性和当地的文化风俗，针砭美国社会对待青少年的养育方式。在她的观察中，萨摩亚少女的青春期并不是一段困难、动荡的时期，在心理上没有出现危机和突变。她由此断定，青春期的危机并不是一定要出现的，它只是特定文化的产物而已。除了上述这本书之外，玛格丽特·米德的代表作还有《新几内亚儿童的成长》和《三个原始部落的性别与气质》。在1943年发表的一篇文章中，米德指出：与西方国家的教育相比，无文字社会的教育系统较为稳固，它的功能在于帮助儿童在传统文化框架内成长和发

① ［美］罗伯特·F. 墨菲著，王卓君译：《文化与社会人类学引论》，商务印书馆2009年版，第22页。

展，并维持原有的文化；而西方国家的人们则以教育为手段，希望通过教育促进个人的持续发展及其社会地位的提高，并通过教育不断创造新的事物。这是原始社会与现代社会教育的重要差别。① 米德后期还对美国社会的代沟问题进行了专门研究。她发现代沟问题的根源是文化传承的差异。米德认为，人类文化的传承可以划分为三种基本类型：前喻文化（pre-figurative）、同喻文化（co-figurative）和后喻文化（post-figurative）。

从 1937 年开始，林顿（R. Linton）与卡迪纳合作，在哥伦比亚大学人类学系举办了持续几年的讨论会。《个人及其社会》一书作为这个讨论会的产物之一于 1939 年出版。卡迪纳提出了基本人格结构（basic personality structure）的概念。《个人及其社会》一书着重说明这样一个观点：一个特定社会的基本人格结构是由初级制度（primary institution）所形塑的，基本人格结构会透过投射系统塑造次级制度（secondary institution）。初级制度包括家庭组织、群内结构、基本训练、喂养、断奶、机械化的养育或忽视儿童的教养、肛门期的训练、性的禁忌与谋生技术等方面的内容，它们是形塑一个社会基本人格结构的基础。次级制度则是指民俗的传承、宗教信仰、对神祇的概念和态度，以及在讨论它们时所使用的技术。② 科拉·杜波依斯（Cora Du Bois）在 1944 年出版了《阿洛人》一书，此项研究是由科拉·杜波依斯、卡迪纳和心理学家奥伯霍尔泽（E. Oberholzer）共同分析完成的。阿洛人的案例是上述理论的一个有力的例证。科拉·杜波依斯还提出了具有统计学意义的众趋人格的概念。

① Margaret Mead. Our Educational Emphases in Primitive Perspective. *American Journal of Sociology*. 1943 (6).

② ［美］维特·巴诺著，瞿海源、许木柱译：《心理人类学》，黎明文化事业出版公司 1979 年版，第 170—171 页。

著名人类学家马文·哈里斯（Marvin Harris，1927—2001）在其名著《文化人类学》中总结了文化与人格形成的基本过程框架（如图 2-1 所示）。① 他认为，影响儿童哺育模式的基本变量受家庭、社会、政治、经济、制度多种文化因素的影响，同时这些因素又受生态系统的影响。儿童的哺育实践还受到儿童生物性的欲望与需要、能力等因素的限制。儿童的哺育实践与这些生物需求、欲望和能力之间的相互作用形成个性类型，然后，儿童个性又在次级制度中得以表现，并与次级制度相互作用，逐步发展成为稳定的成人个性。

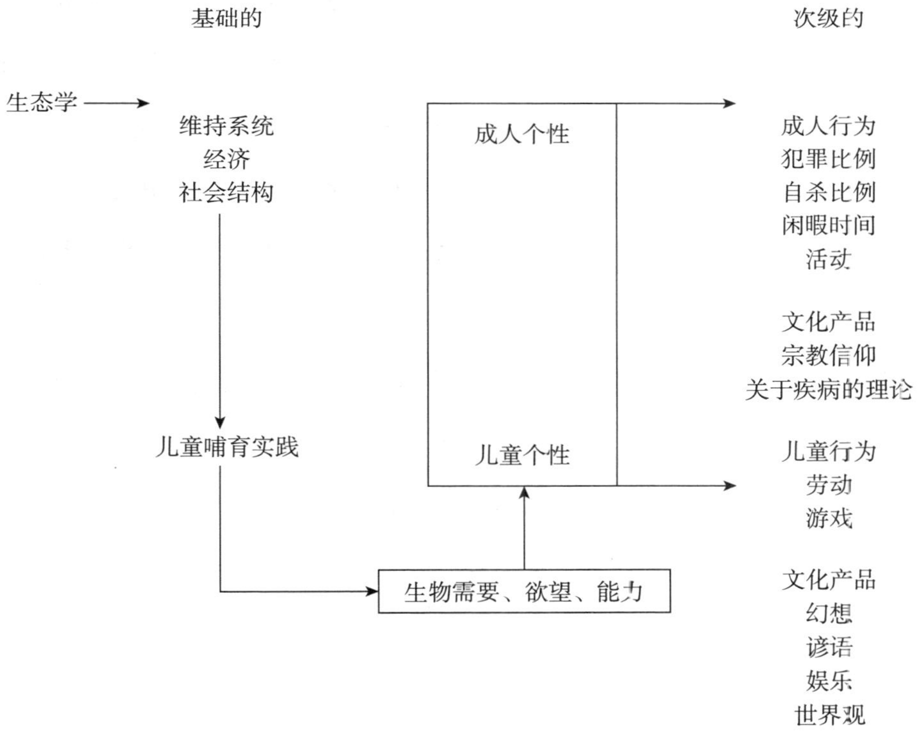

图 2-1 基本个性与生态、儿童哺育实践和次级制度的关系

① ［美］马文·哈里斯著，李培茱、高地译：《文化人类学》，东方出版社 1988 年版，第 377—378 页。

但是也应该看到，文化人格学派的研究也存在很多争论。最为典型的一种观点认为，在相似的文化中会产生不相一致的人格，而在相异的文化中会产生相似的人格。比如，赫斯科维茨就曾经描述过非洲西部两个族群养育方式相似，但是他们的人格却存在差异。他写道：

> 如果考虑非洲西部地区阿散蒂人（Ashanti）和达荷美人（Dahomeans）照顾婴儿的传统时，我们会发现，抚育婴儿作为他们各自文化中的一种元素，存在一些相似之处。从表面上看，婴儿成年后的人格会在很大程度上受到抚育方式的影响，并且两个民族拥有十分相似的抚育方式。比如，婴儿一般会被母亲照顾很长时间，并且正如婴儿所期望的，母亲与孩子之间身体的接触，往往是持续、亲密且带有保护性的；母亲在培养他们养成卫生习惯时，也不会增加他们的痛苦经历；此外，家长在教给孩子们如何走路、如何说话时，一般是通过成功时鼓励的方式，而不是失败就惩罚。然而，两个民族的人群在性格上的不同点却是显而易见的。达荷美人内部一直普遍存在对声望和权利方面的激励竞争，并且这种竞争破坏了内部的人际关系，达荷美人之间的紧张关系几乎无法得到缓解，反而感伤主义就像是他们最好的朋友一样。然而，这种现象在阿散蒂人中却并不多见。①

正是民族志材料的不断丰富以及不断的学术争论，才使文化与人格的研究

① Melville J. Herskovits. Some Psychological Implications of Afroamerican Studies. *Acculturation in the Americas*, Vol. II of Proceedings of the 29th International Congress of Americanists 1952, pp. 152-160.

乃至后来的文化与教育研究不断推向深入。

文化与人格学派的代表作品还包括美国著名人类学家克拉克洪和心理学家默里（H. A. Murray）主编的《自然、社会和文化中的人格》以及怀定（J. Whiting）与蔡尔德（I. Child）的《儿童的教养与人格：一项跨文化研究》。《自然、社会和文化中的人格》一书意在纠偏人格形成的文化决定论倾向，而将人格的形成置于自然、文化与社会中综合考虑，平衡人格形成的生物遗传性与社会文化性两个影响因素的关系。《儿童的教养与人格：一项跨文化研究》一书是基于默多克（G. P. Murdock）在耶鲁大学建立的“人类关系区域档案”中的几十个地区的民族志材料所做的关于儿童教养与人格的跨文化的比较研究。怀定后来的主要研究项目是“关于社会化的六种文化的比较研究”（The Six Cultures Study of Socialization，1964 年启动）。这项研究的范围涵盖墨西哥、印度、肯尼亚、冲绳、菲律宾和美国六个国家和地区，这项研究产生了很多重要出版物。到现在为止，这项研究也是多元文化背景下儿童成长研究最有影响的调查之一，对心理人类学研究产生了深远影响。

埃里克·埃里克森（Erik Erikson，1902—1994）是另一位对文化与人格学派研究产生影响的心理学家。他从个体、社会、文化多方面考察个体发展，将人从出生到老年划分为八个阶段。埃里克森认为，人的心理发展的每一阶段都存在特定的危机，分别是：婴儿期的对人信赖和对人不信赖、儿童早期的活泼自动和羞愧怀疑、学龄前期的自动自发和退缩内疚、学龄期的勤奋进取和自贬自卑、青春期的自我认同和角色混乱、青年期的友爱亲密和孤独疏离、成人期的精力充沛和颓废迟滞以及老年期的完美无憾和悲观绝望。如果顺利渡过危机，个体就会形成相应的积极品质，反之则不能；并且，前一阶段顺利渡过危机会增加后一阶段危机积极解决的可能性。他最为重视青春期和青年时期的

"认同"研究，因为认同危机（identity crisis）可能为个人发展和社会带来危害。值得注意的是，埃里克森与人类学家本尼迪克特和米德有密切的交往，并曾与人类学家一起去印第安人居留地进行了人类学的实地考察，观察了印第安人抚育子女的实况。① 这些经历使埃里克森认识到社会文化因素对人格形成的重要意义。1950 年，埃里克森的重要著作《儿童期与社会》一书问世，该书强调了社会和文化因素对个人发展的重要意义。1961 年后埃里克森任哈佛大学人类发展学和精神病学教授。后来他把有关身份认同的概念及有关理论总结在《认同：青少年与危机》一书中。埃里克森的研究成果在社会科学领域产生了广泛影响。

在美国，学术性的教育人类学研究开端于文化与人格学派，最早的一批教育人类学家也大多来自文化与人格学派。由于文化与人格学派人类学家的工作，文化传播和文化习得成为与宗教、亲属制度等并列的人类学经典概念和研究领域。他们所使用的跨文化比较的研究方法也为后来的教育人类学家所看重和效仿。②

20 世纪 40 年代是文化与人格学派发展的鼎盛时期，50 年代研究一度衰落，60 年代后，在文化与人格研究的基础上形成了心理人类学。从文化与人格到心理人类学这一称谓的转变，反映着学术发展的内在逻辑。和文化与人格研究相比，心理人类学的研究范围更为广泛，方法论也更为严谨，它力求建立一门基础更为扎实的理论学科。心理人类学主要进行两方面的研究：其一是对诸如儿童养育或社会化、生计模式、感觉、认知等的一般化研究；其二是某些

---

① 孙鼎国、王杰主编：《西方思想 3000 年》（上），九州图书出版社 1998 年版，第 18—19 页。

② ［美］奥布主编，石中英等译：《教育人类学》，西南师范大学出版社 2011 年版，第 31 页。

试图理解和解释复杂的个人、社会情形的专门化的研究，尤其注重关于人格、人格特征与文化变迁的关系的研究，个人一生中的发展变化的跨文化研究，以及身份概念的研究。①

罗伯特·莱文（Robert LeVine）曾经统计分析了1960年年中到1962年7月两年间的239篇文化与人格的论文，他发现此时学界对于社会化、价值观、群体人格、文化变迁的关注越来越多，围绕社会结构与人格、文化与认知的经验研究数量也呈现增长态势。② 由罗伯特·莱文主编的《文化与人格：当代的文本》收录了20世纪60—70年代由人类学家和行为主义科学家完成的关于文化与人格的最新研究成果，并希望这个交叉研究领域能朝着更加精致化的方向发展。1973年，莱文的专著《文化、行为和人格：社会心理适应比较研究导论》出版，此书被学界广为引用。

从文化与人格的研究中又发展出国民性或民族性的研究。在《文化模式》一书中，本尼迪克特提出了“文化决定人格”的基本观点。这本书被认为是国民性研究的开端。在该书中，本尼迪克特描述了文化的三种模式：以北美祖尼（Zuni）印第安人的普韦布洛文化为代表的阿波罗型，以美国和加拿大交界的夸扣特尔（Kwakiutl）文化为代表的狄奥尼斯型，以美拉尼西亚群岛的多布（Dobu）文化为代表的妄想或偏执狂型。

本尼迪克特在研究西南美洲印第安人的时候发现，即使地理环境相同，不同族群的印第安人的思想和推理方法也并不相同，她因此得出结论：每个年代悠久的文化都赋予它的成员以特有的心理定向和判断事物的能力，亦即文化决

① 陈国强主编：《简明文化人类学词典》，浙江人民出版社1990年版，第101—102页。

② Robert LeVine. Culture and Personality. *Biennial Review of Anthropology*, 1963 (3).

定着其成员的思维方式。①

在第二次世界大战中，出于想了解盟国和敌国战争及军事战略决策的需要，很多人类学家被委托研究别国的国民性或民族性，本尼迪克特的《菊与刀：日本文化的类型》(1946 年）一书就是这类研究的代表。《菊与刀：日本文化的类型》重点探讨了日本社会的基础、日本社会中人与人之间维持关系的主要要素和人格形成的童年经验，考察了日本人的价值体系，从而得出日本文化是不同于欧美罪恶感文化的耻辱感文化的结论。

中国著名人类学家费孝通在 1947 年出版的《乡土中国》一书也可以看作研究中国民族性的代表作品。费孝通曾经编译过玛格丽特·米德的《美国人的性格》，他在《乡土中国》中的后记中写道："这两本书可以合着看，因为我在这书里是以中国的事实来说明乡土社会的特性，和米德女士根据美国的事实说明移民社会的特性在方法上是相通的。"②

许烺光是另一位致力于中国国民性研究的学者，他的《祖荫下：中国的文化与人格》(1948 年）也是研究中国国民性的著作。许烺光在 20 世纪 50 年代初又推出《美国人与中国人：两种生活方式比较》的力作。他在分析中美两国在艺术、宗教、政治、经济、社会生活等领域的差别后总结道："中国人和美国人的生活方式大约可以被简化为两个相对的系列。首先是，美国方式强调个人，即一种我们称之为个人中心的特征，这与中国强调个人在其同伴中的恰当地位及行为的情境中心适成对照。第二种基本对比是美国生活方式中的情绪重

---

① 吴泽霖、张雪慧：《简论博厄斯与美国历史学派》，载中国民族学学会编：《民族学研究》(第 1 辑)，民族出版社 1981 年版，第 319—337 页。

② 费孝通著：《乡土中国　生育制度》，北京大学出版社 1998 年版，第 94 页。

心与中国深思熟虑的趋向适成对照。”① 该书在最后一章指出，中国人具有“易受传统束缚”“没有革命意义的反抗”“缺乏科学和音乐”“缺乏自发的非亲属组织”等弱点。②

20世纪中期以前，在美国人类学界，除了文化与人格学派的研究之外，大多数人类学家并没有把注意力放在教育问题的研究上面。如果说他们还关心一点儿教育问题，也只是关心如何在大学、中学普及人类学知识，以及相关教材建设等问题。

1954年，由美国人类学学会与斯坦福大学人类学系、教育学院联合举办的由22名人类学家和教育学家共同参加的学术研讨会在加利福尼亚卡梅尔山谷召开，会议由文化人类学家乔治·斯宾德勒主持，为期四天。这次会议重点讨论了四个问题：从理论上如何将人类学与教育有效地结合在一起；将教育过程置于社会文化背景中的必要性问题；教育与人的生命周期之间的关系问题，尤其是儿童早期抚育文化与教育的关系问题；关于跨文化的学习与理解的本质的问题。③ 参加此次会议的人类学家，除了乔治·斯宾德勒和露易丝·斯宾德勒（Louise Spindler）之外，还有科拉·杜波依斯、费利克斯·基辛（Felix Keesing）、哈特（C. W. M. Hart）、朱尔斯·亨利（Jules Henry）、索伦·金博尔、艾尔弗雷德·克罗伯、多萝西·李（Dorothy Lee）、玛格丽特·米德、伯纳德·西格尔（Bernard Siegel）、约翰·吉林（John Gillin）等人，教育学家则有希尔达·塔巴（Hilda Taba）、西奥多·布拉梅尔德（Theodore Brameld）

①② ［美］许烺光著，彭凯平等译：《美国人与中国人：两种生活方式比较》，华夏出版社1989年版，第12—13、316—347页。

③ George D. Spindler. Roots Revisited: Three Decades of Perspective. *Anthropology & Education Quarterly*，1984（1）.

等著名学者。

这次会议对美国教育人类学的发展起了重要的推动作用，它将教育问题从人类学领域中凸显出来，大大提高了教育问题在人类学领域中的地位，并使更多的人类学家关注教育问题，继而开展了很多专门性研究，在美国乃至世界范围内产生了重要影响。作为此次会议的成果，《教育与人类学》一书出版，标志着美国教育人类学的初步形成。

1961 年 2 月，美国教育研究协会（American Educational Research Association）在其主办的《教育研究评论》（*Review of Educational Research*）第一期发表了西奥多·布拉梅尔德和爱德华·沙利文（Edward Sullivan）共同撰写的《人类学与教育》作为本期杂志的第五章，它与教育历史学、教育哲学、教育社会学、比较教育、社会化过程与教育、教育和社会政策共同构成“教育的哲学与社会科学框架”（the philosophical and social framework of education）的内容。这篇文章回顾了 20 世纪 50 年代后期美国人类学与教育的发展历程，主要讨论了人类学与教育的理论、教育作为一种文化过程和课程中的人类学三项内容。从这篇文章可以看出，在 20 世纪 60 年代初期，人类学与教育正在被美国主流教育界认可。但是，就像这篇文章开头指出的那样：“人类学与教育仍旧保持着一种脆弱的关系，这两个研究领域的沟通比心理学与教育的关系更加松散。”①

1965 年，加利福尼亚大学洛杉矶分校教育学教授乔治·内勒（George Kneller）出版了《教育人类学导论》一书。这是美国教育人类学的第一本教材，全书共八章，对“人类学、文化和教育”“文化的理论”“人、文化和人

① Theodore, Brameld, and Edward B. Sullivan. Anthropology and Education. *Review of Educational Research*, 1961 (1).

格”“现代和原始社会中的教育”“教育和文化变迁”“教育和非连续性”“教育和文化价值”“文化视角中的课程和教师”等议题展开了精辟的论述。① 该书起到了凝练学科研究主题、开启新的研究领域的关键性作用，在美国教育人类学的发展中具有重要地位。

20 世纪 50—70 年代，在种族与政治危机的大背景之下，以乔治·斯宾德勒、索伦·金博尔为代表的一批学者开展了许多研究，出版了很多教育人类学的著作。乔治·斯宾德勒 1950—1978 年在斯坦福大学同时担任人类学部和教育学院教师。斯宾德勒倡导学者做更多的归纳性的教育研究。他认为，人类学能为教育做的主要贡献是将教育过程置身于其社会文化背景中去分析，从而积累大量实证的经验知识。② 人类学家索伦·金博尔 1953—1966 年在哥伦比亚大学教育学院哲学与社会科学系担任人类学与教育研究的教授，指导学生做巴西、中非、秘鲁的教育研究。1966 年金博尔到了佛罗里达大学任人类学教授，并开始编辑出版教育人类学著作。1962 年，金博尔还曾与哲学家詹姆斯·麦克莱伦（James McClellan）合作出版了《教育与新美国》一书，探讨正在变化中的美国社会的教育信念，此书引起了很大反响。金博尔在其 1974 年出版的名著《文化和教育过程：一种人类学的视角》中指出，人类学文化理论、学习理论、组织理论和变迁理论能够有益于教育研究。③

1968 年，美国人类学与教育委员会（Council on Anthropology and Education，简写为 CAE）正式成立，成为美国人类学学会下属分会之一。人类学与

① George F. Kneller. *Educational Anthropology: An Introduction*. New York: John Wiley & Sons, Inc., 1965.

② George D. Spindler. *Education and Culture: Anthropological Approaches*. New York: Holt, Rinehart and Winston, 1963, p. 11.

③ Solon T. Kimball. *Culture and the Educative Process: An Anthropological Perspective*. New York: Teachers College Press, 1974.

教育委员会的成立标志着学科研究共同体的形成。1970年人类学与教育委员会创办了《人类学与教育季刊》(*Anthropology and Education Quarterly*，简写为AEQ，1977年该刊正式出版发行)，这是当今世界范围内非常有影响的教育人类学专业刊物。这些举措大大促进了教育人类学作为一个独立研究领域的发展，也提升了其在人类学领域中的地位。

美国人类学与教育委员会主张以社会公正、种族平等和反压迫原则为指导，用人类学的视角、理论、方法和研究成果寻找当代教育问题的解决途径；鼓励学者们做有利于社会弱势群体的研究，并召集人类学家、教育学家和其他学者在各学习领域里做促进社会与种族平等的实践性研究。目前，美国人类学与教育委员会由14个常设委员会组成。这14个常设委员会的研究议题分别是：①民族志、学校与社区；②社会与文化背景下的语言、读写和认知；③人类学和高等教育；④民族志与教育评估；⑤跨国界与跨民族视角下的教育变迁；⑥多元文化及多元语言教育；⑦黑人与教育；⑧拉丁美洲人与教育；⑨学校和社会中的性别研究；⑩文化、生态和教育；⑪为了教育未来的应用型研究；⑫文化传播和习得方式；⑬原住民教育；⑭为青少年、学校和社区所进行的参与式研究和评估。①

20世纪90年代之后，美国的教育人类学除了继续关注教育的社会文化背景、儿童的生长环境以及各种跨文化的比较研究之外，更加强调用新的民族志方法对学习及教学做系统的研究，并且期望改变教育政策和教育实践，研究对象亦从少数族群扩展到各种社会的教育问题。②

综上所述，人类学家的参与是美国教育人类学学科发展的重要推动力量。

---

① http://www.aaanet.org/sections/cae/sample-page/standing-committees.

② 周德祯著：《教育人类学导论——文化观点》，五南图书出版公司2001年版，第24页。

关注少数族裔和弱势群体的教育问题，以此捍卫社会公正是美国教育人类学研究的重要特色。此外，美国的教育人类学研究还特别强调田野调查和跨文化的比较研究。

第四节 哲学人类学与教育研究

自从现代教育科学兴起以来，尤其是18世纪以来，人类学便和教育紧密地结合起来。① 人类学对人的各种讨论，构成了教育研究与实践的哲学基础。在一定意义上，20世纪中期兴起的德国教育人类学研究继承了发端于20世纪初的精神科学教育学（或称之为文化教育学）的衣钵，并源源不断地从哲学中汲取学养而发展壮大。德国的教育人类学从精神科学教育学学派分化而来，它是精神科学教育学学派的一支。要了解德国教育人类学的来龙去脉，至少需要了解德国的精神科学教育学和德国的哲学人类学的发展及其特点。

在德国著名教育人类学家博尔诺夫（O. F. Ballnow，1903—1991）看来，德国教育人类学的发展深受尼采（F. W. Nietzsche，1844—1900）、柏格森（H. Bergson，1859—1941）等人的生命哲学，狄尔泰的精神科学，胡塞尔（E. Husserl，1859—1938）等人的现象学，马克斯·舍勒、普列斯纳、格伦等人的哲学人类学等哲学思想的影响，并在一定程度上继承和发展了德国的文化教育学（或精神科学教育学）思想。

一般认为，德国的精神科学教育学源于狄尔泰所创立的精神科学，并由狄尔泰的学生继承和发展起来。精神科学教育学派曾经主导了20世纪20年代到

---

① ［德］武尔夫著，张志坤译：《教育人类学》，教育科学出版社2009年版，第172页。

1933年之前的德国教育论争。1945年后，精神科学又经历了一次复兴，其主导地位一直延续到20世纪60年代早期。① 德国精神科学教育学的发展既是对实证主义的经验教育科学的一种反叛，也是对20世纪德国社会与时代发展的关切与回应的结果。19世纪下半叶，随着自然科学的快速发展，自然科学的研究方法被逐步引入到教育研究中，由于赫尔巴特（J. F. Herbart）及其后继者的大力宣扬与倡导，以观察、归纳为特征的教育科学研究逐步占据了上风，而以思辨、演绎为特征的哲学取向的教育研究则相对式微。20世纪初，德国精神科学教育学的兴起在一定程度上扭转了这一局面。

德国的精神科学教育学大致经历了三代（如图2-2所示）。② 第一代是狄尔泰的生命哲学和精神科学理解方法；第二代是诺尔（H. Nohl，1879—1960）的教育关系、历史哲学，科勒（M. F. Köhler，1878—1923）的教育科学的自主性，福利特纳（W. Flitner，1889—1990）的解释学教育学，斯普朗格（E. Spranger，1882—1963）的精神科学心理学和文化哲学教育学，迈斯特（R. Meister）的陶冶理论和教育理论，利特（T. Litt，1880—1962）的教育与文化和陶冶理论；第三代是博尔诺夫的存在哲学教育学和教育人类学，兰格威尔德（M. J. Langeveld，1905—1989）的现象学教育学，③ 还有韦尼格（E. Weniger，1894—1961）、布莱特纳（F. Bliittner，1891—1981）、布洛赫曼（E. Blochmann，1892—1972）、盖斯勒（G. Geigler，1902—1980）等人的理论学说。20世纪60年代之后，由于受到法兰克福学派的影响，福利特纳和韦

① 彭正梅著：《德国教育学概观：从启蒙运动到当代》，北京大学出版社2011年版，第169页。

② 邹进著：《现代德国文化教育学》，山西教育出版社1992年版，第173—174页；彭正梅著：《解放和教育：德国批判教育学研究》，华东师范大学出版社2008年版，第91页。

③ 邹进著：《现代德国文化教育学》，山西教育出版社1992年版，第173—174页。

尼格的学生罗尔斯（H. Röhrs）、劭尔（H. Scheuerl）、莫伦豪尔（K. Mollenhauer，1928—1998）、布兰科茨（H. Blankertz，1927—1983）和克拉夫基（W. Klafki）在教育研究上表现出了批判的转向，因此，精神科学教育学也是德国批判教育学的基础。

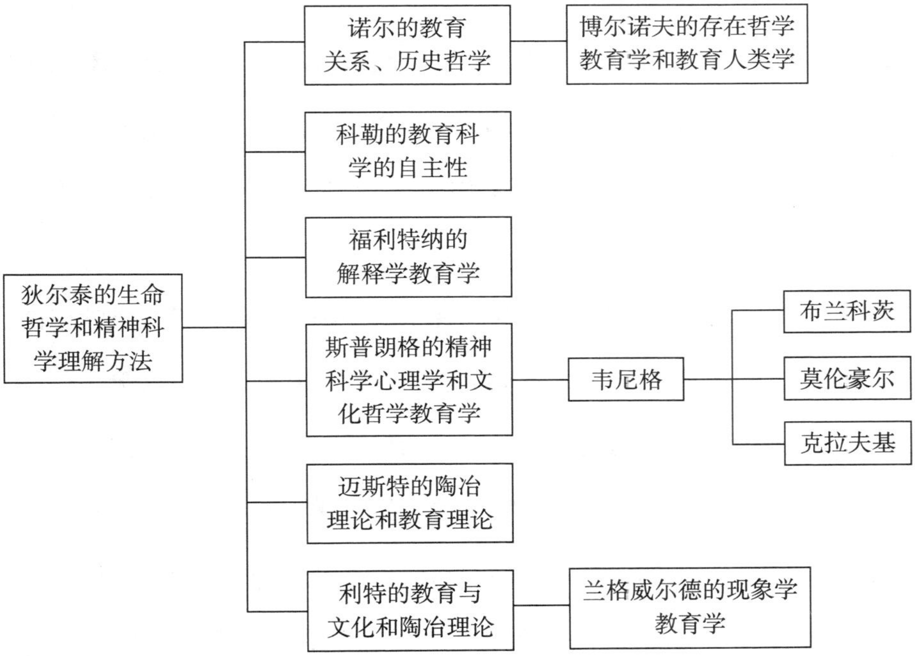

图 2-2　精神科学教育学发展演变的脉络

教育学本是从哲学中脱胎而逐步形成的一门独立学科，因此哲学是教育学的母学科，为其发展源源不断提供理论基础。德国的教育人类学至少可以追溯到著名哲学家康德那里。康德是第一位在大学同时讲授教育学和人类学的哲学家，康德的教育思想是“先验哲学取向的教育学”。在一定意义上，康德可以被称为德国教育人类学的第一人。

康德从1772—1773年冬季学期开始在大学讲授人类学课程，此后任教人类学课程长达二十多年（一说为三十多年），并于1798年自己整理出版了最后一部著作——《实用人类学》。① 康德是最早把教育学作为一门课程在大学里讲授的哲学家之一。从1776—1777年冬季学期开始讲授教育学。② 此后，1780年夏季学期、1783—1784年冬季学期、1786—1787年冬季学期都曾开设实践教育学的课程。③ 1803年，康德的《论教育学》一书出版。还有材料显示，康德曾于1775年在柯尼斯堡大学做了一次题为《人的不同种族》的演讲，这是一个颇具现代人类学特色的演讲主题。④ 从康德开始，人类学成为大学里的一门学科。

现代的哲学人类学家都从人本主义视角出发来建立其哲学人类学理论，他们的论辩都具有一种柏拉图式的形而上学的特征。康德认为，人无法获得一种关于世界、人和天主的绝对的知识，而只能获得实践的、道德的知识。与此相一致，康德试图建立一种具有实践特征的人类学。⑤ 在《逻辑学讲义》中，康德明确提出了他所关注的四个问题：①我能知道什么？②我应当做什么？③我可以期待什么？④人是什么？他指出："形而上学回答第一个问题，伦理学回答第二个问题，宗教学回答第三个问题，人类学回答第四个问题。然而从根本

① ［德］伊曼努尔·康德著，邓晓芒译：《实用人类学》，上海人民出版社2005年版，中译本再版序言。

② ［德］奥特弗里德·赫费著，郑伊倩译：《康德：生平、著作与影响》，人民出版社2007年版，第18页。

③ Immanuel Kant. *Anthropology*, *History*, *and Education*. Cambridge: Cambridge University Press, 2008, p. 434.

④ 詹栋梁著：《教育人类学》，五南图书出版公司1986年版，自序。

⑤ ［意］巴蒂斯塔·莫迪恩著，李树琴、段素革译：《哲学人类学》，黑龙江人民出版社2005年版，第10—11页。

来说，可以把一切都归结为人类学，因为前三个问题都与最后一个问题有关系。”① 邓晓芒认为，在西方，首先从“人类学的立场”来研究一切哲学问题的是休谟（D. Hume）和卢梭：“这两个人也是首先推翻了对上帝存在的一切理性证明（本体论的、宇宙论的、目的论的），而把上帝归结为人的情感需要（道德情感的证明）的人。康德则在《纯粹理性批判》中重申了这种对上帝存在的理性证明的批判，只是分析得更加细密而已。”②

康德的教育思想与其道德哲学、历史哲学及人类学研究有着密切的联系。康德认为，“人是唯一必须受教育的被造物”，教育“指的是保育（养育、维系）、规训（训诫）以及连同塑造在内的教导”；③“人性中有很多胚胎，我们现在要做的是让自然禀赋均衡地发展出来，让人性从胚胎状态展开，使人达到其本质规定”；④“人要么是仅仅被驯服、被调教、被机械地训导，要么是真正地得到启蒙”，“但靠驯服是达不到教育目的的，问题首先在于让孩子们学习思考，对那些一切行动由之而出的原则进行思考”。⑤康德第一次阐明了人要获得自由，必须接受规训，教育的问题就是“如何通过强制来培养自由”⑥。

康德的思想也为后来的教育学学科发展提供了精神养料。1808 年，赫尔巴特前往柯尼斯堡大学接受哲学讲座职位，兼讲教育学。赫尔巴特是近代德国著名的心理学家和教育学家，在世界教育史上被认为是“现代教育学之父”或“科学教育学的奠基人”。1806 年出版的《普通教育学》是公认的第一本现代

---

① ［德］康德著，许景行译：《逻辑学讲义》，商务印书馆 1991 年版，第 15 页。

② ［德］伊曼努尔·康德著，邓晓芒译：《实用人类学》，上海人民出版社 2005 年版，中译本再版序言。

③④⑤ ［德］伊曼努尔·康德著，赵鹏、何兆武译：《论教育学》，上海人民出版社 2005 年版，第 3、6、10—11 页。

⑥ 彭正梅著：《德国教育学概观：从启蒙运动到当代》，北京大学出版社 2011 年版，第 27—32 页。

教育学著作。这本书主要由基础理论、教学论、训育论和学校管理理论构成。正是在康德、赫尔巴特等人的努力下，在19世纪，教育学在大学里被当作建立在心理学基础之上的实践哲学的一部分，“人们把教育学作为形成教育和教学艺术的实践理论，而不是作为严格意义上经验科学的科学理论来讲授”①。

德国的教育人类学和精神科学教育学研究具有深厚的哲学人类学底蕴。近现代哲学家卢梭、康德、赫德尔（J. G. von Herder，1744—1803）、歌德（J. W. von Goethe，1749—1832）、威廉·冯·洪堡（Wilhelm von Humboldt，1767—1835）、弗里德里希·施莱尔马赫（Friedrich Schleiermacher，1768—1843）、黑格尔（G. W. F. Hegel，1770—1831）、叔本华（A. Schopenhauer，1788—1860）、费尔巴哈（L. A. Feuerbach，1804—1872）、马克思（K. H. Marx，1818—1883）、克尔凯郭尔（S. A. Kierkegaard，1813—1855）、尼采等人对人的问题的讨论是当代西方哲学人类学直接的理论背景。当代西方哲学人类学与现象学、存在主义和生命哲学等流派有着极为密切的关系。②

20世纪的哲学人类学研究沿袭了维柯-狄尔泰传统的“人的科学”③。17世纪意大利思想家维柯（G. B. Vico，1668—1744）在《新科学》这部著作中宣称要创立一种“新科学”，即“人文社会的科学”。英国哲学家和政治思想史家以赛亚·柏林（Isaiah Berlin，1909—1997）将维柯视为“反启蒙运动”的先驱。在《维柯与海德尔》这本著作中，柏林区分出维柯的七个“超越时间的概念”，即“人的本性是可变的，而且这种变化就归因于人类自身；人只能认

---

① 彭正梅著：《解放和教育：德国批判教育学研究》，华东师范大学出版社2008年版，第3页。

② 李鹏程主编：《当代西方文化研究新词典》，吉林人民出版社2003年版，第371—372页。

③ 汪信砚：《人学与哲学的关系辨正》，《哲学动态》2002年第6期。

识他创造的东西；因而人性科学不仅区别于，而且高于自然科学；文化都是整体的；文化创造的根本方式就是自我表达；艺术是这种表达的主要形式；我们可以逐渐理解现存和过去的其他文化的表达方式，其途径就是重构想象的训练”。① 在理性突飞猛进的年代，维柯的思想为人文主义开辟了道路。

而19世纪的德国哲学家威廉·狄尔泰则试图将精神科学建设成为像自然科学那样科学、可靠。狄尔泰也被视为德国精神科学教育学的鼻祖。狄尔泰比较了精神科学与自然科学的不同之处。自然科学研究的是客观的物理现象及其过程，精神科学研究的是人的现实的“体验的世界”；自然科学研究关注事物的自然特征，旨在发现事物的客观规律，而精神科学研究注重体验、表现和理解，对具体的生活现象的意义做出解释，促进社会形成统一的认识。② 狄尔泰认为，人是自然的一部分，它可以成为自然科学的研究对象，但是他反对单纯地使用逻辑和实证的方法来研究人。因为自然科学只能理解人的一面（物质性的部分），而另一面则需要精神科学去解决。他所倡导的精神科学研究就是要通过对历史中的个体内心世界的观察与体验，揭示出生活世界的各种意义。③ 而精神科学的目的就在于通过体验、表现和理解循环过程不断加深人们对生命、精神和人类社会文化的认识。

精神科学教育学的代表人物们从20世纪20年代就开始努力在大学里将精神科学教育学塑造成为一门独立自主的学科。普通教育学、职业教育学、社会教育学和成人教育学等都是在它的基础上展开出来的子学科，并且这些子学科也对德国的教育制度做出了各种相应的探讨，发展出自身的理论内涵。

---

① ［美］马克·里拉著，张小勇译：《维柯：反现代的创生》，新星出版社2008年版，导言。

② 崔相录著：《二十世纪西方教育哲学》，黑龙江教育出版社1989年版，第76—80页。

③ 彭正梅著：《德国教育学概观：从启蒙运动到当代》，北京大学出版社2011年版，第169—175页。

作为一门独立的研究人的哲学理论，哲学人类学一方面从19世纪末开始从传统的形而上学、历史哲学中分离出来，另一方面从自然科学的领域中解放出来。按照哲学人类学家奥多·马夸德（Odo Marquard）的观点，促使哲学人类学成为一门独立的研究学问的决定性因素是现象学家对于人的生活世界的集中研究。① 哲学人类学的产生还有深刻的社会和历史背景。20世纪前半叶，经济危机、政治混乱笼罩着欧洲大陆，原有的社会秩序被打破，国家前途未卜，人在社会中迷失了方向。哲学人类学就是在这种传统价值体系丧失的时代背景下产生的，并试图挽救人类的精神危机。② 另一方面，哲学人类学的产生是为了挑战和超越自笛卡儿以来把知识作为哲学起点的知识本体论。知识本体论的重要缺陷在于它忽略了对人本身的关注，因此就不能正确理解人与知识之间的关系，而哲学人类学认为只有从人出发才能说明知识的地位和意义。

一般认为，哲学人类学的创始人是德国哲学家马克斯·舍勒。如果说，狄尔泰为德国精神科学教育学及后来哲学教育人类学的发展提供了重要的思想基础并做了重要的开拓性工作，那么马克斯·舍勒所开创的哲学人类学研究则直接为德国教育人类学的诞生积累了思想养料，并直接促成了德国教育人类学这一研究领域和学科的产生。马克斯·舍勒是德国著名哲学家、现象学家，他曾经师从狄尔泰、齐美尔（G. Simmel，1858—1918）、胡塞尔等人，早期研究过理解心理学和知识社会学，晚期则重点关注哲学人类学。1922—1928年，马克斯·舍勒在科隆大学做了一系列的讲座，涉及生物学的基础、哲学人类学、认识论和形而上学等。1928年，他的《人在宇宙中的地位》一书出版，这是

① ［法］高宣扬著：《德国哲学通史》（第2卷），同济大学出版社2007年版，第629—630页。

② ［德］米夏埃尔·兰德曼著，张乐天译：《哲学人类学》，上海译文出版社1988年版，译者的话。

哲学人类学正式问世的标志。他在该书的前言中“满意地断定”，“哲学人类学已经进入当时德国一切哲学的正中央”。①

哲学人类学的宏伟抱负在于“企图把经验科学对人的研究与形而上学对人的思考结合起来，从哲学的立足点出发，通过对人的起源、进化以及人与动物、人与环境、人与世界、人与宗教、人与社会、人与历史、人与文化的探讨，建立人在宇宙中的特殊地位和描述人的完整形象”②。哲学人类学的分支学科包括生物哲学人类学、宗教哲学人类学、心理哲学人类学、文化哲学人类学、理性哲学人类学等。生物哲学人类学把生物学领域对人的研究作为出发点，把人的未特定化和非确定性作为人的根本特征，以此来解释完整的人的意义及其创造性活动，并以生物性为基础来确定人在世界中的地位。心理哲学人类学是以心理学为基础，把某个具有普遍意义的心理特征还原为人的本质结构，并赋予它超越人的内在性和向外开放的特征，由此出发来解释与人相关的生物和文化领域，解释人与他人和社会的关系，从而达到对人自身存在或完整的人的理解。文化哲学人类学是哲学人类学发展过程中的一个重要分支领域，它代表了哲学人类学在当代的发展趋势。文化哲学人类学的主要代表有罗特哈克（E. Rothacker，1888—1965）、卡西尔（E. Cassirer，1874—1945）、兰德曼（M. Landmann，1913—1984）等。文化哲学人类学把人置于广阔的文化、社会、历史和传统中进行思考，从人的主观创造性和活动性出发，来解释人对文化的超越、文化对人的约束性以及人作为文化的创造者和文化的产物之间的关系。

---

① ［德］马克斯·舍勒著，李伯杰译：《人在宇宙中的地位》，贵州人民出版社 1989 年版，前言。

② 刘放桐等编著：《现代西方哲学》(修订本)，人民出版社 1990 年版，第 689—690 页。

德国的教育人类学研究不断从哲学人类学思想中汲取营养。20 世纪 50—70 年代，教育人类学的研究领域包含很多分支，它们的研究主题不但与哲学人类学没有明显的界线，而且与其他人类学的关系也比较模糊，如心理人类学、社会人类学、生物人类学、医学人类学、神学人类学等。①

在 20 世纪 70 年代，德国的教育人类学研究达到最高峰。当时的德国教育人类学至少可以分为两派：一是综合人类学的取向（或者称为教育学取向），这种取向的最大特点是综合所有关于人的经验科学的研究成果，并具体应用到教育领域，罗思（H. Roth，1906—1983）的《教育人类学》就是这种研究的代表；二是以博尔诺夫为首的一派强调从哲学人类学的角度出发，重新说明整个教育。② 博尔诺夫运用哲学人类学的还原原则、工具原则和解释原则，探讨了人的可教育性、教育气氛、非连续性的教育形式等议题，并通过透视人类学对空间、时间和语言的解释提炼教育的智慧。

博尔诺夫是精神科学教育学的第三代学者。他 1922 年在柏林大学学习数学和物理学，1925 年在哥廷根大学获得博士学位。之后，他转到图宾根大学跟随诺尔学习、钻研狄尔泰的理论。其间，他曾到海德堡向海德格尔（M. Heidegger，1889—1976）求教。1931 年他在哥廷根大学任讲师，1939 年任埃森大学哲学与教育学教授，1946 年在美因茨大学任心理学和教育学教授。1953 年，继斯普朗格之后，博尔诺夫任图宾根大学哲学、教育学教授，同时任德国教育学会会长。③

在经历两次世界大战的悲痛之后，对生活的无望以及对人性的悲观情绪导

① ［德］武尔夫著，张志坤译：《教育人类学》，教育科学出版社 2009 年版，第 173 页。

② ［德］博尔诺夫著，李其龙译：《教育人类学》，华东师范大学出版社 1993 年版，第 33—34 页。

③ 邹进著：《现代德国文化教育学》，山西教育出版社 1992 年版，第 135—137 页。

致了人们对教育悲观失望的态度。此时存在主义也否认教育的可能性，认为理性主义无法挽救人类。博尔诺夫在1959年出版的《存在哲学与教育学：论非连续性教育形式》一书中批驳了存在主义否认教育可能性的观点。博尔诺夫提出教育与人生相适应，是连续性和非连续性的统一。他在该书中集中讨论了与人的非连续性发展相应的六种非连续性的教育形式——危机、唤醒、催醒和劝解、吁求、偶然遭遇、冒险和挫折。① 如果说早期的精神科学教育学（以狄尔泰、斯普朗格、利特等为代表）主要从“人的整体性”的抽象前提出发寻找全面发展的人的理想模式，以体验、理解、陶冶为渠道建立“灵魂教育学”的话，那么博尔诺夫则试图立足于现实的社会矛盾之中，以危机、唤醒、吁求、遭遇等为核心，建立更加宏观、整体的“非连续性”教育体系。② 这种研究路向无疑超越了早期精神科学教育学者的个人主义、普遍主义的限制，而把教育带向广阔的社会文化之中，具有积极的意义。

20世纪60年代，学生运动的爆发以及法兰克福学派的兴起，极大地影响了德国精神科学和教育人类学的发展。精神科学教育学强调历史性和文化性，但缺乏对文化和历史的系统反思和批判，并且解释学的研究方法只关注教育意图、教育观念，而对于具体教育过程的研究则存在缺陷。“批判教育学指责它缺乏政治关注，缺乏批判精神，经验教育学指责它的知识不够确切，缺乏实证精神。”③ 所以，精神科学教育学阵营的一部分学者转向了批判教育学的研究，也有一部分学者开始建立具有历史反思性的教育人类学。

20世纪90年代之后，以克里斯托弗·武尔夫（Christoph Wulf）为代表

---

①② 邹进著：《现代德国文化教育学》，山西教育出版社1992年版，第138—148、168页。

③ 彭正梅著：《德国教育学概观：从启蒙运动到当代》，北京大学出版社2011年版，第204—206页。

的一部分学者吸收历史人类学的理论方法，开展了许多教育的历史人类学研究活动。这些研究多以身体、代际、时间和空间为关键词。武尔夫参与和领导的柏林仪式研究学会经常会使用民族学和定性研究的方法研究仪式在家庭、学校、青少年文化和媒体等领域内对教育、培养和学习的意义。武尔夫是德国柏林自由大学教育学心理学系人类学与教育学研究所教授，还担任德国历史人类学研究会副主席、德国教育人类学研究会主席、联合国教科文组织德国理事兼教育委员会主席等职务。其著作《教育人类学》和《社会的形成》已经被翻译成中文出版。

在武尔夫看来，教育的历史文化人类学研究特别重视研究者和研究对象的历史性和文化性，试图将其观点、方法与研究对象的观点、方法相联系。它的研究目的不再是对普遍抽象的人进行独立的思考，而是从特殊的历史和文化的背景来审视真正意义上的人。① 武尔夫提出，教育人类学的研究目的在于："一方面，批判教育万能的幻想以及教育无用的悲观态度；另一方面，揭示人类完善的可能性与人类变化的困难之间的紧张关系，从而说明教育的可能性及局限性。"②从认识论的角度而言，武尔夫所倡导的教育人类学具有实体性、唯美主义、历史性、多元性、文化性、跨文化性、多学科及跨学科性、批判主义、反思性。从研究方法看，共时或历时的比较是教育人类学主要的研究任务。虽然，德国的教育人类学研究已经呈现出多元性、历史性、文化性和跨学科性的转变，但是，"直到今天，德语地区的教育人类学研究仍然没有把重点放在民族志的研究程序上。然而，历史和教育传记的研究已经建议我们要推动这种转变。民族志的研究方法为传记、教育制度、教育活动和仪式的研究开创

①② ［德］武尔夫著，张志坤译：《教育人类学》，教育科学出版社2009年版，第2、4页。

了全新的知识维度”①。

德国的教育人类学对苏联（以及后来的俄罗斯）、加拿大的教育研究产生了重要影响。在俄罗斯，教育人类学也被归为教育哲学的范畴，与经验分析教育哲学（包括批判的唯理论）、解释学学派（现象学学派、存在主义学派、对话学派）、批判解放学派、精神分析学派、后现代主义学派以及宗教神学学派等放置在一起讨论。俄罗斯的教育哲学家认为，教育人类学形成于20世纪50年代末的德国，“是不同的人道主义教育概念一体化的结果”，教育人类学的特点在于“人道主义观点”和“经验分析观点”的相互吸引与融合，教育人类学“通过主体及其自律来研究教育的社会哲学问题”。② 荷兰教育学家兰格威尔德曾到德国留学，并曾受教于诺尔和利特，因此荷兰“现象学教育学”研究深受德国精神科学教育学的影响。③ 加拿大当代著名教育现象学家马克斯·范梅南（Max Van Manen）曾在荷兰学习教育学期间接触了人文科学、现象学和解释学。他说，在20世纪60年代，“教师教育的主导性研究方法在德国叫人文科学教育学，在荷兰叫现象学教育学。德国人文科学教育学的传统方法是解释学的，而荷兰的‘现象学教育学’则富有描述性特点或现象学取向……在60年代末，由于特定的意识形态及社会压力的原因，德国的现象学教育运动及荷兰的现象学传统降温，这一方面受了北美行为主义的影响，另一方面与正在德国兴起的社会批判理论有关”。范梅南进一步指出，人文科学的风格在最近有所恢复，但是形式已有所不同。④

① ［德］武尔夫著，张志坤译：《教育人类学》，教育科学出版社2009年版，第188页。

② 李玉彩编译：《俄国学者重新开始研究教育哲学》，《国外社会科学》1997年第1期。

③ 詹栋梁著：《儿童人类学——儿童发展》，五南图书出版公司1994年版，第7页。

④ ［加］马克斯·范梅南著，宋广文等译：《生活体验研究——人文科学视野中的教育学》，教育科学出版社2003年版，前言。

第五节　教育人类学两种取向的融合

20 世纪 80 年代末，教育人类学学者冯增俊系统比较了两种不同取向的教育人类学的联系与区别。他认为，教育人类学的两种取向存在着某些本质的联系，具体表现在：①都研究教育与人的关系，即教育与个体的人和群体的人（或者生物的人与社会的人）的关系；②都力图解决现行教育与人的发展问题，实现人的完整性或人类的和谐全面的发展；③都研究社会、文化与人的协调发展以及与教育的关系；④都是用人类学的方法原理来研究教育。二者的差异表现为：①研究重点不同；②所研究的人不同；③研究方法手段不同。[①] 我国台湾教育人类学学者吴天泰比较过教育人类学两种不同取向的关系，他认为，就研究问题而论，欧洲大陆的教育人类学主要关注：①人是什么？②人在本质上与动物有什么不同？③为什么人具有可教性？英美的教育人类学主要关注：①在不同的族群社会中，人如何在那样的文化脉络中“成为一个人”？②人类在什么时间（历史）背景下塑造出那样的文化系统？③人在不同环境下会建立出什么不同的适应系统？[②] 冯增俊和吴天泰的观点对于理解教育人类学的两类研究具有一定的启发意义。

哲学人类学与文化人类学相比较，更多地直接牵涉着哲学家的思想，更多地富有思辨色彩。因此，德语世界的教育人类学更类似于教育哲学。事实上，中国也不乏这方面的力作，如金生鈜的《理解与教育——走向哲学解释学的教

① 冯增俊等译：《教育人类学》，海南人民出版社 1988 年版，第 12 页。
② 吴天泰等著：《教育人类学》，五南图书出版公司 2002 年版，第 59 页。

育哲学导论》①和《规训与教化》②、冯建军的《生命与教育》③等著作，这些著作都引用了教育人类学家或文化哲学家的理论观点。

事实上，哲学人类学和文化人类学的思想在深层次上是相通的，它们可以相互借鉴，共同促进教育人类学学科的发展。发端于西方的人类学学科，其各种理论、思想都有着深厚的哲学基础或渊源，因此美国人类学家威廉·亚当斯（William Adams）提出美国人类学的五个“哲学之根”：进步论、原始论、自然法则、印第安学、德国的理想主义。亚当斯确信，“社会科学的所有伟大理论都只不过是旧有哲学的重新命名”，并且“大多数理念得以长存并非取决于它们的理性和逻辑的内涵，而是其意识形态取向”。④

美国的文化人类学传统与德国的理想主义有着密切的关系，这种理想主义其实也是德国哲学人类学的基础所在。与早期的英法人类学家关注文化、社会的普遍进化规律以及社会的组织形式不同，同时期的德国人类学家和民族志学者不仅为他们自己的文化和历史所着迷，也为其他民族的历史与文化所吸引，因此他们更为关注文化的精神和艺术的层面（如宗教、神话和人文等）。德国理想主义产生于德语民族在早期现代社会的独特历史环境，“他们发展出一套独特的哲学，重点关注文化艺术成就，而不是政治或物理（物质）的成就，他们还坚持心智高于事物”⑤。在他们的思想中存在着一种复数的文化，每个文化有其独特的历史。德国的这种理想主义哲学和探索民族精神的传统，由一大

① 金生鈜著：《理解与教育——走向哲学解释学的教育哲学导论》，教育科学出版社 1997 年版。

② 金生鈜著：《规训与教化》，教育科学出版社 2004 年版。

③ 冯建军著：《生命与教育》，教育科学出版社 2004 年版。

④⑤ ［美］威廉·亚当斯著，黄剑波、李文建译：《人类学的哲学之根》，广西师范大学出版社 2006 年版，前言，中译本序言。

批受过良好教育的德国中产阶级在 19 世纪 70 年代带到美国。在这些移民当中，博厄斯无疑是最著名的一位。他在哥伦比亚大学教授具有德国传统的人类学，结果是美国第一批 16 名人类学博士中就有 14 名是博厄斯一手培养出来的。历史特殊论还在 19 世纪推动形成了一个稳定的民族志传统。① 至今，美国的民族志学家还是比其他国家的同行更关注文化的精神和表现层面，而较少关注社会组织的复杂性，这无疑是博厄斯学派的重大影响的结果。②

从学科的角度来比较，文化哲学人类学与社会文化人类学也是相互联系的。如果将文化人类学定位为一门经验的实证科学，那么文化哲学人类学则是从一些已经证实的材料中抽象出人与文化关系的一般原则。如果说文化人类学是在经验科学基础上建立具体的完整的人的形象，那么文化哲学人类学则是在哲学思考的基础上形成抽象的完整的人的形象。文化人类学可以从实地调查的跨文化研究角度、哲学人类学可以从理论思辨的角度共同理解人是什么、文化是什么、社会是什么、教育是什么。

学科划分只是相对的，深邃的思想者所思考的问题在深层次上是相互联系的。法国当代哲学家伊曼纽尔·勒维纳斯（Emmanuel Levinas，1906—1995）③ 曾经提出了充满后现代色彩的“异质性他者”的概念，他用“他者”（the other）的异质性来反抗“自我的同一性”，认为“因为有他（你）我才存在”。这个“他者”的概念与人类学中的“他者”的概念几乎没有什么差别。

---

①② ［美］威廉·亚当斯著，黄剑波、李文建译：《人类学的哲学之根》，广西师范大学出版社 2006 年版，第 8—10、312 页。

③ 伊曼纽尔·勒维纳斯（Emmanuel Levinas，1906—1995），法国当代著名哲学家，1923 年进入法国斯特拉斯堡大学哲学系，开始其哲学生涯。他是最早把德国现象学介绍到法国的哲学家。1928—1929 年，他在德国弗赖堡大学师从胡塞尔、海德格尔等人研究现象学，深受两位大师思想的影响而又有所超越。其主要著作有《从存在到存在者》《和胡塞尔、海德格尔一起发现存在》等。

人类学家也经常借用哲学家的思想来构造自己的理论，比如，克利福德·格尔茨（Clifford Geertz，又译作格尔兹）对英国哲学家吉尔伯特·赖尔（Gilbert Ryle）的深描方法的借鉴，保罗·拉比诺（Paul Rabinow）对保罗·利科（Paul Ricoeur）解释学思想的引用和改造。

反思人类学的先行者保罗·拉比诺认为，人类学不能简化为田野工作，不能简化为民族志，也不能简化为哲学的人类学，人类学应该被理解为一组历史地变化着的实践——这些实践与人们所认为的“人类”和“学”（与界定和形塑这一学科的科学和话语）联系在一起并动态地相互作用。① 在拉比诺看来，人类学是一种具有综合性、历史性的思想和行动的实践。

在2006年12月初举办的“学科重建以来的中国人类学”学术研讨会上，中国学者建议人类学研究在生物人类学和文化人类学之外，也要关注哲学人类学，以避免学科缺少形而上的思考和缺少终极的人文关怀。这引起了学者的积极反响。人类学学者王建民在此次会议的论文集的序言中列举了康德、马克斯·舍勒、恩斯特·卡西尔、米切尔·兰德曼等人的理论观点，并且指出中国老一辈人类学家李济在人类学教学中非常重视中国古代哲学的事实，提出“召回哲学人类学”是重新调整中国人类学诸多面向中最为紧要的一条。② 这种观点无疑富于远见。上述这些案例皆说明人类学研究在科学、文化和哲学三个方面是一体的，是需要不断整合的。

中国著名人类学家、民族学家林耀华在谈到两种取向的教育人类学研究时指出：“教育人类学（无论怎样归类）学者今后的研究趋势必然是不断接近与

---

① ［美］保罗·拉比诺著，高丙中、康敏译：《摩洛哥田野作业的反思》，商务印书馆2008年版，第11页。

② 王建民、汤芸主编：《学科重建以来的中国人类学》，中央民族大学出版社2008年版，代序。

结合。educational anthropology（教育人类学）中的 anthropology 当以广义的人类学含义为宜。一个教育人类学家为什么不可以将不同流派的有意义的理论兼收并蓄呢?"① 林耀华的观点，值得肯定、继承和发展。

① 林耀华:《致读者》，载庄孔韶著:《教育人类学》，黑龙江教育出版社 1989 年版。

中编　百年史论

第三章　无名有实的历史与传统：1949 年之前

毋庸置疑，近代之前的中国就有很多教育人类学的思想和知识。美国学者劳拉·霍斯泰特勒（Laura Hostetler）曾指出："中国自古以来就有民族志传统，早在博厄斯为美国民族学局展开民族志研究之前的一千年，中国就有了类似美国民族学局的机构，而且收集的资料更加丰富。"① 现代意义上的教育人类学从 20 世纪 20 年代开始在中国逐步发展起来，而并不是像很多研究者指出的那样，起步于 20 世纪 80 年代中期，② 或起源于 20 世纪 80 年代中期的少数民族教育研究。③

20 世纪上半叶，中国的教育人类学研究主要包括四个方面的内容：引入德国的文化教育学的思想、理论与方法，探讨民族性与教育之间的关系，开展乡村教育实践和社区教育研究，开展边疆教育研究和建立边疆教育学。

在两次鸦片战争之后，中国又先后经历了洋务运动、中法战争、甲午中日战争、义和团运动、维新运动。遭到帝国主义的铁蹄践踏之后，内忧外患的中国风雨飘摇，接近崩溃的边缘。1911 年，爆发辛亥革命，之后建立的民国政府可谓一波三折。中华民国的建立只是在形式上建立了现代国家。国家内部处

① 王铭铭著：《没有后门的教室——人类学随谈录》，中国人民大学出版社 2010 年版，第 134 页。

② 冯增俊：《教育人类学未来发展展望》，《华南师范大学学报》（社会科学版）2006 年第 2 期。

③ 滕星：《回顾与展望：中国教育人类学发展历程——兼谈与教育社会学的比较》，《中南民族大学学报》（人文社会科学版）2006 年第 5 期。

于地方性军阀割据状态，又受到外部的强国入侵，主权尚不完整，现代国家能力十分脆弱，随时有崩溃的可能。① 1924—1927 年，国民党和共产党进行了第一次国共合作。1927 年大革命失败之后，长期的军阀割据的局面结束，国民党建立了以蒋介石为核心的南京国民政府，中国实现了形式上的统一。同时，共产党领导的武装部队开始创建农村革命根据地。1931—1945 年，中国人民进行了抵抗日本侵略的民族战争。之后，中国又经历了三年解放战争，一直到 1949 年中华人民共和国成立。20 世纪前半叶，中国的教育人类学研究就是在这样的政治和社会背景下展开的。

20 世纪前半期中国教育人类学研究得以开展的重要原因之一便是当时中国的人类学学科已经获得一定程度的发展，并具备了一定数量的人类学、民族学的专业人才。从 19 世纪下半叶，随着西方资本主义国家政治与经济的侵入，西方学术思想也逐步传入中国。

1903 年，林纾和魏易翻译出版了《民种学》。1904 年，清王朝学部颁布了《奏定大学堂章程》，其中“人种学”被列为国史和西洋史的选修课程。这一年，可以看作人类学、民族学在中国专业制度化的开始。② 从 20 世纪 20 年代后期开始，中国的人类学曾与欧洲现代人类学比肩发展。1919—1928 年，在美国、法国、英国、德国学习人类学、民族学的中国学者多达三四十人，他们大都受过正规的学术训练，系统学习了相关课程，积累了一定的人类学、民族学知识。③ 吴文藻（1901—1985）、费孝通（1910—2005）、林耀华（1910—2000）等人在一定程度上受到了英国功能学派的影响。费孝通师从英国著名人

① 徐勇：《“回归国家”与现代国家的建构》，《东南学术》2006 年第 4 期。
② 潘蛟主编：《中国社会文化人类学/民族学百年文选》，知识产权出版社 2009 年版，自序。
③ 王建民著：《中国民族学史》（上卷），云南教育出版社 1997 年版，第 96 页。

类学家马林诺斯基。林耀华则从哈佛大学人类学系获得博士学位。哈佛大学是美国最早设立人类学系的大学之一，校内设有民族学博物馆，人类学的四大分支课程皆备。凌纯声、杨堃等则直接受教于法国年鉴派的人类学家莫斯（M. Mauss，1872—1950）。李安宅（1900—1985）在 1934—1936 年师从博厄斯的弟子克罗伯、罗维（R. H. Lowie，1883—1957）、萨皮尔（E. Sapir，1884—1939）等人学习人类学。

根据陈永龄、王晓义后来的梳理，进化理论传入中国较早，但是社会学意义上的进化论比人类学意义上的进化论产生的影响更大。法国民族学派在中国的主要代表人物有杨堃、凌纯声、杨成志、徐益棠、卫惠林、芮逸夫等，他们主持或参加了对中国少数民族地区的调查，涉及范围较广，产生了一批重要作品，影响较大。孙本文、黄文山、戴裔煊、吴泽霖等人对美国文化历史学派的理论思想进行了较为系统的介绍，但是这一学派除了吴泽霖外很少做过少数民族的实地调查。英国功能学派的理论从 1935 年传入中国，后来与美国的社区研究相结合，产生了极具影响的“中国功能学派”。由于去德国学习民族学的人较少，德国的传播学派在 20 世纪前半期对中国的影响并不大。①

吴文藻早在哥伦比亚大学求学期间，就曾旁听过博厄斯和本尼迪克特的人类学课程，从那时起，他就意识到人类学与社会学之间联系密切，并产生了将这两门学科结合起来进行研究的想法。彼时，吴文藻就写出了像《民族与国家》这样异常深刻的研究论文。后来，吴文藻在燕京大学讲课时，将文化人类学与社会学结合在一起，并取得了公认的效果。② 吴文藻吸纳英国人类学家马

---

① 中国民族学研究会编：《民族学研究》（第 1 辑），民族出版社 1981 年版，第 261—299 页。

② 吴文藻：《吴文藻自传》，《晋阳学刊》1982 年第 6 期。

林诺斯基的功能主义理论和美国社会学家派克的人文区位学理论，倡导进行“社区研究”。从20世纪30年代开始，中国的人类学者、民族学者开始注重使用人类学的理论方法技术研究中国少数民族问题和汉人社区。

英国人类学家拉德克利夫-布朗曾在吴文藻的邀请下于1935年到燕京大学社会学系讲学，并于1936年在《社会学界》第9卷发表了一篇《对于中国乡村生活社会学调查的建议》的论文，这篇论文对当时人类学界影响很大。布朗认为，理论就是一种阐释的体系，人们把它用来理解某类现象。① 他更倾向于把社会人类学称为“比较社会学”，并反对民族学的历史的研究方法以及马林诺斯基的基于心理需要的功能主义范式，倡导基于结构分析的功能主义观点。美国的社会学家帕克（R. Park）在中国讲过社区研究，费孝通的《江村经济》第一个将功能主义理论和社区研究方法运用到了具有悠久历史的中国社会研究，这对中国人类学后续发展的影响是广泛而持久的。在一定程度上，后来的中国汉人社会研究都是沿袭了《江村经济》的传统。美国学者也承认，由费孝通开创的本土社会的人类学研究“不仅是对人类学从异域到本土，从野蛮到文明的研究对象的跨越，而且包括学科界限的跨越”②。

20世纪20—40年代，中国的人类学受不同国家学术传统的影响，逐步形成了自己的区域传统：以中央研究院为中心的“南派”、以燕京大学为中心的“北派”以及以华西大学为中心的“华西派”，其基础大致为欧陆派、英美派（以当时的伦敦政治经济学院和芝加哥大学为代表）及美国派，它们分别以民族学、人类学（社会人类学）及文化人类学为核心概念。学科名称除了地区空

① ［英］A. R. 拉德克利夫-布朗著，潘蛟等译：《原始社会的结构与功能》，中央民族大学出版社1999年版，第1页。

② 邱泽奇：《六十年后的欢聚、回顾与展望——费孝通教授学术活动60周年欢聚会和学术研讨会纪要》，载费孝通著：《从实求知录》，北京大学出版社1998年版，第540—544页。

间的不同，也有时间的流变。抗日战争之前，三个名称共存。抗日战争期间，“国家中心被迫西移，直接面对着西部各种非现代的社会政治形态，边疆问题得到了更深刻的认识，民族学这个称呼就占据了主流地位”。1945 年后，由于英美派学术的扩张和影响，人类学的声名就远超过了民族学。①

在 20 世纪 30—40 年代，作为中国人类学、社会学研究重镇之一的燕京大学社会学系已经开设社会学原理、社会人类学等专业课程，培养了一批具有人类学和社会学学科背景的本科生和硕士生。② 除了燕京大学之外，20 世纪 20—30 年代，厦门大学、中央研究院社会科学研究所和历史语言研究所、复旦大学、沪江大学、金陵大学等大学和研究机构也相继成立了人类学系或设立了人类学的研究方向，出现了专门的人类学教职和教授。事实上，“中国的人类学教学和研究在 30 年代已经达到了一个相当高的国际交流水平，而不是像 80 年代中后期的一些学术弄潮人所说的那样——人类学研究在中国仍是一片空白”③。也正因为如此，人类学取向的教育研究与实践才能得以展开和发展。

第一节　文化教育学的引介

如前文所述，德国教育人类学研究发轫于精神科学教育学，德国的教育人类学研究也可以看作第三代的精神科学教育研究。由于斯普朗格将其研究命名为文化教育学，所以文化教育学广为流传，它的含义实质上与精神科学教育学

① 王铭铭著：《中间圈——“藏彝走廊”与人类学的再构思》，社会科学文献出版社 2008 年版，第 48—49 页。

② 齐钊：《探究与理解中国社会——1925—1951 年燕京大学社会学系毕业论文的再分析》，中国农业大学硕士学位论文，2012 年。

③ ［英］A.R. 拉德克利夫-布朗著，潘蛟等译：《原始社会的结构与功能》，中央民族大学出版社 1999 年版，译者序。

是相同的。20 世纪 20 年代末，中国学者就将属于德国学术前沿的现象学思想、新康德主义思想以及德国精神科学教育学的代表人物狄尔泰、斯普朗格、利特、马克斯·舍勒等人的教育思想系统引入中国。从这个意义上来说，当时的中国教育研究是与德国教育人类学的前身接轨的。在那时，像博尔诺夫这样的哲学人类学家、教育人类学家已经崭露头角。1914 年，博尔诺夫在《气氛的本质》中已经提出了哲学人类学的方法论基础与基本原理。同一年，敏斯特大学的德普-福瓦尔德（Dopp-Vorwald）出版了《教育科学与教育哲学》，提出了教育人类学的问题。①

中国教育学自 20 世纪初建立以来，即不断引进、移植及接受外国教育思想、制度与技术。先是经由日本习得赫尔巴特学派的教育理论及其思想，五四运动后在民主、科学的氛围中转向学习美国实证主义的科学化的教育学。②1901 年，王国维翻译了日本立花铣三郎编著的《教育学》，这是引进中国的第一本全文翻译的《教育学》。1905 年，王国维编著的《教育学》问世，这是第一本中国学者编著的《教育学》教材，它是王国维在江苏师范学堂的讲义稿。③ 在这本著作中，首次出现了教育人类学这一专业术语，它主要指从生理和心理的角度研究教育。这是目前可以查到的中国最早的有关教育人类学的论述。王国维认为："教育者不可不就所教之儿童而精密研究之。此种研究，即教育的人类学也。人有身体及心意二部，故教育的人类学，自分而为二。其研究有形的身体者，谓之教育的人体学；其研究无形的心意者，谓之教育的心理

① 崔相录著：《二十世纪西方教育哲学》，黑龙江教育出版社 1989 年版，第 203—204 页。

② 刘蔚之：《德国文化教育学在中国的接受与转化——兼述其在日本的传播》，《教育研究集刊》2007 年第 3 期。

③ 瞿葆奎：《特约编辑前言》，载王国维编著：《教育学》，福建教育出版社 2008 年版，第 1 页。

学。”① 透过王国维的论述，我们可知，在20世纪初教育科学化的背景下，教育人类学即含有一种综合、整体的追求。

据我国台湾学者刘蔚之研究统计，1928—1943年，留学德国并完成博士学位的中国教育学者共有九位：许恪士、刘钧学习经验科学的教育学，曾景学习比较教育学，王文俊、马秉文、张建学习文化教育学，吴兆棠、萧云来学习国家主义的教育学，田培林学习学校教育学。他们是20世纪上半叶第一批，也是唯一一批直接接受德国教育学思想的中国学者。而且，王文俊、马秉文、张建三人皆师从文化教育学大师斯普朗格。20世纪20年代到30年代中期，中国对于德国教育理论与实践的认识，主要经由日本引入。斯普朗格曾经在1936—1937年访问日本，其时文化教育学在日本的影响达到顶峰。这是德国精神科学教育学传入中国的重要背景之一。杨人楩和蒋径三在文化教育学的引入和传播中发挥了重要作用。

杨人楩（1903—1973），1918年入湖南长沙长郡中学，1922年入北京高等师范学校英语系。1926年大学毕业后至1934年，他先后在湖南长沙长郡中学任国文教员，在上海暨南大学附中、福建泉州黎明中学、江苏苏州中学任历史教员。1927年春他曾任江西省政府秘书，同年夏秋任北伐军第二路指挥部秘书。1934年杨人楩曾短期赴日本东京学习日语，同年7月赴英国牛津大学学习世界史，1938年1月回国，先后任四川大学、西北联大教授。1939年8月，杨人楩赴四川乐山，任武汉大学历史系教授。1946年8月起，杨人楩任北京大学历史系教授。1973年9月15日杨人楩逝世，终年70岁。②

① 王国维编著：《教育学》，福建教育出版社2008年版，第11页。
② 徐友春主编：《民国人物大辞典》，河北人民出版社1991年版，第1217页。

杨人楩是最早将德国现象学引入到中国的学者之一。他曾经在《民铎》杂志 1929 年第一期发表了《现象学概论》一文。① 1929—1930 年，他在《教育杂志》先后发表了《新康德派之教育思潮》②《文化哲学的教育思潮》③《现象学的教育思潮》④《新德意志之教育思潮与制度》⑤ 等文章，介绍了马克斯·舍勒的社会学的教育学、斯普朗格的构造心理学、狄尔泰的精神科学教育学、李凯尔特的价值哲学的教育学。

蒋径三（1899—1936），浙江临海人。5 岁入私塾。1917 年入台州浙江省立第六师范学校，1921 年转学绍兴浙江省立第五师范学校。1922 年师范学校毕业后，任临海私立回浦小学教师。1923 年任浙江省立公众运动场通俗教育讲演所讲演员。1925 年任上海学艺大学图书馆馆员。1926 年任广州中山大学图书馆馆员，1929 年兼任该校语言历史研究所助理员。1930 年赴上海商务印书馆任编辑。1932 年任安徽大学教授。1934 年赴广州，任广东省立勷勤大学师范学院教育系教授。1936 年 7 月 5 日坠马致死，年仅 37 岁。其主要作品有《现代理想主义》《西洋教育思想史》《欧洲思想大观》。⑥

蒋径三从 1929 年开始先后在《教育杂志》《东方杂志》等期刊发表了《文化教育学的理论与方法》⑦《文化哲学与文化教育学》⑧《文化教育学者斯普兰

① 杨人楩：《现象学概论》，《民铎》1929 年第 1 期。
② 杨人楩：《新康德派之教育思潮》，《教育杂志》1929 年第 1 期。
③ 杨人楩：《文化哲学的教育思潮》，《教育杂志》1929 年第 2 期。
④ 杨人楩：《现象学的教育思潮》，《教育杂志》1929 年第 8 期。
⑤ 杨人楩：《新德意志之教育思潮与制度》，《教育杂志》1930 年第 7 期。
⑥ 徐友春主编：《民国人物大辞典》，河北人民出版社 1991 年版，第 1376 页。
⑦ 蒋径三：《文化教育学的理论与方法》，《教育杂志》1929 年第 4 期。
⑧ 蒋径三：《文化哲学与文化教育学》，《教育杂志》1929 年第 12 期。

格的构造心理学》①《斯普兰格的文化教育学》②《利脱的教育思想》③《现象学派与新康德派》④《现象学者谢勒尔的教育观》⑤《教育哲学的本质及其重要性》⑥ 等文章，较为系统地介绍了当时德国精神科学教育学的思想，并阐发了对于开展教育哲学研究重要性的见解。后来，蒋径三编著的《文化教育学》一书出版，此书共六章，分别为文化教育学的意义与要素、文化教育学的先驱——迪尔泰（今译狄尔泰）、斯普兰格（今译斯普朗格）的构造心理学、斯普兰格的文化教育学、利脱的文化教育学、文化教育学批评。⑦

此外，《女师大学术季刊》1930 年第 1 期发表了《施勃郎格⑧的教育思想》的译介文章。⑨ 1932 年 11 月出版的王慕宁编的《现代西洋各派教育哲学思潮概论》对现象学派的教育思潮进行了介绍与评价。⑩ 龚宝善在《江西教育旬刊》发表了《文化教育学的内涵与评价》⑪，袁昂在《中华教育界》杂志发表了《文化教育学者施伯龙格⑫之心理学说与教育学说》。⑬ 雷通群在 1936 年发表了《现象学的教育思潮之究明与批判》，指出了现象学派教育学的三个特色：将抽象的概念与生动的直观合二为一；脱离二元对立，主张从本质直观上探究

---

① 蒋径三：《文化教育学者斯普兰格的构造心理学》，《教育杂志》1931 年第 6 期。
② 蒋径三：《斯普兰格的文化教育学》，《教育杂志》1931 年第 5 期。
③ 蒋径三：《利脱的教育思想》，《教育杂志》1931 年第 7 期。
④ 蒋径三：《现象学派与新康德派》，《学艺（日本）》1931 年第 1 期。
⑤ 蒋径三：《现象学者谢勒尔的教育观》，《东方杂志》1932 年第 4 期。
⑥ 蒋径三：《教育哲学的本质及其重要性》，《东方杂志》1932 年第 8 期。
⑦ 蒋径三编著：《文化教育学》，商务印书馆 1936 年版。
⑧ ⑫ 今译斯普朗格。
⑨ Saupe 著，大年译：《施勃郎格的教育思想》，《女师大学术季刊》1930 年第 1 期。
⑩ 王慕宁编：《现代西洋各派教育哲学思潮概论》，上海华风书店 1932 年版。
⑪ 龚宝善：《文化教育学的内涵与评价》，《江西教育旬刊》1933 年第 2 期。
⑬ 袁昂：《文化教育学者施伯龙格之心理学说与教育学说》，《中华教育界》1936 年第 2 期。

教育；认为教育活动是一种文化活动。① 介绍德国文化教育学的文章还有祁森焕的《现代教育思潮之演进与文化教育学之发生》② 和《文化教育学家对于各科教学之见解》③，朱谦之的《文化教育发端》④ 等。

1939 年，在日军占领下的北平，中德学会⑤主编的学术杂志《中德学志》创刊⑥，它是当时中国极少数直接取材自德文资料的杂志。该杂志对于德国教育、斯普朗格的文化哲学和民族教育观多有介绍，并都出于王锦第⑦之手。王锦第在《中德学志》上发表文章系统介绍了斯普朗格的教育与文化思想、民族精神与教育的思想，以及德国教育的现状。这些文章大多是王锦第译自 1936 年斯普朗格在日本进行演讲的文集以及德文资料《研究与进步》上的斯普朗格的文章。

王锦第翻译和介绍斯普朗格和德国教育概况的文章主要有《文化形态学的问题》《国民性与文化》《文化形态学的研究》《民族精神与教育》《如何把握民族的性格》《赫尔巴特生平及其教育思想》《赫尔巴特学派与他的反对者》等。

在《士榜格⑧的教育与文化思想》一文中，王锦第系统地介绍了斯普朗格的生平、心理学思想、教育学思想、文化哲学思想（单元文化与多元文化）、教育的国民性、精神科学思想。对斯普朗格的思想，王锦第有如下的评价。

---

① 雷通群：《现象学的教育思潮之究明与批判》，《教育研究》1936 年第 69 期。

② 祁森焕：《现代教育思潮之演进与文化教育学之发生》，《河南教育》1929 年第 6 期。

③ 祁森焕：《文化教育学家对于各科教学之见解》，《河南教育》1929 年第 6 期。

④ 朱谦之：《文化教育发端》，《文明之路》1934 年第 2 期。

⑤ 关于中德学会诞生的背景和细节，可参看崔文龙：《中德学会的成立及相关争论》，《民国档案》2011 年第 3 期。

⑥ 《中德学志》1944 年停刊。

⑦ 王锦第毕业于北京大学哲学系，之后曾到日本学习。当时是中德学会的工作人员。王锦第是著名作家王蒙的父亲。

⑧ 今译斯普朗格。

就自然的或生物的观点讲，人也是一种生物，有出生、发展及死亡诸阶段，个人的存在不过是某一特定期间的事情。然而一个民族是超个人的存在，可以成为“超个人的生活体”。所以教育问题不能不由民族或民族性的研究做出发点。关于民族的研究，特别由教育的观点看，我们定要注意各民族所代表的文化，所以士榜格认为真正的教育学应该是文化的教育。文化教育学的任务在于领导青年在文化社会中生活，或反过来说，使各种独特文化价值与本质在青年经验中变为原动力。每个学生应尽量吸收各种文化，如科学、宗教、美术、经济、社会、国家的价值等。①

处于日本占领下的北平，王锦第借斯普朗格的思想，振笔疾书民族教育的重要性。② 这是国家危亡的社会时代背景在知识分子身上的反映，也体现了知识分子欲通过学术活动拯救国家脱离水深火热的拳拳爱国之心。

从20世纪初开始的以狄尔泰、斯普朗格为代表的德国文化教育学研究是一股深具人文主义色彩的教育思潮和教育运动。他们强调教育的精神性和文化性的特征，认为“所谓教育，是将一人的爱移渡于他人的心中的意志，而这意志则在使人之价值受纳性与价值创造性的全体从其内部而发展之”③，“教育是使包含在‘文化材’中的普遍妥当的文化价值在受教育者人格中实现的活动”④。

杨人楩、蒋径三、王锦第等学者取材日本文献，肯定及宣扬文化教育学说，强调教育研究必须注重历史文化和精神层面的理解。这对于中国教育研究来说，无疑是意义重大的。但是，在清末与民国期间，赫尔巴特及其学派的教

① 王锦第：《士榜格的教育与文化思想》，《中德学志》1940年第1期。

② 刘蔚之：《德国文化教育学在中国的接受与转化——兼述其在日本的传播》，《教育研究集刊》2007年第3期。

③ ④ 蒋径三编著：《文化教育学》，商务印书馆1936年版，第97、141页。

育学思想和杜威的实验主义、进步教育学思想是影响中国教育学发展的两个最重要的力量。① 德国的文化教育学思想在一定程度上受到了轻视，这也在一定程度上导致了中华人民共和国成立后的教育研究中“人文主义”的缺失或不足。20 世纪 90 年代末在中国兴起的叙事研究、现象学研究、质的研究等具有人文主义色彩的研究范式可以看作 20 世纪 30—40 年代的文化教育学思潮长久断裂之后的接续。

第二节　民族性与教育的讨论

李景汉在给潘光旦《民族特性与民族卫生》一书的序言中写道：“中国本来是一个闭关自守的国家。若没有与西洋民族接触，我们仍然是自成为一个世界，也就是无从得知自己的长短。自鸦片战争以后，门户洞开，节节失败，受着重重外力的压迫，于是我们才悟到我们的民族是有病的，也都在寻找治病的药方，求得一条自救的出路。近年以来，有主张文化创造的，有主张经济建设的，有主张打倒帝国主义的，有主张铲除封建残余势力的，有主张全盘西化的，以及种种不同的其他主张。”② 李景汉曾说潘光旦从生物学的角度来看民族，向来是被人所忽略的。

一、潘光旦的研究

潘光旦（1899—1967），江苏省宝山县（今属上海市）人，中国著名社会学家、优生学家、民族学家和教育学家。1922 年毕业于北京清华学校，赴美

① 瞿葆奎：《中国教育学百年》（上），《教育研究》1998 年第 12 期。

② 潘乃穆、潘乃和编：《潘光旦文集》（第 3 卷），北京大学出版社 1995 年版，第 1 页。

留学，主修生物学，研习遗传学、优生学等，先后获达特茅斯学院学士学位、哥伦比亚大学硕士学位。1926 年回国，曾在清华大学、西南联合大学、中央民族学院等校任教。

潘光旦在美国留学时曾选修“日本历史”和“德国思想”两门课程，“即觉二国之形似，底蕴甚深……此后读书有得，凡与德日二民族有关者，皆笔录而藏箧”。经二三年之积累，潘光旦写成《日本德意志民族性之比较的研究》一书，于 1930 年 4 月由新月书店出版。这是其研究民族性的代表性作品。潘光旦综合使用历史、前人研究成果以及关于自杀的统计数字，运用人类学的比较研究方法，得出德日两民族在民族心理上存在相似之处，即都具有服从心理、悲观哲学和自杀倾向。

潘光旦《民族特性与民族卫生》一书于 1937 年出版。该书关于中国人的特性的大部分是译自美国来华的传教牧师明恩溥（1845—1932）所著之《中国人的特性》。潘光旦挑选了明恩溥书中的十五章内容，然后按照生理、心理、经济、社会的顺序重新进行了编排。其余的章节是潘光旦 20 世纪 30 年代初期发表过的演讲或者论文。作者指出，中国民族的许多“劣根性”因缘于灾荒的“反选择”的影响。要改善民族的品性非要改变荒年与荒年的成因不可：在自然环境方面，要注意防旱、造渠、浚河、造林等工作；在经济生活方面，要提高国家生产能力和分配的利便、公允性；在社会生活方面，要注意都市化的控制与家庭制度的整顿；在政治生活方面，主张思想、言论与学术自由，主张国家厉行一种科目举士制度；在教育设施方面，教育应人文化、种族意识化，教育应适合性地分化。①

① 潘乃穆、潘乃和编：《潘光旦文集》（第 3 卷），北京大学出版社 1995 年版，第 212—229 页。

潘光旦的另一个贡献是提出了“位育论”（也称为“社会位育学”或“人文位育学”）的思想。这个思想是潘光旦将西方演化论与中国传统文化融汇贯通有机结合后创造性的成果。在《礼记·中庸》开篇中即有“致中和，天地位焉，万物育焉”。后来朱熹注释道：“致，推而极之也。位者，安其所也。育者，遂其生也。”按照朱熹的解释，“位育”即“安所遂生”。潘光旦还注意到，“《易经》的哲学里，最基本的一个概念是位；一部《左传》里有过不少次关于土宜的话。我们以往的错误，也许是过于重视了静的位，而忽略了动的育。如今演化论的思想，一方面固然可以和位育的思想联系起来，另一方面可以补正以前错误的不足”，“位育是一切有机与超有机物体的企求”，它是环境与物体二者之间的协调。① 潘光旦还提出使用“位育”来代替“适应”（adaptation）一词的翻译，这种译法既可以显示出个体对社会环境的顺应，也能显示出积极主动的一面。

费孝通曾经说：“位育是潘老师全部思想的核心。”② 也有学者认为，后来费孝通提出的“文化自觉说”可以看作“在新的历史条件下寻求民族位育之道，也是位育论历史和逻辑的进一步展开”③。

但是潘光旦关于位育的学术思想在其去世后的很长时间里未受到重视，直到14卷本《潘光旦文集》陆续出版，这种状况才有所改观。在中国教育人类学界，西南大学张诗亚较早将潘光旦的位育理念运用到民族教育和教育人类学的研究中。④ 这对其后来提出“和谐共生”的教育理念影响巨大。也正是由于

---

① 潘乃穆、潘乃和编：《潘光旦文集》（第5卷），北京大学出版社1997年版，第36页。

② 陈理、郭卫平、王庆仁主编：《潘光旦先生百年诞辰纪念文集》，中央民族大学出版社2000年版，第2页。

③ 刘建洲：《“位育论”：一条寂寞的社会学本土化路数》，《人文杂志》2003年第2期。

④ 张诗亚：《“位育”之道——全球化中的华人教育路向》，《西南师范大学学报》（人文社会科学版）2006年第6期。

张诗亚的倡导与宣传，潘光旦的位育思想在教育人类学西南大学学派被当作一个重要理论基础，并取得了不少研究成果。① 同时，国内的教育界还有多部研究潘光旦教育思想的硕士、博士论文诞生。②

二、庄泽宣与陈学恂的研究

庄泽宣与陈学恂所著《民族性与教育》是另外一部探讨民族性与教育的著作。该书于1938年由商务印书馆出版。庄泽宣（1895—1976），中国著名教育家。1916年毕业于北京清华学校，1917年公费留学美国，先后获纽约哥伦比亚大学、普林斯顿大学教育与心理学博士学位。③ 庄泽宣还是中国比较教育的奠基人之一，在1929年出版了《各国教育比较论》。陈学恂（1913—1991），江苏江阴人。1935年毕业于浙江大学文理学院并留校任教。1939年赴香港岭南大学工作，1942年重返浙江大学。1952年起先后在浙江师范学院、杭州大学任教。

庄泽宣对民族性与教育的问题的关注是受朱叔源、赵南所编译的日本学者野田义夫所著《国民性与教育》的影响。在《民族性与教育》一书的序言中，庄泽宣认为社会组织对教育设施的影响只是狭义的教育社会学的内容，他想要建立一个广义的教育社会学框架，这个框架不仅包含社会组织，还包括民族性、经济力和自然环境三项内容。他写道："民族性经济力不但是对教育设施

① 例如，吴晓蓉、王培：《从文化位育之道看贵州省民族文化进校园》，《湖南师范大学教育科学学报》2011年第4期。

② 例如，吕文浩：《潘光旦教育观念述略》，清华大学硕士学位论文，1996年；王丽艳：《潘光旦教育思想研究》，河北大学硕士学位论文，2006年；乔东华：《寻求中国人的位育之道——潘光旦教育思想探微》，山东师范大学硕士学位论文，20C7年；刘军：《潘光旦：人文教育思想研究家》，湖南师范大学博士学位论文，2008年。

③ 庄孔韶：《庄泽宣与〈人人读〉》，《终身教育》2011年第1期。

有直接的影响，而且可以决定社会组织的方式与内涵，此三者又皆受自然环境的支配，虽则同时反过来可以改造环境。当然，教育设施在某种条件之下也可以改造自然环境、民族性、经济力与社会组织，不过所谓某种条件便是受此三者之控制。"①

《民族性与教育》一书共十章，分为绪论、民族性的构成与控制、英美法德的民族性、四国民族性在教育上的反映、教育对四国民族性的影响、各家对于中国民族性的意见、中国民族性的表现及其分析、中国民族性的构成、教育与中国民族性、结论。

《民族性与教育》一书涉猎中西，涵盖古今，视野宏大，资料翔实，逻辑严密，论证严谨。作者运用比较和归纳的方法灵活自如，有意将英、美、法、德等国的民族性与教育同中国的民族性与教育进行综合分析，并且推导出许多至今看来仍很有价值的结论和建议。例如，在论述"各家对于中国民族性的意见"时，作者就列举了 24 位西方人、10 位日本人以及 37 位中国人的观点。这种内容纵横古今中外、气势恢宏的著作在国内外都是罕见的。据庄孔韶介绍，庄泽宣留美学习期间，曾经选修和研习过人类学和社会学的相关课程，因此《民族性与教育》具有深厚的人类学韵味，该书简直就是一部在丰富的民族志材料基础上进行跨文化比较的教育人类学作品，而不仅仅是一部教育学著作。它至今还是研究中国民族性与教育最重要的文献之一。

20 世纪上半期，世界局势动荡，先后发生了两次世界大战，各国纷争不断。在这样的背景下，人性、民族性、国民性的研究成为那个时代的研究热点。殖民主义国家研究殖民地国家的民族性是为了更有效地征服和统治，殖民

① 庄泽宣、陈学恂著：《民族性与教育》，商务印书馆 1938 年版，序。

地和半殖民地国家的人们反思和研究本国的民族性则是为了自强、自立，争取民族解放和自由。庄泽宣和陈学恂的民族性与教育的研究无疑属于后一种类型，他们的研究怀有对国家强盛、民族复兴的强烈向往。《民族性与教育》一书不仅在中国教育人类学发展史中应和了20世纪人类学界的民族性和国民性研究的国际潮流，而且受到当时中国学术界的广泛赞许。梁漱溟曾以潘光旦和庄泽宣的著作为参考著《中国文化要义》（1949年），书中更直接表达了对庄泽宣《民族性与教育》的推崇。他评论道："两位（指潘光旦和庄泽宣）都曾把外国人对中国人之种种看法（从体质到心理），加以搜集，供给我们不少资料。尤以庄著搜讨极勤，除罗列西洋人、日本人、中国人许多人士种种著作议论外，并就中国戏剧、小说、神话、谜语、谚语、格言、联语、歌谣等分析取证。有此一书，不啻得到许多书。"① 可见，民族性与教育的研究是20世纪前半叶中国教育人类学研究的重要主题之一。

第三节　乡村教育实践与社区教育研究

20世纪20年代前后，在科学和民主的旗帜下，救国图强、改造和建设社会成为知识分子的时代使命。随着一大批到国外求学的知识分子的归来，国外先进的教育思想、人类学和社会学的理论、研究方法也被引入国内，在实业救国和教育救国观念的影响下，全国掀起了一场轰轰烈烈的乡村调查研究与建设运动，社区教育研究和乡村教育实践是其中的两项重要内容。

---

① 梁漱溟著：《中国文化要义》，上海人民出版社2011年版，第27页。

一、乡村建设实践与教育研究

如果将教育人类学视为一门贴近实践、关心当地人的社会文化生活的教育研究与实践学科，那么20世纪20—30年代的乡村建设与教育实验无疑是中国教育人类学的宝贵的历史资源。在乡村建设运动中，梁漱溟在山东邹平的实验，中华平民教育促进会晏阳初、李景汉主持的河北定县教育实验在全国的影响较大。由于晏阳初和李景汉主持的河北定县教育实验调查严谨，成果显著，因此下文主要介绍这项内容。

第一次世界大战期间，许多留美学生到法国去创办华工教育，并取得良好的效果，晏阳初就是其中之一。1920年，晏阳初从美归国后，即着手平民教育的调查研究工作。他发现，每日午后或晚间在工作之后，用两个小时的时间，利用挂图、幻灯等工具，教平民学习白话文的千字课，四个月可以读完。他在长沙、烟台、嘉兴、杭州各处实践，取得了良好的效果。但是后来，晏阳初发现国内平民教育“鼓吹过甚”“名不副实”，遂于1926年决定在定县翟城村建立华北试验区，从事平民教育和乡村建设。① 晏阳初给中华平民教育促进会的工作制定了“调查、研究、实验、表现和推广”五个步骤，平教会定县实验区的活动当时吸引了一批留学归国的知识分子、大学教师与学生参加。晏阳初号召知识分子“走出象牙塔，跨进泥巴墙”。社会调查开始进行时由冯梯霞主持活动。1928年，李景汉任中华平民教育促进会定县实验区调查部主任，偕同多人继续开展调查研究。1933年，由李景汉编著的《定县社会概况调查》由中华平民教育促进会出版。定县实验因抗日战争全面爆发而停顿，1946—

① 中国第二历史档案馆编：《中华民国史档案资料汇编》(第5辑)，江苏古籍出版社1994年版，第762—766页。

1949 年晏阳初领导的中华平民教育促进会又在“华西实验区”（现重庆市部分区县）进行了社会建设的实验。①

《定县社会概况调查》② 全书分为 17 章，分别从地理环境、历史、政府机构、人口、教育、健康、农民生活、乡村娱乐、风俗习惯、信仰等 17 个方面描绘了定县的基本社会概况，涉及面非常广泛，资料极为丰富。当时学术界称之为一部中国农村社会生活的百科全书，它对当代社会学考察的理论与方法具有重要的参考价值。

陈翰笙在为《定县社会概况调查》所写的序中说：“它的调查自然可以提供中国北部农业区域的研究资料。”“虽然调查方面很多，可是完全是从实地调查而得，和地方志的多凭考据编成决不相同。李先生既具多年的调查经验，又一向抱着努力的热诚，他的报告更富有准确的性质。凡是为实用或为研究而做的调查，和那些为调查而调查所得的材料不是相同的。李先生等在定县所做的调查是为了要解决实际问题而进行的。它的价值当然不只是准确两字所能表示出来的。”“从定县的概况调查并不难看出中国社会一般的愚、穷、弱、私的病象……定县社会概况调查可算对于这些病象做了一个切实的诊断。”

何廉在为该书写的序中说：“在今日研究社会情况，较昔时重要远甚……全国农民经济已达破产时期，整个社会亦极呈不安之象。民困已深，调查尤为急务……调查社会实况，实为今后一切建设之根本要图。”

晏阳初在该书的序中概要地总结了调查的经验和意义。关于调查经验，他总结道：“第一，从事农村调查的工作人员，必须有到民间去的认识与决心。

① 谭重威：《中华平民教育促进会华西实验区的乡村建设实验》，《四川师范大学学报》（社会科学版）1994 年第 1 期。

② 李景汉编著：《定县社会概况调查》，上海人民出版社 2005 年版。

在与农民共同生活之下，才能了解农民生活的真相，才能得到正确数字，才能亲切地了解数字背后所含有的意义，才能作规划实际建设的方案。第二，调查既是为谋整个农村社会建设之入手的工作，单独进行是不会顺利的。必须通盘筹划，由多方面施以互相为用的工作，然后才能造成可以深入的环境，调查方为可能。定县实验在各方面的工作，增加了若干调查上的便利。第三，调查的目的，既是为了解事实，但事实了解不是工作的终了，而是工作的开始。所以调查工作不是为调查而调查，必须要着眼于社会的实际的改造。要根据建设的需要，调查事实。第四，从事调查的人，必须了解现代社会调查的科学的理论以及方法与技术，必须要顾到中国的民间生活状况而规定出适合中国情形的方法及技术来。即如拟一表格，就特别注意与农民心理、风俗、习惯、生活相应合，而又要顾到所问须使他们能回答，他们所能回答的，又是我们所需要的。换言之，社会学术机关所进行的社会调查在它的进行中，便须以整个社会改造为目标，从多方努力，随时研究如何先建设起来中国的社会调查之整套的学术。而调查人才所应具的修养、训练与经验，更是使调查成功的重要条件。”

关于社会调查的意义，晏阳初写道：“一为教育的意义。本会社会调查，非为调查而调查，为的是要知道农村生活的究竟，寻出生活上的问题，进而解决此项问题。即整个工作要以社会调查为指南针，先求知道生活的依归，然后再事规定教育的实施的方案。”“二为社会科学的意义。社会科学和自然科学不同……必须先知道中国社会是什么样，然后始能着手于科学的系统之建设。因此我们希望本会的社会调查对于中国的社会科学之研究有其贡献。以中国的社会事实一般的学理原则，促立中国化的社会科学。”晏阳初指出，社会调查的意义，既是为了改造社会现实，又是为了建设中国化的社会科学。

晏阳初在定县教育实验的基础上发现了中国民众的四个“基本缺点”：愚、

穷、弱、私，而且愈愚愈穷，愈弱愈私。针对中国社会的这四种大病，晏阳初提出“四大教育”：以文艺教育攻愚，培养知识力；以生计教育攻穷，培养生产力；以卫生教育攻弱，培植强健力；以公民教育攻私，培植团结力。他认为，如果这四种教育办得好，社会便有了基础，即实现了他们在定县提出的“除文盲，作新民”的目标。晏阳初和李景汉领导的定县教育实践，不仅持续时间长，而且田野工作扎实，成果显著，并且产生了相应的理论并指导进一步的教育实践。整个平民教育实验的内容是一个完整的工作系统（如图 3-1 所示)。① 这项研究与实验可以看作 1949 年以前中国教育人类学研究的经典之作。当然，我们也应该看到，晏阳初对于中国民众四个基本缺点的论述，缺少当代人类学研究的主位观点，同时也应该看到那个时代外国人类学也是处于科学的客观主义的发展阶段。

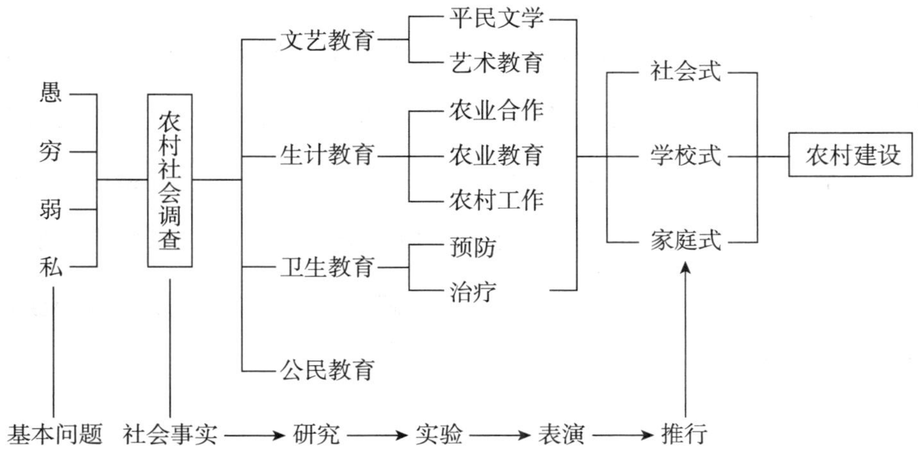

图 3-1　平民教育实验工作系统

① 杨雅彬著：《中国社会学史》，山东人民出版社 1987 年版，第 180 页。

20世纪20—30年代的乡村教育实验成果丰富，并且积累了相当多的研究资料。仅以中华平民教育促进会的工作为例，该会于1923年成立，在不到9个月的时间里，全国20个省份成立了50多个分会，50多万人学读《平民千字课》。① 事实上，各省各地区开展的教育实践更多，积累的材料也更丰富，这有待于研究者进一步深入挖掘和整理。

除了大规模的乡村教育实验之外，全国多地的教育者使用了实地调查的研究方法对微观领域的教育问题开展了小范围的调查与研究。李文海主编的《民国时期社会调查丛编·文教事业卷》列举了35个研究案例，内容涉及乡村教育调查、中小学教员状况、民众识字和阅读、学生心理健康、学生生活等多方面的内容，不仅注重使用调查问卷等定量的统计研究方法，而且注重对个案的描述与分析。② 从中可以看出民国时期浓厚的教育调查的研究风气，也可以看出那个时代的社会生存图景。

1949年后有研究者认为，陶行知的晓庄师范和山海工学团实验、中华平民教育促进会总会的河北定县实验区、梁漱溟的乡村教育实验的失败是没有认识到乡村危机产生的真正根源，“加之当时正处在内忧外患、关系国家民族危亡的紧要关头，缺乏一个稳固的环境和政府有力的支持”③。尽管当时的乡村教育实践存在这样或那样的不足，但这些实践与研究的积极意义不可小觑，值得教育人类学研究者进一步挖掘与继承。

---

① 孙培青主编：《中国教育史》（修订版），华东师范大学出版社2000年版，第384页。

② 李文海主编：《民国时期社会调查丛编·文教事业卷》，福建教育出版社2004年版。

③ 张瑞璠、王承绪主编：《中外教育比较史纲》（近代卷），山东教育出版社1997年版，第301页。

二、燕京大学社会学系的教育研究

燕京大学社会学系是中国人类学和社会学的重要发源地之一。该系在20世纪20年代末至中华人民共和国成立前培养了一大批具有人类学和社会学背景的本科和硕士人才，其中很多人后来成为中国著名的民族学家、人类学家和社会学家。1935年10月，吴文藻邀请正在日本讲学的英国功能学派创始人之一拉德克利夫-布朗来燕京大学讲学三个月。布朗开设了“比较社会学”和“社会学研究班”的短期课程，并担任林耀华硕士论文《义序的宗族研究》的材料组织导师。① 由吴文藻开创的“燕京学派”，主张运用功能主义的理论进行社区研究。为了配合这项研究，学系还增设了农村教育、农村合作、农村改良运动之比较、现代欧洲农业经济等课程，由此产出一批重要的社区研究成果。② 在燕京大学社会学系所组织的社会调查以及社区研究中，教育是其中一项重要研究内容，因此燕京大学社会系积累了中国最早的一批专业的教育人类学作品。

1934年，吴文藻的弟子林耀华以福州市附近南台岛南端的义序村落为考察对象，进行了为期三个多月的田野工作。1935年，林耀华完成了其硕士论文《义序的宗族研究》。该文首先叙述了宗族乡村的地理、生物、经济三个方面的基础，进而分析了宗族组织及其功能、宗教与家庭的连锁机构、亲属关系的系统与作用，最后运用个人生命史的方法叙述了宗族中个体的成长历程。个体的生命成长、社会化历来是教育人类学家关注的重点内容之一，如果把《义

① 吴文藻：《吴文藻自传》，《晋阳学刊》1982年第6期。

② 董天民：《燕大社会学系简史》，载燕大文史资料编委会编：《燕大文史资料》（第8辑），北京大学出版社1994年版，第67页。

序的宗族研究》的后半部分视为论述之核心，那么该文亦可看作一部全面细致的关于个人生命史的教育人类学经典个案，其分析视角主要为结构—功能主义的观点。不过，非常遗憾，该文没有引起后来的教育人类学研究者的足够重视。

1935年，燕京大学社会学系教师张鸿钧（1901—1971）率领学生赴山东汶上县进行农村社会调查。后来，张鸿钧被山东省政府任命为汶上县县长，负责县政建设计划。燕京大学教育学系学生廖泰初是此项社会调查成员之一。

廖泰初（1910—2000），祖籍广东高要县（今广东省肇庆市高要区），1928年夏，他以优异成绩被保送到燕京大学教育系学习。1932年在燕京大学本科毕业后，继续攻读硕士学位。1935年，以论文《定县平民教育促进会工作评论》获得燕京大学、美国纽约大学硕士学位。1936年结束了山东社会调研工作之后，廖泰初回到燕京大学，在教育系任教。① 在张鸿钧、周学章、吴文藻等人的帮助和指导下，廖泰初于1936年完成了《动变中的中国农村教育——山东省汶上县教育研究》的写作，并自行刊印出来，全文近90页。这是目前可以查找到的我国最早的一部受过人类学训练的教育学者自觉应用人类学的理论与方法，尤其是运用社区研究法和功能理论来研究农村教育问题的著作。毫不夸张地讲，它是20世纪30年代中国教育人类学研究中的精品。

廖泰初认识到，教育作为一种社会组织，与社会文化有着复杂的关系。“教育是文化的一部分，是适应环境的一种工具，在整个文化系统不曾找着出路的时候，教育是没有出路的，文化不知往哪里走，教育也就不知往哪里走，地位和方向都是在风雨飘摇、怒浪排空中。”作者认为，人类学的社区研究方

① 燕京研究院编：《燕京大学人物志》（第1辑），北京大学出版社2001年版，第337—338页。

法可以应用于私塾的研究，但是“洋学”（官学，即现代的学校教育）必须以县作为研究单位，因为“洋学”是以政府力量为后盾的特殊组织。作者在调查研究中，将汶上县的私塾组织、“洋学”的组织以及当地的社会经济结构作为重点考察对象，并分析了它们之间的运作关系。

这部著作重点分析了乡村社会中代表传统文化势力的私塾与作为现代教育的“洋学”的组织结构，它们与农村社会结构之间的关系，以及它们在乡村社会的不同境遇。廖泰初认为，两种功能相近的组织相遇，或者合作或者竞争，竞争的结果就是一方繁盛，一方衰败。汶上县的情况正是不合作或竞争的局面，“洋学”在政府的严令下挣扎维持着，私塾则在百姓们的烘托下枝叶繁盛。私塾是乡村本位的组织，其目标是脱离乡村的“做官主义”，国家虽已不容纳这种欲望，但是这种思想仍在乡村社会维持；洋学堂是以县政府为中心的组织，“目前的形态也是叫人脱离农村，然而大的地方亦同样不容纳它们制造出来的人才去做大的事业”，二者比较，私塾历史悠久，因此洋学堂会败下阵来。洋学堂与私塾之间教育组织的冲突实际上是两种不同文化的碰撞与冲突。廖泰初在著作最后评论说，中央集权下的教育行政是一种“非驴非马、骗己骗人的设施”，他建议将教育本土化、地方化，洋学堂应该注重实用科目的教学，“只要学校适合环境的需要，适合人民的口味，得多数人的同情拥护，就能在乡村社会里建设起新的力量”。①

廖泰初在汶上县调查了200多个村子，走访了150多个私塾。其深入乡土社会、辛苦调研的精神，贫困但仍然追求学术的品格，令人敬仰。1937年，燕京大学教育系指定廖泰初负责筹建诚孚和冉村两个实验区，进行教育与农村

① 廖泰初著：《动变中的中国农村教育——山东省汶上县教育研究》，个人刊印，1936年，第85—87页。

改革，并负责指导工作。廖泰初在20世纪40年代还发表了《沦陷区的一个城郊社区》《战后的都市与农村》《农村建设与今日的农业政策》等文章。《沦陷区的一个城郊社区》记录了作者1940—1942年在沦陷区北平城西十八里的一个城郊社区——冉村的社会调查结果，这篇文章对冉村的地理环境、家口、田地、农业经济结构进行了描述，意在揭示都市影响下、战争阴影中的乡村社会生活的真实面貌。①

廖泰初在《动变中的中国农村教育——山东省汶上县教育研究》的“写后记”中写道：“私塾组织一章写成后，又蒙吴文藻师和孝通兄在百忙中为我仔细阅读一遍，关于全文的组织结构、标题、用字、用句供给意见甚多，我不知应用怎样的心去表示我的谢意。”于此我们可以看到，彼时燕京大学的教育研究与吴文藻开创的社会学和人类学燕京学派之间的紧密关系。

燕京大学社会学系学生所撰写的教育研究论文，除了廖泰初的《动变中的中国农村教育——山东省汶上县教育研究》之外，还有《一个女子中学的学生生活研究》(1932年，作者吴榆珍，此篇论文是硕士论文)、《清河小学》(1935年)、《汶上县小学教师之研究》(1937年)、《成都托儿所的研究》(1943年)、《新津保育院与成都市救济儿童教养所的比较》(1945年)、《成都慈惠堂女婴教养所之研究》(1946年)、《北平托儿所之研究》(1947年)、《平郊一个社区教育的调查》(1948年)、《平郊村学龄儿童所受的教育》(1948年)、《燕大职工学校》(1949年)、《成府某区儿童失学状况调查》(1949年)等。② 可以说，这是1949年之前最专业的一批中国教育人类学研究论文。可见，燕京大学社会学

① 廖泰初：《沦陷区的一个城郊社区》，《华文月刊》1943年第2—3期。

② 朱浒、赵丽：《燕大社会调查与中国早期社会学本土化实践》，《北京社会科学》2006年第4期。

和人类学取向之教育研究在那时已经初具雏形，已引得较多学人的关注。

第四节 边疆教育研究与边疆教育学

1931年"九一八"事变后，整个东北和内蒙古东部地区被日本帝国主义侵占，成为沦陷区。1937年抗日战争全面爆发后，中国一批年轻的民族学家和人类学家转战祖国西南大后方，从事社会科学研究。抗日战争时期是中国民族教育实践和研究的一个十分重要的发展时期：一方面，民国政府为贯彻民族主义国策推行和实施蒙藏教育和边疆教育，对少数民族进行教化和安抚，以达成稳固边疆、安内攘外之目的；另一方面，当时的研究者开展了大量民族教育调查和研究工作。

一般来讲，民国时期的边疆一词有三种含义：地理的边疆、政治的边疆和文化的边疆。① 边疆研究涉及的对象广泛。柯象峰在其1941年发表的《中国边疆研究计划与方法之商榷》一文中指出，边疆研究"应为一较广之范畴，即除边区各广大之民众外，边省内地，未尽同化之民众，以及在可能范围内，邻近有关之各地民族，均可加以研究"。其文同时指出，西南各省文化不同之民众，"虽不尽在边疆，而与汉族相处极其错综复杂，且时时发生冲突，引起边患，隐忧堪虞"，因此也是不容忽视的研究对象。②

一、民国政府的边疆民族教育政策

中华民国政府成立后，教育部专门设立了蒙藏教育司，负责少数民族教育

① 汪洪亮等编：《民国时期边疆教育文选》，黄山书社2010年版，第1—11页。
② 柯象峰：《中国边疆研究计划与方法之商榷》，《边政公论》1941年第1期。

事业的发展。1912年，中华民国南京临时政府教育部公布《民国教育部官职令》，规定教育部下设普通、专门、实业、社会、礼教、蒙藏六个教育司，规定蒙藏教育司专门负责蒙藏地区的教育发展事宜。

1914年5月，袁世凯废止国务院官制改设政事堂后，将蒙藏事务局改为直属大总统府的蒙藏院。南京国民政府成立后，于1928年改蒙藏院为蒙藏委员会，先直属国民政府，后改隶行政院，为中央主管蒙藏政务的最高机关。其下设蒙事处、藏事处、蒙藏教育委员会、编译室、调查室等。① 蒙藏委员会管理少数民族事务主要是政务和政策性的，其他很多具体事务则分属于中央政府的各部委，如教育部有蒙藏教育司，组织部有边疆党务科，等等。②

1928年3月，中央研究院社会科学研究所民族学组正式组建，民族调查是其主要任务之一。1929年，国民党中央《关于蒙藏之决议案》（1929年6月17日国民党中央第三届中央执行委员会第二次全体会议通过）规定“在教育部特设专管蒙藏教育之司科”。据此，教育部于1930年成立蒙藏教育司，作为中央管理蒙藏教育及其他边疆民族教育的行政机构。蒙藏教育司有六项任务：①关于蒙藏地方教育之调查事项；②关于蒙藏地方各种教育事业之兴办事项；③关于蒙藏教育师资之培养事项；④关于蒙藏子弟入学之奖励事项；⑤关于其他蒙藏教育事项；⑥关于其他边疆教育事项。1931年，教育部修订边疆教育实施原则，其目标有四。其中，第三条为“依遵总理民族平等之原则，由教育力量力图边疆人民语言意志之统一，以期五族共和之大民族主义国家之完成”，第四条为“依遵总理三民主义即救国主义之原则，力谋边疆各民族抵御各帝国

① 钱木尔·达瓦买提主编：《中国少数民族文化大辞典·综合卷》，民族出版社1999年版，第152页。

② 马玉华著：《国民政府对西南少数民族调查之研究（1929—1948）》，云南人民出版社2006年版，第156页。

主义侵略意识之增高”。①

1938年12月，国民政府教育部设立了边疆教育委员会，它是负责研究蒙藏等边疆地区教育的学术机构。其主要任务是研究边疆教育的办理原则和各项实际问题，审议推进边疆教育的各种方案，建议调整各边疆教育机关的边教经费及指导边疆青年升学就业等事项。②

1939年4月，国民党第三次全国教育会议通过并颁布实施《推进边疆教育方案》，该方案提出了推进边疆教育的八条方针。其中，第一条指出，“边疆教育应以融合大中华民族各部分之文化，并促其发展”；第三条指出，“边疆教育得适应当地特殊环境及其生活习惯相同之边民，如汉回子弟所入之学校，除学校设备得酌量适应宗教生活外，其余均照内地普通学校办理”。③

1941年11月，国民政府颁布《边地青年教育及人事行政实施纲领》，又提出实施边疆教育的三条方针：①遵照中华民国教育宗旨及其实施方针、抗战建国纲领各项教育及三民主义教育实施原则第六章蒙藏教育各规定，切实推进边疆教育；②彻底培养国族意识，以求全国文化之统一；③根据边地人民各别之特殊环境，切实谋其知识之增高，生产技能之增进，生活之改善，体育卫生及国防教育之严格训练。同时，《边地青年教育及人事行政实施纲领》还提出了六条实施办法。实施办法的第二条“关于实施步骤”明确规定“先从调查研究入手，于实施前，办理各种社会福利事业，及宣传劝学等项工作，俟民情融洽，即举办各种教育事业”④。

---

①③　中国第二历史档案馆编：《中华民国史档案资料汇编》（第5辑），江苏古籍出版社1994年版，第830—833、122页。

②　刘建业主编：《中国抗日战争大辞典》，北京燕山出版社1997年版，第1233—1234页。

④　刘英杰主编：《中国教育大事典》，浙江教育出版社2001年版，第847—850页。

1946 年，国民政府教育部鉴于蒙藏教育司以“蒙藏”为名设司，“易滋其他边地民族之误会”，遂更名为“边疆教育司”。规定该司有以下任务：①地方各级边疆教育之计划考核事项；②部辖各级边疆学校之管理考核事项；③边地青年入学之奖励指导事项；④边疆教育人才之储备训练事项；⑤边疆教育之调查研究事项；⑥关于其他边疆教育事项。①

1935—1938 年是边疆教育的草创时期。这四年边疆教育的主要工作是国民政府补助各边省推进地方的边疆教育、边疆学校的建设和发展。这一阶段，甘肃、青海、西康、云南、贵州、新疆、绥远、察哈尔、广西、西藏等省设立了一批师资训练班和中小学校。1939 年之后，抗日战争加剧，边远各省成为抗战的重要根据地，教育文化亟待推进，此一阶段是边疆教育的发展时期。②应该指出的是，国民政府不仅重视开办边疆民族学校，而且格外重视战时的社会教育工作。例如，1940 年 7 月教育部颁布的《改进边疆寺庙教育暂行办法》规定，边疆各地喇嘛庙或清真寺应视地方需要及该寺庙经济能力，办理下列事项：①附设民众教育馆或阅书报室；②附设小学民众学校或各种补习学校；③举行通俗讲演，并在讲经后进行精神讲话及识字运动；④举办壁报；⑤装备无线电收音机；⑥其他切合社会需要之教育。③

从 20 世纪 30 年代开始，国民政府和管理中英庚款董事会曾多次派出考察团视察和考察边疆教育情况。1934 年由中央政治学校组织边疆教育实业考察团开展了边疆教育考察活动，1935—1936 年国民政府教育部委托浙江大学教

---

① 丹珠昂奔、周润年、莫福山等主编：《藏族大辞典》，甘肃人民出版社 2003 年版，第 63 页。

② 曹树勋：《抗战十年来中国的边疆教育》，《中华教育界》1947 年第 1 期。

③ 中国第二历史档案馆编：《中华民国史档案资料汇编》（第 5 辑），江苏古籍出版社 1994 年版，第 95 页。

授庄泽宣主持了考察活动。① 庄泽宣为此写了《西北视察记》。② 1936 年 9 月，管理中英庚款董事会派遣梅贻宝、李安宅、郭有守和英国人戴乐仁等分赴绥远、宁夏、甘肃、青海四省视察教育情况。1937 年春至 1938 年，董事会又聘请陶孟和、顾颉刚、王文俊、戴乐仁等组成“西北考察团”视察教育情况。③ 这些考察活动都有人类学家、社会学家和教育学家参与，他们的实地考察活动留下了许多宝贵的研究资料。至 1938 年春，国民政府坐镇武汉，竭力谋开发后方各省。宁夏、青海、西康、新疆诸省，纷遣代表向中央接洽，表示愿邀专家赴省内考察，为制定施政方针提供依据。1938 年夏季，在西康建省委员会委员长刘文辉的力促之下，第一次西康考察成行。此后，边疆考察团有如风起云涌之势。④ 1939—1940 年，国民政府教育部组织西南边疆考察团（由九人组成），分教育、社会及自然三组，遍历四川、云南、贵州及广西四省区，对于西南诸少数民族教育进行了实地考察与研究。1941 年，国民政府又举办大学生暑期边疆服务团，选派来自八所大学的 10 名教师和 47 名学生赴四川西部黑水河流域实地调查羌戎边民，并进行教育和医疗的服务，后出版《川西调查记》的报告书。⑤

国民政府对边疆地区及西南少数民族的调查，反映了当时民族危机和国内统治危机下，尤其是抗日战争中西南地区的重要战略地位。政府对边疆地区的

① 赵清明、张建中：《中央与地方互动中的边疆教育》，《山西师大学报》（社会科学版）2011 年第 3 期。

② 周辉：《庄泽宣“新教育中国化”思想研究》，华东师范大学硕士学位论文，2007 年，第 14 页。

③ 田正平、张建中：《中英庚款与民国时期的边疆教育》，《河北师范大学学报》（教育科学版）2006 年第 6 期。

④ 徐益棠：《十年来中国边疆民族研究之回顾与前瞻》，《边政公论》1942 年第 5—6 期。

⑤ 曹树勋：《抗战十年来中国的边疆教育》，《中华教育界》1947 年第 1 期。

重视和调查是出于其政治统治的需要，“不可能为广大民众的切身利益有更多考虑”①。

民族学家、人类学家凌纯声（1902—1981）曾经担任中央研究院社会科学研究所民族学组研究员、历史语言研究所第四组研究员，1945 年 7 月出任国民政府教育部蒙藏教育司（边疆教育司）司长、国立边疆教育馆馆长。由人类学家负责领衔民族教育和边疆教育的工作，在一定程度上可以看出民国期间边疆教育研究具备人类学的基础。国民党政府制定的民族与边疆教育政策，既是抗日战争前和抗日战争期间推行边疆教育的法律保障，也是人类学家、教育学家进行民族教育调查和研究的前提和基础。

二、边疆教育的实地调查与研究

（一）研究概况

抗日战争全面爆发后不久，一批有识之士就开始呼吁创立边疆教育学，开展边疆和民族教育研究。吴文藻在 1938 年发表的《论边疆教育》中指出，“促进边疆教育，实为发展国内民族文化的基本工作”，“发展边疆各民族的文化，乃是建设现代化的民族国家之当前急务”，“惟欲团结各族精神，使‘多元文化冶于一炉’，成为‘政治’一体，当自沟通各族文化始”。吴文藻还倡导建立一套科学的边疆教育学理论，指导边疆教育实践。他说：“边疆教育乃是一种特殊的教育，必须先建设一套边疆教育学的理论作为科学研究的张本，然后在应用一方面，始能根据确定一种或多种比较适当的边疆教育政策。”② 吴文藻在

① 马玉华著：《国民政府对西南少数民族调查之研究（1929—1948）》，云南人民出版社 2006 年版，第 7 页。

② 吴文藻：《论边疆教育》，《益世周报》1938 年第 10 期。

1942年的《边政学发凡》一文中，又将教育学作为边政学研究的重要支撑学科之一。吴文藻认为："边教与边政关系尤为密切。以现阶段的边疆工作而言，边教恐尤重于边政；必须边民智识开通，边政始能有效推行。而兴办边教，推行边教，必为新边政的中心工作，毫无疑义。故边教学与边政学在开发边疆事业上，具有同样重要的地位，二者必须相辅相行。"① 可见，吴文藻对边疆教育研究和边疆教育学的重视程度。

杨成志在其《边政研究导论》中，亦将边疆教育置于重要地位。杨成志将边疆问题分为边民开化、边政改进、边圉巩固三大问题。其中，第一个问题分为三个向度。①文化：汉化与土化如何调和适应与提高，并使其如何向化？②教育：本何种适合当地需要的教育方式，满足边民实际生活要求，导其向信？③社会：用何种最经济的方法，使其改退为进，化野为文？在论述"边疆教育"一节时，杨成志将边疆教育未能收获良好效果的原因概括为六点：①尚未切实做到适应边疆社会需要；②尚未彻底了解边民心理倾向；③尚未完全领悟边地文化的程度；④尚未按照各边民实际生活与环境要求，编出适用的教材；⑤缺少真正为教书兼研究的热心边教人员；⑥边教人员待遇不高，边教经费未充实。②

抗日战争之前，中国西南地区就是中国人类学家田野调查的重要区域。抗日战争全面爆发后，大量研究机构迁到西南，成都、昆明、贵阳、重庆等地一时成为中国人类学研究的中心。③ 1938年云南大学成立了社会学系，1939年云南大学与燕京大学联合成立了社会学研究室。1940年，昆明遭到日军大轰

① 吴文藻：《边政学发凡》，《边政公论》1942年第5—6期。

② 杨成志：《边政研究导论》，《广东政治》1941年第1期。

③ 王建民：《中国人类学西南田野工作与著述的早期实践》，《西南民族大学学报》（人文社科版）2007年第12期。

炸，为躲避日军轰炸，社会学研究室迁至昆明东郊呈贡县古城村的魁星阁上，后来即被称为“魁阁”。研究人员当中的很多人还只是大学生，主要成员有陶云逵、许烺光、张之毅、田汝康、谷苞、史国衡、胡庆钧、瞿同祖、王康等人。他们在费孝通的带领下，完成了《禄村农田》《易村手工业》《玉村农业和商业》《芒市边民的摆》《昆厂劳工》《个旧矿工》《化城镇的基层行政》《呈贡基层权力结构》等一批中国社会学人类学的基本文献。“魁阁”是战时中国人类学研究的一面旗帜，其理论联系实践、学术自由、平等合作的学术风气以及“席明纳”（seminar）的研究方式为后人所称赞、效仿。

在边疆研究中，许多学者撰文大力倡导使用人类学的调查方法研究边疆地区的社会、政治、经济、文化、风俗状况。当时，较为著名的倡导进行边疆研究的文章有柯象峰的《中国边疆研究计划与方法之商榷》、李景汉的《边疆社会调查研究应行注意之点》、张少微的《研究边疆社会之内容方法及步骤》、言心哲的《边疆社会调查与边疆社会改造》、林耀华的《边疆研究的途径》、卫惠林的《全国风俗调查问题格》、梁钊韬的《边政业务演习的理论和实施》、吴定良的《边区人类学调查法》、俞湘文的《游牧藏区社会调查之经过与心得》等。在这些文章中，很多作者依据自己的所学或者研究经历为读者提供了社会调查的内容纲要或访谈表格。从中可以看到，教育是当时社会调查的一项重要内容。下面仅举两例说明之。

张少微在《研究边疆社会之内容方法及步骤》一文中列举了 15 项边疆社会研究内容，分别是地理环境、种族、人口、语言、家庭、经济、政治、宗教、教育、道德、消闲、医药卫生、社会传说、社会禁忌及国际关系。其中，教育一项又包括以下八个方面的内容。①主旨：修身，职业等。②方式：家庭、私塾、学校、社会、特殊、专科教育等。③文盲：人数、性别、年龄等。

④入学：人数、性别等。⑤失学：人数、性别等。⑥费用。⑦师资：训练、品格、教学等。⑧教材。①

社会学家言心哲（1898—1984）在《边疆社会调查与边疆社会改造》一文中列举了“边疆社会概况调查纲要”中的教育内容。

> 教育机关的种类、组织与数目，教育经费的数目、来源及保管等情形，全区受过小学、中学及大学教育之人数，在学青年及失学青年之比较，公立及私立学校数目、性质、设备、建筑、经费来源，学生入学年龄、性别、分级状况及占全区儿童百分数，教员之性别、年龄、籍贯、资格、待遇、人数，课目之种类、时数、分组、教材，学校卫生概况，图书馆组织、设备、管理、书籍数目，幼稚园的数目、教员与学生人数、设备等，民众教育与义务教育之推行情形。②

20世纪30年代至40年代初，全国成立了一批专业的边疆问题研究会，如新亚西亚学会（1931年5月创立）、边事研究会（1934年10月创立）、禹贡学会（1936年5月创立）、中国边疆问题研究会（1936年创立）、边疆史地研究会（1937年2月创立）、中国边疆学会（1941年创立）、中国边政学会（1941年创立）等。③ 它们在实地调查、研究边疆和少数民族问题等方面发挥了重要作用。

1941年9月28日，中国边政学会成立，由蒙藏委员会委员长吴忠信兼任

---

① 张少微：《研究边疆社会之内容方法及步骤》，《边政公论》1942年第3—4期。

② 言心哲：《边疆社会调查与边疆社会改造》，《边政公论》1942年第5—6期。

③ 王海文：《俾尽书生报国之志——追忆上世纪三四十年代的边疆史地研究热》，《中国民族报》2009年3月13日。

理事长，蒙藏委员会成员都是该会的会员。中国边政学会云集了大批当时从事边疆研究的学者，并编辑出版了《边政公论》杂志，该杂志刊载了许多关于边疆教育的研究文章。边政学的兴起是学术研究应对抗战时期国家建设需要的一个重要举措。民族学家徐益棠曾说：“学术与政治，如鸟之双翼，车之双轮，二者不能联系与调整，其他尚复何望。”“处此重要世代，边民生活亟待改进，边疆富源亟待开发，而建设边疆政治、提高边疆文化又刻不容缓。凡此种种，均须应用民族学之知识与方法以解决之。吾人义不容辞，责无旁贷，风雨晦明，愿我同志，共起图之。”① 由此可以看出，学者的命运已经与国家和民族的命运紧密地联结在一起了。

（二）名家名作

1. 杨堃论“边疆教育学”

中国著名民族学家、社会学家、人类学家杨堃第一次提出了边疆教育学的概念。1937 年 6 月，杨堃撰写了《边疆教育与边疆教育学》一文。该文从社会学和人类学的角度论述了教育的内涵，批驳了汉化教育和国化教育政策，倡导进行基于事实的而非价值的边疆人类学或边疆民族学的教育研究。

在杨堃看来，教育就是一种社会制度，是一切民族所共同具有的一种普遍的社会制度。每个民族都需要教育使得他们的儿童逐渐学得社会的一切技术与经验。生活在某一种文化模式内的民族必然会具有某一种教育制度。一个民族的教育制度与其社会和文化是紧密相连的。那些处于原始社会阶段的民族，他们的社会生活是浑然一体的，一切社会制度亦全是混在一起的，因此他们没有专门和独立的教育机关。

---

① 徐益棠：《十年来中国边疆民族研究之回顾与前瞻》，《边政公论》1942 年第 5—6 期。

杨堃批判了“九一八”之后国民政府所推行的汉化教育和国化教育政策。他认为，在整个的社会生活与整个的民族文化尚均依然如故，并未发生巨大的演化或改变之前，即想借用外力不问他们需要与否、适合与否，硬要给他们添加一种教育强迫他们去接受，不逼出大乱子来已经可谓侥幸。他写道：“大家全认为边疆问题的病根是在乎边疆民族没有知识，并相信他们如果受过教育明白利害之后，他们自然就会爱国，来与我们共赴国难，哪知道事实并不是这么简单的。他们的社会生活与我们的不同，社会需要与道德评价亦均与我们的两样；并且他们的宗教道德、语言、习俗以及其他各种文化制度全是各自成一系统，各自具有一种独立性、独占性和排外性。不仅不与我们的相同，即彼边疆民族之自身亦是此疆彼界，我族彼族，彼此仍是大有区别的。若想抹杀这些事实，不管他们情愿与否，硬要将我们的法宝加在他们头上，能有好结果么?”①

在杨堃看来，边疆教育学属于原始教育学的一种，是采用人类学的原理与方法，以边疆诸民族之旧有的各种教育制度作为研究的对象，一方面要研究那些教育制度的本质及其在整体社会制度内的功用，另一方面要研究那些教育制度的演化及其在与其他较为进步的教育制度（中国的或其他各国的）接触后所发生的各种变迁。

杨堃指出，他虽然将边疆教育学的名称提了出来，但是边疆教育学之建设并非短期内可以成功的。边疆的问题乃是数百年内政治历史所造成的，若想利用教育的方法加以解决，须知教育的事业乃是一种百年大计。

在文章最后，杨堃站在解决边疆问题之高度，再次重申了边疆教育学的重要意义。“边疆问题之解决方案，可分为治标与治本两种。治标的办法是应急

① 杨堃著：《杨堃民族研究文集》，民族出版社1991年版，第96—101页。

的，需要借用政治的手腕和力量。治本的办法是永久的，需要从教育上去下手始能收效。”“必须先建设‘边疆教育学’的理论作为科学研究的张本，然后在应用一方面，始能编制出一种或多种比较适当的边疆教育的政策。”

可以说，杨堃的此篇关于边疆教育学的论文是20世纪上半叶中国教育人类学研究之宣言书和纲领性文本。在国家危难、政府民族教育政策不当的情况下，边疆教育学应运而生——这是由中国人类学家、民族学家针对本国的实际问题而提出的，并且从一开始，这种理论分析和建构就具有鲜明的族群、国家认同的特色，并且与国家施行的民族政策和教育政策多有交锋。

除了此篇文章之外，1939年，杨堃又与其妻张若名合作，用法文撰写了《中国儿童之民俗学的研究》①，这篇文章与林耀华在《义序的宗族研究》中所呈现的个人生命史之叙述框架有异曲同工之处。

2. 刘曼卿及其《边疆教育》

刘曼卿（1906—1941），民国时期著名女政治活动家。1906年生于西藏拉萨，12岁随父至北平。由于谙熟藏语，1929—1930年曾奉国民政府之命前往西藏，为加强中央与西藏地方的关系做出了贡献。② 1937年出版了《边疆教育》一书。③ 后有人如是介绍和评论该书：“作者生长西藏，故康藏教育甚谂。是书乃教育调查报告，根据有来源之统计，及躬亲观察，推论将来应有之衍变，不尚空论。”④

《边疆教育》分上、中、下三篇，共二十二章。上篇“导论”，共四章，探

① 杨堃、张若名：《中国儿童之民俗学的研究》，《民俗研究》1996年第3期。

② 丹珠昂奔、周润年、莫福山等主编：《藏族大辞典》，甘肃人民出版社2003年版，第465—466页。

③ 刘曼卿著：《边疆教育》，商务印书馆1937年版。

④ 王耘庄：《新疆艺文志稿（二）：边疆教育》，《瀚海潮》1947年第2—3期。

讨了边疆教育的理论问题：第一章讨论了边疆教育的概念、对象、重心和范围，第二章从整个民族、进化原则、边疆自身、开发边疆问题四个方面论述了边疆教育的需要和目的，第三章讨论了边疆教育的特性，第四章讨论了边疆教育的地理、经济和社会背景。中篇“概况”，共八章，分级分类介绍了甘肃、宁夏、青海、察哈尔、绥远等地的教育以及蒙旗教育、康藏教育、回疆教育。下篇“计划”，共十章，讨论了边疆教育发展策略：第一章提出了理论的原则，即边疆教育要根据教育宗旨、教育原理、社会需要、边疆的经济状况等原则来发展；第二章从组织、理论与方法上探讨了地方教育行政的改进；第三章探讨了教育经费问题；第四章讨论了师资培养问题；第五至第九章分别讨论了初等教育、中等教育、社会教育、女子教育、蒙藏回教育的发展策略问题；第十章做了简要的总结。书后附录中收录了《关于蒙藏教育各项计划》和《待遇蒙藏学生章程》。①

刘曼卿所著的《边疆教育》内容完整，逻辑清晰，它是近现代以来中国边疆教育研究和民族教育研究最早的著作之一。民族教育史学者朱解琳将此书列为 20 世纪 30 年代中国边疆民族教育之“开山之作”。② 刘曼卿后来还与黄警顽等人一道发起成立了中国边疆学会。

3. 卫惠林及其《边疆民族问题与战时民族教育》

卫惠林（1904—1992）是中国著名的人类学家，字惠林。山西省阳城县人。1917 年中学毕业后，赴日、法等国学习哲学、人类学等。1930 年回国，先后任中央研究院社会科学研究所民族学组助理研究员，中央大学社会学副教

① 周传斌：《刘曼卿——民国时期的西藏回族女杰》，《西北第二民族学院学报》（哲学社会科学版）2000 年第 3 期。

② 朱解琳著：《甘宁青民族教育史简编》，青海人民出版社 1993 年版，第 381 页。

授，四川省乡村教育学院社会学教授，中山文化教育馆研究部民族学专任研究员，金陵大学、复旦大学、中央大学边政学系教授。他还是中国民族学会创办人之一和《民族学研究集刊》副主编。①

1938年，卫惠林《边疆民族问题与战时民族教育》一书由中山文化教育馆出版，这是中国最早的由人类学家撰写的民族教育研究专著。该书共分为九个部分：边疆民族问题在此次抗日战争中之严重性、边疆民族的分类与地理分布、满洲民族问题、蒙古民族问题、新疆民族问题、西藏民族问题、西南民族问题、战时边疆民族叙言与国防建设、如何推进战时边疆民族教育。卫惠林在书中指出，发展边疆教育与刷新边疆政治处于同一重要地位，而且刷新边疆政治必须以发展边疆教育为先导。在书的最后，卫惠林提出战时在边疆地区实施民族教育所应遵守的重要原则，包括革除华夏蛮夷的思想认识和民族偏见，尊重各民族固有的社会文化、宗教信仰和风俗习惯，尊重各民族现行的政治与社会组织，推行生产教育、开发边疆富源，推行社会文化事业、激发民族抗战意识等十条原则。②

4. 梁瓯第的边疆教育研究

梁瓯第是中国边政学会的主要会员，其在20世纪30—40年代发表了一系列少数民族教育的研究论文。③ 抗战期间梁瓯第到达贵州，先在贵州省教育厅任科长，其间，“克服许多艰难险阻，深入到四川大小凉山，对彝族进行调查，多次步行到城郊的车寨、口寨以及离城30多里远的高兴、六百圹等村寨，进

① 陈国强主编：《简明文化人类学词典》，浙江人民出版社1990年版，第31页。

② 王景、赵志纯、盛莉波：《民国中央少数民族教育政策研究述评》，《学术探索》2014年第2期。

③ 汪洪亮：《中国边疆研究的近代转型：20世纪30—40年代边政学的兴起》，《四川师范大学学报》（社会科学版）2010年第5期。

行调查访问，宣传在村寨办学的主张”。1945 年 7 月，梁瓯第被教育部委任为国立贵州师范学校校长。1947 年 8 月，他被调回南京边疆教育师资讲习会任教务主任。后在“文革”中含冤去世。①

1930 年，梁瓯第发表了《西康喇嘛寺的教育》一文，这是民国期间最早的边疆教育研究作品之一。有文献记载，梁瓯第在 1939 年受中英管理庚款委员会派遣，考察四川、西康社会及教育，由此撰写了《川康边民之社会及其教育》，约 20 万字，交中英管理庚款委员会出版，以后又写了若干论文和《我怎样通过大小凉山》（1944 年）一书。② 1936 年，由梁瓯第、梁瓯霓编著的《近代中国女子教育》由正中书局印行。1938 年，梁瓯第著《战时的大学》由战时文化出版社出版。1940 年，梁瓯第著《一九一四至一九一八年欧战时美国的大学》由商务印书馆出版。

梁瓯第在 1942 年发表的论文《边疆教育导论》系统论述了边疆教育的一些基本问题。③ 在梁瓯第看来，边疆至少包括四个方面的特质，即国防性质的地带、民族杂处的地带、文化低落的地带和地理偏僻的地带。从人的角度来看，边疆教育还被称为边疆民族教育、特种民族教育、少数民族教育、特种部族教育、边民教育、山民教育、浅化民族教育、低化山民教育等。从地理的角度来看，又有边地教育、国防教育、蒙藏教育等称谓。

梁瓯第指出，鸦片战争之后，“藩篱渐撤，门户洞开，边民边地，危机重重”。政论家和一些人对民族问题“畏疾忌医，讳莫如深”，对今日边疆部民内在及外在的弊苦不肯公开讨论，“借口国内无国，族内无族”，抹杀民族问题的

---

① 石德兴：《热爱少数民族教育事业的梁瓯第校长》，《贵州文史丛刊》2001 年第 2 期。

② 王建民：《中国人类学西南田野工作与著述的早期实践》，《西南民族大学学报》（人文社科版）2007 年第 12 期。

③ 梁瓯第：《边疆教育导论》，《贵州教育》1942 年第 7—9 期。

严重性。西北、西南一些民族的“离心的趋势即为可惊”。日本、英国、法国、俄国等国的教会、医院、学校对边疆的渗透愈益加深。梁瓯第呼吁政府应把边疆的军事、政治、经济和教育联系在一起施政，同时并进，要“巩固民族间的感情”，“培养边民的自治能力”，“提高边民的自觉意识”，“改良边民的物质生活”。

在梁瓯第看来，实施边疆教育，在方针上应具有如下的态度：

（1）根本革除华夏各民族间的隔阂与偏见；

（2）尊重边民的社会文化、宗教、信仰、风俗、习惯，徐图改进；

（3）放弃骑兵式的突击政策，用容忍、耐烦的方式进行教育；

（4）消除边民的冷淡、怀疑、不信任态度，解除历来地方施予边民的不良遗产，如欺骗、压迫、歧视等；

（5）发扬中华民族的民族精神——统一性，排斥各边民的民族特性——分立性。

实施边疆教育的原则，可归纳为四点：

（1）教育应与政治、经济并进，勿孤立地进行；

（2）教育应兼顾地方性与国家性，勿全同内地办理；

（3）教育应因人、因时、因地而实施，勿强令各边地实施同一的教育；

（4）教育应注重物质（生产、劳动）生活与精神（文化、政治）范畴的合流，勿心力趋于分立。

在《边疆教育导论》这篇文章中，梁瓯第还针对民族语言文字的教学、边疆学校具体的教学方法和研究试验提出了建议。梁瓯第这篇论述边疆教育的文章逻辑清晰，结构完整，而且将边疆教育与欧美、日本等国的殖民地教育，苏联的民族教育等进行了对比，说明了边疆教育实施中应该注意的各种问题。此篇文章可以看作梁瓯第研究边疆教育的一个纲领性的著作。

梁瓯第在对不同省区边疆教育考察的基础上，将边疆教育划分为三种不同的类型：一是西康的学差教育（实质是一种雇读制度），二是四川西南大小凉山的猓猓教育，三是贵州的苗夷教育（英国传教士开办的教会教育是异化教育，中央和省政府开办的是同化教育）。检讨这三种教育模式，梁瓯第认为：西康教育适得其反，不可用闪电战式的方法操之过急；四川边区之猓猓教育是关门办学的方法，未能与外面打成一片；贵州方面应由同化教育代替异化教育。①

据不完全统计，1930—1948 年，梁瓯第在《贵州教育》《广西教育研究》《边政公论》等期刊发表实地调查性质的关于少数民族教育的文章近 20 篇，这些文章主要有：《西康喇嘛寺的教育》②《西康喇嘛寺的教育（续）》③《西康雇读制度之研究》④《西康边民教育的设施及其困难》⑤《民族政策与边疆教育》⑥《青年到边疆去应具的条件与训练》⑦《西番的婴儿保育与母教》⑧《西番的社会及其教育》⑨《怎样研究边疆教育》⑩《西康社会对于教育的影响》⑪《一个边

① 梁瓯第：《西南边疆教育的几个类型》，《边铎月刊》1946 年第 2—3 期。
② 梁瓯第：《西康喇嘛寺的教育》，《贵州教育》1930 第 3 期。
③ 梁瓯第：《西康喇嘛寺的教育（续）》，《贵州教育》1930 年第 4 期。
④ 梁瓯第：《西康雇读制度之研究》，《教育通讯周刊》1940 年第 31 期。
⑤ 梁瓯第：《西康边民教育的设施及其困难》，《教育通讯周刊》1941 年第 22 期。
⑥ 梁瓯第：《民族政策与边疆教育》，《广西教育研究》1941 年第 6 期。
⑦ 梁瓯第：《青年到边疆去应具的条件与训练》，《世界学生》1942 年第 9 期。
⑧ 梁瓯第：《西番的婴儿保育与母教》，《民族教师》1941 年第 10 期。
⑨ 梁瓯第：《西番的社会及其教育》，《教育研究》1942 年第 10 期。
⑩ 梁瓯第：《怎样研究边疆教育》，《教育通讯旬刊》1942 年第 20 期。
⑪ 梁瓯第：《西康社会对于教育的影响》，《教育通讯旬刊》1942 年第 2 期。

疆地区教育的考察》①《民国以来的西康边民教育》②《贵州的苗民教育》③《广西的傜民教育》④《西南边疆教育的几个类型》⑤《车寨社区调查》⑥《十年来的我国边疆教育》⑦《民族自治声中的新疆教育》⑧《贵州苗区的征生制》⑨ 等。

5. 李安宅与《藏族宗教史之实地研究》

李安宅（1900—1985），河北省迁安县（今河北省迁安市）人。1924—1929 年在燕京大学社会学系学习。1934—1936 年到美国加利福尼亚大学伯克利分校、耶鲁大学人类学系留学。1935 年夏天，李安宅对祖尼印第安人社区进行了考察，并撰写了《印第安祖尼的母系社会》。1938 年，李安宅任甘肃省科学教育馆教育科学组组长，他与其妻于式玉一道深入甘南藏族地区，对藏传佛教格鲁派六大寺之一的拉卜楞寺做了长达三年之久的实地调查，后来用英文撰写了《藏族宗教史之实地研究》。此外，他们还学习藏语，兴办藏民小学，推动藏族文化事业发展。另有记载，李安宅曾作为教育部视导员于 1941 年对四川、西康、甘肃三省边区教育进行视导，考察边疆教育行政、边疆学校教育、边疆社会教育、寺院教育，撰写报告并提交给教育部和四川省教育厅。⑩

《藏族宗教史之实地研究》一书对藏族原始信仰本教（黑教），早期藏族佛

① 梁瓯第：《一个边疆地区教育的考察》，《广西教育研究》1942 年第 6 期。
② 梁瓯第：《民国以来的西康边民教育》，《边政公论》1942 年第 7—8 期。
③ 梁瓯第：《贵州的苗民教育》，《边政公论》1944 年第 2 期。
④ 梁瓯第：《广西的傜民教育》，《边政公论》1944 年第 1 期。
⑤ 梁瓯第：《西南边疆教育的几个类型》，《边铎月刊》1946 年第 2—3 期。
⑥ 梁瓯第：《车寨社区调查》，《边政公论》1947 年第 4 期。
⑦ 梁瓯第：《十年来的我国边疆教育》，《学艺（日本）》1947 年第 1 期。
⑧ 梁瓯第：《民族自治声中的新疆教育》，《中华教育界》1948 年第 2 期。
⑨ 梁瓯第：《贵州苗区的征生制》，《教育通讯》1947 年第 5 期。
⑩ 马玉华著：《国民政府对西南少数民族调查之研究（1929—1948）》，云南人民出版社 2006 年版，第 152 页。

教宁玛派（红教），半革新的佛教萨迦派（花教）、噶举派（白教），革新或当权的佛教格鲁派（黄教）以及格鲁派寺院——拉卜楞寺做了系统的介绍。此书是一部藏族宗教研究的重要奠基之作，也有研究者认为，该书是“李安宅试图从象征主义立场去研究藏族文明的实验性文本”①。由于该书对宗教的组织、制度、课程、教学、仪式、活动等内容的记述全部属于教育的范畴，因此，该书也可以看作一本藏族宗教的教育民族志作品。

6. 其他边疆教育研究文章

著名民族学家、民族史学家马长寿（1906—1971）于1937年、1939—1940年两次考察四川凉山彝族地区。他根据两次考察的田野材料以及历史文献写作了一部经典的民族志——《凉山罗彝考察报告》②。这部民族志的第七章“凉山罗彝之一生”详细论述了罗彝一生之分期、生育及其礼俗、教育与游艺、恋爱与性美、婚姻等内容，这部分内容可视为一段精彩的教育民族志文本。

1945年，曹树勋编著的《边疆教育新论》出版。该书考察了1945年以前国民政府边疆教育政策的变化、边疆教育推进的实绩。③ 这是民国期间边疆教育的又一重要著作。在该书中，作者对南京国民政府推行边疆教育的指导方针、语言政策、经费政策和边地青年教师、学生的优待政策进行了论述，并对民族问题与教育、语文问题与教育、宗教问题与教育，以及推行边疆教育的方法等问题提出了自己的见解。④

---

① 陈波著：《李安宅与华西学派人类学》，巴蜀书社2010年版，第181页。

② 马长寿著：《凉山罗彝考察报告》，巴蜀书社2006年版。

③ 曹树勋著：《边疆教育新论》，正中书局1945年版。

④ 王景、赵志纯、盛莉波：《民国中央少数民族教育政策研究述评》，《学术探索》2014年第2期。

从整体上对边疆教育的历史、现状、问题、改进措施、计划进行论述的文章有高凤谦的《蒙回藏教育问题》①、吴鼎的《边疆教育之现况及今后推进之方法》②、胡耐安的《将何以开展边疆教育》③、徐益棠的《十年来中国边疆民族研究之回顾与前瞻》④、曹树勋的《抗战十年来中国的边疆教育》⑤、顾岳中的《抗战建国中我国社会教育及边疆教育概况》⑥、黄奋生的《泛论边疆教育》⑦、章育才的《边疆教育之症结及促进》⑧、先锋的《实施蒙藏教育计划》⑨、李安宅的《实地研究与边疆》⑩ 等。

对某一地区教育进行研究的文章有张万根的《西康教育之回顾与前瞻》⑪、刘绍禹的《西康教育史之略述》⑫、郭维屏的《西康之教育》⑬、李安宅的《论西北藏民区应用创化教育》⑭、张为炯的《西康区教育之今昔及其改进之意见》⑮、张煦的《西藏之教育及考试制度》⑯、青麟的《西藏教育鸟瞰》⑰、陈国

---

① 高凤谦：《蒙回藏教育问题》，《教育杂志》1912 年第 5 期。
② 吴鼎：《边疆教育之现况及今后推进之方法》，《边政公论》1941 年第 2 期。
③ 胡耐安：《将何以开展边疆教育》，《边政公论》1941 年第 5—6 期。
④ 徐益棠：《十年来中国边疆民族研究之回顾与前瞻》，《边政公论》1941 年第 5—6 期。
⑤ 曹树勋：《抗战十年来中国的边疆教育》，《中华教育界》1947 年第 1 期。
⑥ 顾岳中：《抗战建国中我国社会教育及边疆教育概况》，《教育杂志》1939 年第 12 期。
⑦ 黄奋生：《泛论边疆教育》，《西北通讯》1947 年第 3 期。
⑧ 章育才：《边疆教育之症结及促进》，《青年中国季刊》1940 年第 1 期。
⑨ 先锋：《实施蒙藏教育计划》，《康藏前锋》1934 年第 6—7 期。
⑩ 李安宅：《实地研究与边疆》，《边疆通讯》1942 年第 1 期。
⑪ 张万根：《西康教育之回顾与前瞻》，《康藏前锋》1935 年第 10—11 期。
⑫ 刘绍禹：《西康教育史之略述》，《康藏前锋》1936 年第 1—2 期。
⑬ 郭维屏：《西康之教育》，《西北问题季刊》1936 年第 1—2 期。
⑭ 李安宅：《论西北藏民区应用创化教育》，《时代精神》1940 年第 2 期。
⑮ 张为炯：《西康区教育之今昔及其改进之意见》，《康导月刊》1940 年第 10 期。
⑯ 张煦：《西藏之教育及考试制度》，《新亚细亚》1934 年第 6 期。
⑰ 青麟：《西藏教育鸟瞰》，《中央亚细亚》1943 年第 1 期。

钧的《贵州省的边疆教育》① 和《伊盟蒙旗教育》②、江应梁的《云南西部之边疆夷民教育》③、王一影的《西康宁属边民的种类及文化教育》④、邱纪风的《黔滇边境苗胞教育之研究》⑤ 等。

对边疆教育中的某一专题进行探讨的文章有马志成的《康藏教育环境之探讨》⑥、万腾蛟的《宗教教育之讨究》⑦、张少微等的《贵州惠水县乡土教材调查报告》⑧、王一影的《泛论边疆夷族青年的教育与训练》⑨ 等。

曾有学者断言，中国历朝历代对于边疆事务，“均始之以武力，继之以羁縻，终之以放任，从未思及平等教化之策、生产开发之方”⑩。由于民国时期边疆时局的持续恶化，边疆已由过去中央不甚重视的“边陲之地”成为中央政府意欲实现现代国家构建的“战略后方”，因此边疆教育问题连同边疆政治问题一道，受到政学两界的强烈关注，并兴极一时，其在历史上的积极意义应给予肯定。

三、学术研究与民族政治话语

民国期间，有关边疆的学术研究与政治之间的关系非常微妙。由于长年战

---

① 陈国钧:《贵州省的边疆教育》,《贵州教育》1941 年第 2—3 期。

② 陈国钧:《伊盟蒙旗教育》,《边疆通讯》1944 年第 8 期。

③ 江应梁:《云南西部之边疆夷民教育》,《青年中国季刊》1939 年第 1 期。

④ 王一影:《西康宁属边民的种类及文化教育》,《青年中国季刊》1941 年第 3 期。

⑤ 邱纪风:《黔滇边境苗胞教育之研究》,《边政公论》1945 年第 9—12 期。

⑥ 马志成:《康藏教育环境之探讨》,《康藏前锋》1937 年第 6 期。

⑦ 万腾蛟:《宗教教育之讨究》,《康藏前锋》1934 年第 6—7 期。

⑧ 张少微、吴泽霖、陈国钧:《贵州惠水县乡土教材调查报告》,《历史社会季刊》1947 年第 1—2 期。

⑨ 王一影:《泛论边疆夷族青年的教育与训练》,《边政公论》1941 年第 3—4 期。

⑩ 梁瓯第:《边疆教育导论》,《贵州教育》1942 年第 7—9 期。

事，国民政府对于边疆教育事业“心有余而力不足”，又在一定程度上鼓励学者，甚至邀请著名学者参与边疆教育的设计、改革与发展，就像前文所提到的，庄泽宣、李安宅、陶孟和、顾颉刚等著名学者就曾经参与过边疆教育的考察活动。而且，还有一批专门致力于边疆教育研究和发展边疆教育事业的优秀人才，如刘曼卿、梁瓯第等人。因此，战乱年代恰恰为有良知的知识分子提供了空间以实现他们的抱负，民国期间的边疆民族教育研究成果就可以证明这点。事实上，上文所归纳总结的远不是民国期间边疆教育研究的全部情况，在地方的民国史志与其他档案材料中，还有很多地方教育家曾经致力于边疆和少数民族教育的研究及民族事业的发展。随着教育人类学历史研究的逐步深入，他们的研究会逐步浮出水面，为人们知晓。

但是，不容否认，包括边疆教育、民族教育在内的边政研究在当时还是受到一些政治因素的影响。“民族”“民族主义”这些西方话语在19世纪末传入中国时，就被梁启超等有识之士视为团结“天下之民”、构建现代国家的有力武器。在辛亥革命时期，革命派所高举的“民族主义”具有“反列强的国家主义”和“排满兴汉的种族主义”的双重含义。

民国的边疆民族理论和实践可以分为两个时期：一是民国初期的“五族共和论”，二是南京国民政府时期的“中华民族宗族论”。诚如民族社会学者马戎所言：“坚持五族共和，坚决与帝国主义鼓动和支持的分裂活动做斗争，努力维护国家统一，这就是民国三个时期的南京临时政府、北洋政府、南京国民党政府在处理国内民族问题时的主线。”① 抗日战争全面爆发后，为了粉碎日本对华的分裂图谋，国民党政府不得不转变民族话语，要求不能乱用民族一词，

① 马戎：《民国时期的社会转型、政权建设与族群关系》，《西北民族研究》2015年第2期。

强调中华民族的历史性和整体性。

正是在这种背景下，当时具有人类学背景的民族和边疆问题研究受到了国家政治的影响。其中最著名的莫过于顾颉刚与费孝通之间的学术论争。针对顾颉刚与吴文藻、费孝通等人关于“中国本部”“中华民族”展开的争论，时任中央研究院历史语言研究所所长的傅斯年在1939年致朱家骅、杭立武等人的信中，讲述了“顾费争论”之过程，并直接对吴文藻、费孝通进行批判，希望借助政治力量对吴、费进行打压。

> 先是颉刚在此为《益世报》办边疆附刊，弟曾规劝其在此少谈“边疆”“民族”等有刺激性之名词。彼乃连作两文以自明。其一，论“中国本部”之不通。其二，论中华民族是一个。其中自有缺陷，然立意甚为正大，实是今日政治上对民族问题唯一之立场。吴使其弟子费孝通驳之，谓“中国本部”一词有其科学的根据；中华民族不能说是一个，即苗、瑶、猓猡皆是民族。一切帝国主义论殖民地的道理，他都接受了。颉刚于是又用心回答一万数千字之长文，以申其旧说。
>
> 欲知此事关系之重要，宜先看清此地的“民族问题”。此地之汉人，其祖先为纯粹汉人者本居少数，今日汉族在此地之能有多数，乃同化之故。此一力量，即汉族之最伟大处所在，故汉族不是一个种族，而是一个民族。若论种性，则吾辈亦岂能保无胡越血统。此种同化作用，在此地本在进行中，即如主席龙云，猓猡也；大官如周钟嶽，民家也；巨绅如李根源，夷也。彼等皆以“中国人”自居，而不以其部落自居，此自是国家之福。今中原避难之“学者”，来此后大在报屁股上做文，说这些地方是猓猡，这些地方是僰夷……更说中华民族不是一个，这些都是“民族”，有

自决权，汉族不能漠视此等少数民族。更有高调，为学问做学问，不管政治……弟以为最可痛恨者此也。

夫学问不应多受政治支配，固然矣。若以一种无聊之学问，其想影响及于政治，自当在取缔之列。吴某所办之民族学会，即是专门提倡这些把戏的。他自己虽尚未作文，而其高弟子费某则大放厥词。若说此辈有心作祸固不然，然以其拾取“帝国主义在殖民地发达之科学”之牙慧，以不了解政治及受西洋人恶习太深之故，忘其所以，加之要在此地出头，其结果必有恶果无疑也。①

费孝通晚年在回忆与顾颉刚关于民族观点的论战时，这样写道：

依我看，孙中山他们提出民族划分，是受到西方思想和当时经济发展的影响。那时帝国主义势力不断入侵，洋人成了中国人要抵抗的主要对象。我想，孙中山强调民族意识，主要还是用来对付西方帝国主义的。

其实，孙中山提出民族主义的时候，也有不少人提出反对意见，认为这是“自找麻烦”。到了蒋介石国民党时期，政策上是不分什么“民族”的，认为中国就是中华民族一个民族，其他的都是汉族的“宗支”。记得我刚从英国回来的时候，看到顾颉刚先生的一篇文章，他也说中华民族只有一个。顾先生是我钦佩的老师，彼此也很熟悉。那时我还年轻，没跟别人商量，也没多加考虑，就写文章反驳他。没想到文章一登出来，顾先生一连写了几篇文章反对我的观点，从而引起一场争论。后来，还因为我的

① 傅斯年：《致朱家骅、杭立武》，载欧阳哲生编：《傅斯年全集》（第7卷），湖南教育出版社2003年版，第206—207页。

看法与当时政府的政策相悖，几乎酿成一个“政治问题”。①

发生在顾颉刚和费孝通之间的学术争论，焦点在于是否应该把中国境内有不同历史发展经历和不同文化特征的群体叫作“民族”。人类学学者对此持肯定态度，坚持中国历史传统的中华民族论者从民族国家的政治话语和社会整合之目的出发，对此持否定态度。② 纯粹的学术研究不一定能与政治相宜，学人的学术观念也会随着社会政治变迁发生改变，这可以从 1949 年之后的中国民族政策实践及费孝通后来提出中华民族多元一体格局理论看出来。

20 世纪 30—40 年代，边疆教育和民族教育研究取得了重大发展，不仅出现了很多基于实地调查的研究文章，而且还出现了较为完整的边疆教育学体系，这些研究作品多是出自人类学家、民族学家以及受过人类学训练的教育学家之手，因此其中很多作品都可以认为是教育民族志的作品。这些作品大多是围绕某个地区或族群教育的历史、现状展开，研究者的研究目的在于如何改进和加强边疆教育和民族教育的发展，因此很少有研究者进行理论阐释或构建。这是由当时的社会环境所决定的，边疆教育和民族教育调查都应该是实用性的。尽管如此，也可以毫无疑问地确认，民国时期的中国学人已经对边疆教育和民族教育进行了人类学的研究和探索，并已经具备了教育人类学研究的雏形，虽然在当时还不可能广泛使用教育人类学这一称谓。

民国时期，教育人类学研究的孕育和发展具备了如下的条件，才使其成为

① 费孝通著：《费孝通在 2003：世纪学人遗稿》，中国社会科学出版社 2005 年版，第 65—66 页。

② 马戎、关凯：《国家建设视角下的中国民族问题——马戎教授访谈》，《学术月刊》2015 年第 8 期。

可能。一方面，东部城市的大学、研究机构的西迁，使得研究者能够更有机会深入少数民族地区、农村地区、边疆地区从事考察研究活动。另一方面，在救国图强的危难时刻，知识分子的社会责任感与使命感促使他们努力将学术研究与社会建设紧密联系起来。20世纪30—40年代对边疆研究的著作成果非常丰富。这些论著阐述了中国边疆的历史与现状，在一定程度上激发了民众的爱国救亡的意识、中华民族的意识、边疆和国家主权意识等，鼓舞了国人的斗争热情。

在这一时期，边疆教育是当时人类学家、民族学家调查的重要内容之一，虽然由于各种条件的限制，还没有产生独立的关于教育的人类学研究机构，甚至没有产生具有广泛影响力的教育人类学的研究作品，但是，边疆教育是中国教育人类学的重要遗产和有待于继续挖掘的宝藏。

抗日战争胜利之后，人类学和民族学的研究机构和研究人员陆续回迁至东部大城市，一批人类学家开始担任政府职务。虽然一些组织和个人怀有振兴人类学和民族学研究的远大抱负，但是国内局势的动荡给人类学的继续发展造成了很大的影响。1949年，国民党政权退至台湾，一些研究机构陆续迁到台湾，一批人类学家、民族学家也随同边疆文化教育馆、中山文化教育馆等有关的研究机构迁至台北，一些学者到台湾后开始了新的努力。这次转移却造成中国大陆的部分民族学研究机构工作的完全终止。①

1949年之前，在中国正式出版的教育学著作中，已经出现了教育人类学这一专业术语。在人类学家的撰述中，也曾出现相类似的概念。比如，在1942年，徐益棠在论述民族学在边疆政策上的应用时，介绍了欧美应用人类

① 王建民、张海洋、胡鸿保著：《中国民族学史》（下卷），云南教育出版社1998年版，第317页。

学的现状，他正式讲到了“教育的民族学”，并将其与“行政的民族学”“犯罪的民族学”“商业的民族学”并列。① 此处的“教育的民族学”即是“教育的人类学”。不过，此概念并未引起学界的广泛关注，也未得到广泛使用。但彼时，有关人类学的课程已然在很多大学开设，这为人类学取向的教育研究的开展奠定了基础。

20 世纪前半期，中国的一些教育学者引入了德国的文化教育学学派的理论观点，初步探讨了中国传统文化与教育、中国民族性（国民性）与教育的相互关系。晏阳初、梁漱溟等乡村建设的实践家开展了卓有成效的乡村调查与教育实践，以燕京大学社会学系为代表的大学研究机构也开始将教育纳入研究视野。在抗日战争的特殊时期，一批人类学家、民族学家、社会学家、教育学家开展了边疆民族教育调查与研究活动，并初步创立了边疆教育学这一新兴的研究领域。这些都是中国教育人类学的重要的历史资源和研究传统。1949 年之前的中国教育人类学研究可以用“无名而有实”来形容。但是，教育人类学作为一门独立学科还没有诞生。

对于 1949 之前的“无名而有实”的教育人类学研究在 20 世纪 80 年代开始的中国教育人类学探索（包括少数民族教育研究的重建、教育人类学的引入以及教育与文化的大讨论）中并没有受到足够的重视。在笔者看来，至少有几个原因可以解释这一现象。第一，政治变迁对学术的继承和发展产生了重要影响。1949 年中华人民共和国成立后的三十年间，学术研究受到政治的影响颇深，先前已有的研究被意识形态有意无意地遮蔽了。第二，少数民族教育问题是中国教育研究的重要内容，在遭到中华人民共和国成立后各种政治运动，尤

① 徐益棠：《十年来中国边疆民族研究之回顾与前瞻》，《边政公论》1942 年第 5—6 期。

其是“文化大革命”的影响和破坏后，建立一门科学严谨的民族教育学以服务于少数民族地区教育和社会发展成为一项急需努力的工作，这是国家和社会发展的客观要求。第三，20 世纪 80 年代的美国和德国的教育人类学研究取得了重大发展，已经成为一门具有广泛影响的独立学科，对本国家的教育实践和社会发展起了作用，并对其他国家产生了影响。80 年代的中国学者有一种强烈的危机感，他们要努力缩短与发达国家学术研究之间的差距，弥补因为政治运动而造成的学术裂痕，因此翻译、引入国外教育人类学的思想与作品，从整体上感知国外教育人类学的发展态势成为当时中国教育人类学者的重要任务。第四，人们对教育人类学的认识需要一个较长的过程，在教育人类学这个学科的内涵与价值追求明晰之前，很难对历史上的学术遗产进行彻底的整理和判断。

由此，不难理解为什么在学科建设之初，最先被评介的并不是中国教育人类学的历史和遗产，而是西方教育人类学的历史与现状。因此，在这个意义上，中国教育人类学学科在 20 世纪 80 年代正式起步发展的时候，也多少带有一点儿一穷二白、从头再来的悲壮色彩。

第四章　话语转变：1949 年至 20 世纪 70 年代末

人类学、社会学等社会科学在 1945 年之前已在欧美国家的大学中形成比较完备的学科制度。20 世纪 30—40 年代，中国的人类学与社会学已经在一定程度上与国际接轨，甚至并肩发展。然而 1949 年之后，由于政治与社会的转型，过去以欧美为代表的人类学传统逐步被苏联模式的民族学所取代，人类学的研究在民族研究旗帜下才得以开展。1949 年以前的中国教育人类学传统基本被搁置起来，教育人类学在 1949 年后相当长的时间里并没有成长起来。但是，政府领导和组织的少数民族识别与社会历史调查无疑为中国教育人类学的发展积累了大量的文献资料，1949—1978 年的这段历史也是后来的教育人类学研究重点反思的历史。

第一节　人类学学科被取消

在中国，教育人类学的学科发展依赖于人类学这一母学科的发展壮大。1949 年之后①，社会文化人类学在中国的发展可谓一波三折，并遭遇了被撤销的命运。由此，教育人类学的学科发展也陷入了长时间的停滞状态。

① 本书第四、五、六章讨论中国大陆 1949 年至今教育人类学的发展历史和现状，第七章专论我国台湾地区 1949 年至今教育人类学的发展历史和现状。

1950年至今中国人类学的发展经历了三个阶段五个时期（见表4-1）。① 虽然人类学在1949—1957年得到了一定程度的恢复和发展，但是在1957年开展的反对资产阶级右派的政治运动后，吴文藻、费孝通等人类学家被错误地划为右派，人类学的研究陷入了艰难的发展阶段，“文化大革命”中则基本陷入了停滞状态。

表4-1　1950年至今中国人类学发展的三个阶段五个时期

三个阶段	具体时间	五个时期
“文化大革命”之前	1950年至1957年“反右”之前	恢复与发展时期
	1957年“反右”到1966年“文化大革命”开始	艰难发展时期
“文化大革命”时期	1966年至1978年	遭受严重灾难的时期
“文化大革命”之后	1978年至1995年费孝通提出“三科并举”的构想	重新恢复和再度发展时期
	1995年至今	走向开放和学术转型的时期

中华人民共和国成立初期，由于政治、意识形态以及其他多方面原因，开始“一边倒”地学习苏联模式，并参照苏联的学科体系进行院校专业和院系调整。当时，人类学和社会学、心理学等一起，被认为是彻头彻尾的资产阶级“伪学科”，在社会主义国家没有继续存在的必要。因此，经过空前规模的大学院系调整之后，大学中的人类学、社会学的科系被逐步取消或停办，相关研究人员被划并到其他科系，一些学者为了生计不得不改旗易帜、另谋他业。民族学则以苏联的学科分类为样本作为历史学的一部分得以保留，但所有的民族学系被取消。燕京大学、清华大学、中山大学、辅仁大学、北平研究院等单位的很多著名人类学家、民族学家被调到中央民族学院研究部工作。直到改革开放

① 王建民、张海洋、胡鸿保著：《中国民族学史》（下卷），云南教育出版社1998年版，第11—16页；胡鸿保主编：《中国人类学史》，中国人民大学出版社2006年版，第6—7页。

开始后，人类学学科才得以逐步恢复、发展。同样，直到那个时候，教育人类学作为一个专业术语才出现在中国的学术视野中。

经过院系调整后，中央民族学院研究部集中了当时著名的民族学家和人类学家，成为一个新兴的人类学研究中心，不过这些学者只能在民族研究的旗帜下开展研究工作。这在一定程度上也可以解释为什么后来中央民族大学成了推动中国少数民族教育研究和教育人类学研究的重要基地。

在《中国民族学史》（下卷）中，著者客观地描述了人类学（民族学）在中华人民共和国成立后与政治相互纠缠的联系："1950 年以后，中国大陆的民族学不断地受到政治运动的冲击和影响，建立起适应特定时空的学术语境和学术制度。与此同时，民族学也在为政治服务，为当时的政治中心工作服务，为意识形态领域的政治需要和政治斗争服务，甚至成为政治运动的一部分，不仅提供过有关材料，还在民族学领域中与社会其他方面配合，阐述与政治运动合拍的理论和观点。"①

1949—1978 年中国的政治运动此起彼伏，主要包括"民主改革运动""镇压反革命运动""三反""五反""批判胡风文艺思想到肃清胡风反革命集团运动""反右派斗争""大跃进运动""反对右倾机会主义运动""四清运动""文化大革命"等。在各种政治运动中，人类学、社会学等学科与人类学家、社会学家一起受到了冲击和严厉的"指责"和"批判"。"资产阶级社会学是从西方资本主义国家输入到中国来的。中国的所谓社会学家无非是抄袭和复述现代西方资产阶级社会学家的议论。"② "中国的吴文藻一流的'学者'和西方来的

① 王建民、张海洋、胡鸿保著：《中国民族学史》（下卷），云南教育出版社 1998 年版，第 8 页。

② 胡绳：《西方资产阶级社会学输入中国的意义》，《哲学研究》1958 年第 6 期。

‘学者’布朗之流携手合作，想使‘庞大的中国’变成帝国主义统治的对象，为帝国主义者统治中国提供所谓‘科学的基础’，这就是他们把所谓新派的社会学和人类学输入中国，并且按照这种‘学说’来进行关于中国社会的调查研究的目的。”① 通过上面这两段文字，可以看到人类学和社会学在当时中国的境遇。

吴文藻的夫人冰心在《我的老伴——吴文藻》② 一文中，引用了 1986 年第 18 期的《红旗》杂志的一篇文章《引导知识分子坚持走健康成长的道路》中的一段话，告慰已经逝去的吴先生。这段话反映了那个时代知识分子的命运。这篇署名为“本刊特约评论员”的文章总结了共产党成立之后在知识分子问题上经历的五个发展阶段。文章对第四个阶段 1957—1976 年的主要问题进行了比较彻底的反思与公允的评价。

> 第四个阶段，从 1957 年到 1976 年。前十年由于党的指导思想发生了“左”的偏差，党的知识分子政策开始偏离了正确的方向，知识分子工作也经历了曲折的道路。主要表现是轻视知识，歧视知识分子，以种种罪名排斥和打击了一些知识分子，使不少人长期蒙受冤屈。这种错误倾向，在长达十年的“文化大革命”中，发展到了荒谬绝伦的地步，把广大知识分子诬蔑为“臭老九”，把学有所长、术有专攻的知识分子诬蔑为“反动学术权威”，只片面地强调知识分子要向工农学习，不提工农群众也要向知识分子学习，人为地制造了工人农民同知识分子之间的对立，而重视知识分子，爱护知识分子，反被说成是搞“修正主义”，有“亡党亡国”的危

---

① 胡绳：《西方资产阶级社会学输入中国的意义》，《哲学研究》1958 年第 6 期。

② 冰心：《我的老伴——吴文藻》，《民族教育研究》1994 年第 2 期。

险。摧残知识分子成为十年浩劫的重要组成部分。①

在中华人民共和国成立后的一段时间内，中国政府先后制定了许多有利于少数民族教育事业发展的民族教育政策，中国的少数民族教育事业取得了重大发展。② 这是值得肯定的。

在中华人民共和国成立后的三十年中，伴随着各种政治运动、政治斗争，在思想和文化界也展开了各种各样的“教育批判”。这一时期内教育批判是“阶级斗争、意识形态斗争与政治、学术批判的交织”，在大多数情况下，批判方法是形而上学的、思辨性质的，而在组织与实施上则是“群众性”“运动式”的。教育批判的内容是丰富、多元和复杂的，“它不仅指向教育思想或理论，而且也指向具体的教育活动或实践，涉及了中国教育的价值取向、指导思想、教育制度、教育及教学方法、课程、教材等诸多教育思想、教育理论与教育实践的基本问题”③。

在意识形态领域展开的具有政治运动式的争论与批判不可避免地影响了中国教育事业的发展方向与发展质量。最典型的莫过于“文化大革命”期间（1966年5月至1976年10月）的“教育革命”。“教育革命”是“文化大革命”的重要组成部分。“文化大革命”开始后，由于对中华人民共和国成立后十七年教育工作的全盘否定，中国教育事业遭受了前所未有的劫难，教育思想和理论陷入了严重的混乱状态，各级各类学校的教育工作也完全陷入了瘫痪和停滞

① 本刊特约评论员：《引导知识分子坚持走健康成长的道路》，《红旗》1986年第18期。

② 滕星、王铁志主编：《民族教育理论与政策研究》，民族出版社2009年版，第178—185页。

③ 何光全：《1949—1981年中国教育批判研究》，西南大学博士学位论文，2010年。

状态，使几代人的教育受到了严重影响。教育研究者对此有深刻的评论。

> 中华人民共和国成立后，第一要务也是根据新民主主义和社会主义的精神，改造旧时的教育学科。在相当长的一段时期里，马克思主义、毛泽东思想成为教育学科建设的指导思想，甚至是教育学科知识的“唯一”理论来源……“教育大革命”以至“文化大革命”，教育学科一度沦落为“政策”编纂学，一度异化为“语录”诠释学。在“教育要革命”的号召下，教育学科也成为阶级斗争的“革命哲学”的领地，“革命性”地成为重述“最高指示”的“语录学”。这是阶级的逻辑向教育学科领域无限膨胀的结果。这种强制干预使中国教育学科丧失了前途。①

第二节 民族识别、新创文字与少数民族社会历史调查

中华人民共和国成立后，党和政府为制定和实施民族政策，帮助各民族实现平等的权利，先后组织了少数民族识别、为没有文字的少数民族创制文字和少数民族社会历史调查等工作。这三项工作都是在政府领导和组织下，先后有数千名专家、学者参与的大规模的社会调查与研究活动。

民族识别就是“对自报族称的、有自我认同的族体进行实地调查并做出科学的甄别，以确定单一民族（或民族支系）的法定地位和正式族称”②。从1950年开始到20世纪80年代中后期，中国的民族识别工作以马克思列宁主义，尤其是斯大林的民族定义为理论指导，灵活运用斯大林关于“民族”定义

① 瞿葆奎、郑金洲、程亮：《中国教育学科的百年求索》，《教育学报》2006年第3期。

② 胡鸿保主编：《中国人类学史》，中国人民大学出版社2006年版，第133页。

的四个标准，尊重民族意愿，分三个阶段逐步展开、完善，谨慎地确定了各少数民族的族属和族称。到20世纪80年代中后期，中国民族识别和更改民族成分工作已基本完成，一共识别了55个少数民族。1986年6月，国家民委在全面总结民族识别工作成就和经验的基础上，向国务院上报了《关于我国的民族识别工作和更改民族成分的情况报告》。中国的民族识别工作在调查规模、持续时间、识别民族数量等方面都是史无前例的，甚至在世界上也是独一无二的。

在中国55个少数民族中，除回族、满族在中华人民共和国成立后已经使用汉语文字以外，一些民族既有自己的语言又有自己的文字，还有一些民族只有自己的语言而没有自己的文字。中华人民共和国成立后，中央政府曾多次派慰问团深入少数民族地区征求意见。一些没有文字的少数民族要求创制本民族文字的呼声很高。① 1953年3月10日政务院发布了《关于各少数民族创立和改革文字方案的批准程序和实验推行分工的通知》，其中规定如下。①中国科学院少数民族语言研究所负责做出创立和改革文字方案的初步设计。由省、自治区人民委员会审核，并广泛征求本民族各界人士的意见，经过充分协商讨论取得同意以后，提出意见，报民族事务委员会审查。经确定后，由省、自治区人民委员会公布作为实验推行的方案。②上述方案实验推行经过一定时期，由负责推行的各有关部门做出总结，送交原设计机关，再加必要的修改后，重送民族事务委员会复审，然后由民族事务委员会报请国务院批准。以此为标准，截至1958年，中国政府组织多支调查队先后帮助壮族、布依族、彝族、苗族、哈尼族、傈僳族、纳西族、侗族、佤族、黎族、景颇族（载瓦支系）11个民

① 马效义著：《新创文字在文化变迁中的功能与意义阐释——以哈尼、傈僳和纳西族为例》，民族出版社2011年版，第2页。

族创制了14种以拉丁字母为基础的拼音文字。① 新创文字在扫除少数民族青壮年文盲、传播科学文化知识、提高少数民族人口素质等方面发挥了一定的作用。虽然新创文字在使用和推广上经历了几次大波折，但这项工作在世界语言文字史上也是绝无仅有的事情。少数民族新创文字使用状况的调查后来成为中国教育人类学研究的一个重要主题。

中华人民共和国成立后，随着少数民族地区社会改革和社会主义建设的开展，少数民族社会的面貌很快发生了变化。为抢救这些即将消失的活的社会历史资料，根据毛泽东主席的指示，迅速地对少数民族社会历史开展大调查。1956—1964年，全国人民代表大会民族委员会在彭真副委员长的指导下，根据毛泽东主席“抢救落后”的号召，组织了有千人参加、分16个调查组的全国少数民族社会历史调查。这项调查活动分为两个阶段：1956年8月到1958年6月，调查工作以社会形态为核心；1958年8月至1964年5月，以编辑各种文献资料为核心。②

少数民族社会历史的大调查积累了大量关于少数民族的社会结构、语言文字、生活方式、传统文化、风俗习惯、宗教信仰、教育情况的资料，以及大量的历史文物，还拍摄了大量图片资料，以及十多部关于少数民族社会发展状况和社会生活的纪录影片。正是在马克思主义社会发展观的指导下，参加少数民族社会历史调查的社会研究者们在意识形态的笼罩下，一方面批判“落后”和“封建迷信”，另一方面又在“抢救落后”的旗帜下保留了珍贵的历史和文献资料。这是中国教育人类学研究的重要的历史材料。事实上，在很多后来的中国

① 滕星、王远新主编：《中国少数民族新创文字应用研究——在学校教育和扫盲教育中使用情况的调查》，民族出版社2011年版，第2页。

② 胡鸿保主编：《中国人类学史》，中国人民大学出版社2006年版，第141—142页。

教育人类学的作品中，都可以看到这段历史给地方的文化和教育发展留下的印迹。这些印迹也成了后来中国教育人类学研究分析和反思的重点。

另外，以马克思主义的社会发展观为指导的民族识别和民族大调查，与20世纪90年代末在教育人类学领域兴起的多元文化教育研究强调文化相对主义和历史特殊主义形成了强烈的对比。这不仅是政治上的意识形态发生变化的一种反映，而且是社会发展和人的意识进步的一种表征。

在以运动为中心的年代，学术思想的引介并非全部停止，也有一些杂志发表了一些与教育人类学有关的文章。比如，《现代外国哲学社会科学文摘》杂志于1964年发表了美国著名教育人类学家金博尔和哲学家麦克莱伦合写的《教育与新美国》一文。这篇文章原载于美国《社会研究》季刊1963年9月号。在那个年代，一些研究者将西方有关人类学的资料直接翻译、发表出来，这样既把西方的学术观点引入国内进行“批判”，又不会给研究者带来“麻烦”。但是，在那个年代，这样的文章很少会被研究者重视，因为研究者也被各种运动牵扯着。

在特殊的国情背景下，在特殊的年代，“学术话语”的转变并不意味着学术研究者学术思想的改变，也并不意味着原有的学术研究全部中止。20世纪80年代后，民族学和人类学学科得以较快恢复，教育人类学研究得以真正诞生，与老一代人类学家、民族学家的学术涵养与学术坚守有着密切的联系。

第五章　再起步与发展：20 世纪 80 年代初至 21 世纪初

社会的发展是断裂与连续的相互交叉的过程。建设富强、文明的现代化国家一直是当代中国的重要使命，在经历曲折甚至有些苦难的 30 年后，中国迎来了改革开放，进入了建设“四个现代化”新的历史发展时期。1976 年 10 月粉碎“四人帮”之后，特别是 1978 年年底中国共产党十一届三中全会召开之后，国家废止了“以阶级斗争为纲”和“无产阶级专政下继续革命”的思想路线，做出工作重点转移到经济建设上来并实行改革开放的重大决策，开创了社会主义现代化建设的新时期。

随着 20 世纪 70 年代末的拨乱反正和改革开放政策的施行，人们的思想意识逐步走向开放，中国思想界亦逐步解放，在这一条件下，形成了一股文化热的社会现象。经过中华人民共和国成立后 30 多年的建设，特别是对“文化大革命”的政治梦魇的反思，人们试图在思想文化上对刚刚过去的“文革”进行清算，反思酿成历史悲剧的原因，批判政治和文化上的专制主义。① 在这股崇尚自由、民主、思想启蒙、人文精神的社会思潮中，无论人们将文化视为一种参与政治改革的策略，还是将文化视作社会历史与未来发展的资源，在客观上，文化热促成了当时的中国学术思想界的两件大事：一是反思和批判中国传统思想文化，二是引进、学习、借鉴近现代西方的思想文化。

---

① 徐友渔：《80 年代文化热：主流思想及其超越》。参见 http://blog.163.com/xu_youyu/blog/static/1125161322011918111315271。

在20世纪80年代文化热中涌现出很多民间性的思想学术团体，并出版了很多丛书。四川人民出版社率先在80年代初期出版了百余本的“走向未来丛书”。上海译文出版社紧跟着出版了“现代西方哲学译丛”。“文化：中国与世界系列丛书”编委会在生活·读书·新知三联书店的支持下推出了《文化：中国与世界》集刊、“现代西方学术文库”和“新知文库”，翻译出版上百部西方近现代著作，更是前所未有地推动了20世纪80年代西方现代思想在中国的传播。1987年，浙江人民出版社策划的“世界文化丛书”“比较文化丛书”开始出版。1988年，光明日报出版社策划的“现代文化丛书”、辽宁人民出版社策划的“人与文化丛书”、中国国际广播出版社策划的“现代社会与文化丛书”、山东人民出版社策划的“文化人类学名著译丛”开始陆续出版。这些丛书中包含很多人类学和民族学的著作，在一定程度上促进了人类学知识在社会文化界的普及。比如，美国人类学家本尼迪克特的《文化模式》① 《菊与刀》②，玛格丽特·米德的《文化与承诺——一项有关代沟问题的研究》③《代沟》④《三个原始部落的性别与气质》⑤ 等著作就是在这一时期被译介到中国的。

一些被引进的文化人类学的作品就包含着教育人类学的内容。例如，南达（S. Nanda）所著的《文化人类学》的第六章专门论述了“文化的学习”，对生

---

① ［美］露丝·本尼迪克特著，何锡章、黄欢译：《文化模式》，华夏出版社1987年版。

② ［美］露丝·本尼迪克特著，吕万和、熊达云、王智新译：《菊与刀》，商务印书馆1990年版。

③ ［美］玛格丽特·米德著，周晓虹、周怡译：《文化与承诺——一项有关代沟问题的研究》，河北人民出版社1987年版。

④ ［美］玛格丽特·米德著，曾胡译：《代沟》，光明日报出版社1988年版。

⑤ ［美］玛格丽特·米德著，宋践等译：《三个原始部落的性别与气质》，浙江人民出版社1988年版。

物化、社会化、人格、成人的社会化、正规教育等问题进行了阐述；[①] 基辛（R. M. Keesing）所著的《文化·社会·个人》一书中有关于文化、人格、学习等内容的论述；[②] 比尔斯（R. Beals）所著的《文化人类学》的第 18 章中专门有一节论述了“教育和人类学”，还提到了教育人类学家斯宾德勒夫妇的研究成果。[③] 这些人类学著作的出版为中国学者了解国外教育人类学的发展提供了一定条件。

1981 年 5—7 月，中国社会科学院社会学研究所和中国社会学研究会在北京联合举办第二期社会学讲习班。来自全国各地高等院校、科研机构共 51 人作为正式学员参加了讲习班学习，此外还接受了 35 名旁听生。7 月 2—11 日，美国人类学家约翰·辛格尔顿（John Singleton）受费孝通先生之邀为学员授课，系列讲座的名称为“应用人类学和教育的社会文化观点”。辛格尔顿大学毕业后曾经到印第安部落的小学从事教学工作，后来他又到斯坦福大学学习教育学和应用人类学。正是因为有这样的经历，辛格尔顿才为中国的学员讲授了应用人类学与教育研究的知识与方法。

1984 年，蒋琦将辛格尔顿来华讲学的资料编译成《应用人类学》，由湖北人民出版社出版。这本薄薄的小书共九章，七万余字，其中两章内容介绍了“人类学与教育”。辛格尔顿特别讲到了教育人类学与教育社会学的联系和区别。在辛格尔顿看来，教育人类学和教育社会学有许多共同的观点：①两者都认为教育不局限于学校，且认为教育主要来自学校之外；②两者都认为学校不

---

① ［美］南达著，刘燕鸣、韩养民编译：《文化人类学》，陕西人民教育出版社 1987 年版。

② ［美］基辛著，甘华鸣等译：《文化·社会·个人》，辽宁人民出版社 1988 年版。

③ ［美］拉尔斐·比尔斯著，骆继光等译：《文化人类学》，河北教育出版社 1993 年版，第 524—531 页。

局限于教育工作，学校是社会组织的类型，应该得到像研究社会组织一样的重视；③学校教育是专门化的教育，学校的正规教育过程由教育方式和学校特点决定；④两者都强调通过学校进行的教育，都受社会和文化的限制。① 此外，辛格尔顿的讲学还涉及了包括奥格布、格雷戈里·贝特森（Gregory Bateson)、弗雷德·吉尔宁（Fred Gearing)、菲利普·卡西克（Philip Cusick)、沃德·古迪纳夫（Ward Goodenough)、迈克尔·科尔（Michael Cole）在内的很多美国教育人类学家的研究和理论成果。辛格尔顿来华讲学使中国大陆学者第一次较为系统地了解了美国教育人类学研究的现状与最新理论成果。这部演讲著作亦是最早在中国出版的较为系统论述和介绍美国教育人类学的作品之一。

20 世纪 80 年代末、90 年代初国际局势动荡不已，如苏联解体、东欧剧变，给 20 世纪 80 年代的文化热造成了一定冲击和影响，但无论用连续、断裂还是转型来形容 90 年代的中国思想界和文化界的状态，中国历史的车轮仍然向前转动。20 世纪 90 年代的中国，“前现代性”“现代性”“后现代性”共同构成了一种本土文化的内在阐释焦虑，同时也形成了对西方文化及全球文化的空前的阐释焦虑。② 具有独立学科意识的中国教育人类学就是在这种背景下展开和发展的。

第一节 教育与文化的探讨

在经历了沉痛的历史挫伤之后，面临着外来文化的蜂拥而入，中国的一批

---

① ［美］约翰·辛格尔顿著，蒋琦译：《应用人类学》，湖北人民出版社 1984 年版，第 66 页。

② 王岳川：《中国九十年代话语转型的深层问题》，《文学评论》1999 年第 3 期。

20 世纪 80 年代初成长起来的教育学者自觉地将眼光投向中国历史与文化，试图将中国教育问题与中国历史、文化传统结合起来，围绕着中国文化传统、传统文化与教育的关系进行探讨。这种探讨继承和延续了民国期间教育与文化的研究传统，研究者们试图以此找到中国教育的文化之根，推动中国教育现代化的进程。丁钢担任主编的“中国文化与教育研究丛书”影响较大，这套丛书共七册，分别是丁钢等的《书院与中国文化》①、黄书光的《理学教育思想与中国文化》②、金忠明的《乐教与中国文化》③、张诗亚的《西南民族教育文化溯源》④、崔宜明等的《中国传统哲学与教育》⑤、丁钢的《中国教育的国际研究》⑥ 和《近世中国经济生活与宗教教育》⑦。此外，傅维利和刘民著的《文化变迁与教育发展》⑧、丁钢主编的《文化的传递与嬗变——中国文化与教育》⑨、肖川著的《教育与文化》⑩、邹进著的《现代德国文化教育学》⑪、刁培萼主编的《教育文化学》⑫ 也是这类研究的代表作品。类似的研究还包括石中英著的《教育学的文化性格》⑬、郑金洲著的《教育文化学》⑭、刘新科主编的

① 丁钢、刘琪著：《书院与中国文化》，上海教育出版社 1992 年版。
② 黄书光著：《理学教育思想与中国文化》，上海教育出版社 1993 年版。
③ 金忠明著：《乐教与中国文化》，上海教育出版社 1994 年版。
④ 张诗亚著：《西南民族教育文化溯源》，上海教育出版社 1994 年版。
⑤ 崔宜明等著：《中国传统哲学与教育》，上海教育出版社 1995 年版。
⑥ 丁钢著：《中国教育的国际研究》，上海教育出版社 1996 年版。
⑦ 丁钢主编：《近世中国经济生活与宗教教育》，上海教育出版社 1996 年版。
⑧ 傅维利、刘民著：《文化变迁与教育发展》，四川教育出版社 1988 年版。
⑨ 丁钢主编：《文化的传递与嬗变——中国文化与教育》，上海教育出版社 1990 年版。
⑩ 肖川著：《教育与文化》，湖南教育出版社 1990 年版。
⑪ 邹进著：《现代德国文化教育学》，山西教育出版社 1992 年版。
⑫ 刁培萼主编：《教育文化学》，江苏教育出版社 1992 年版。
⑬ 石中英著：《教育学的文化性格》，山西教育出版社 1999 年版。
⑭ 郑金洲著：《教育文化学》，人民教育出版社 2000 年版。

《中国传统文化与教育》①、顾明远著的《中国教育的文化基础》②、高宁著的《教育的嬗变和文化传承》③ 等。

傅维利和刘民著的《文化变迁与教育发展》运用比较的方法，系统论述了中西文化和教育不同的发展历程及其特点，论述了文化传承、文化变异、文化交融、文化撞击与教育之间的关系，以及教育的文化功能，还从文化的角度探讨了中国传统文化的价值取向对当代教育变革的影响。

丁钢在 20 世纪 90 年代的研究工作将中国教育置于中国传统文化与全球教育发展的双重视野下，力图发掘传统文化中的教育价值，为中国教育研究与变革提供文化的理论基础、文化研究的方法。从这一角度而言，丁钢为中国教育人类学向纵深发展指出了一个方向。

邹进著的《现代德国文化教育学》对 20 世纪上半叶兴起并获得发展的德国文化教育学进行了比较系统的梳理与评论，重点介绍了狄尔泰、斯普朗格、利特、福利特纳、博尔诺夫等人的教育学术思想。由于文化教育学是德国教育人类学得以孕育和发展的母体，因此，这本著作对于了解德国教育人类学的“身世”具有重要的启发价值。

郑金洲著的《教育文化学》是教育学界借鉴文化人类学的理论研究教育与文化问题的一部优秀著作。本书广泛借助文化人类学的相关理论，系统地论述了文化传播与教育、文化冲突与教育、文化变迁与教育、文化整合与教育，以及学校文化中教师文化、课程文化、学生文化等内容。该书框架逻辑结构清晰，理论分析缜密。虽然作者将教育文化学规定为“分析教育活动中的文化现

---

① 刘新科主编：《中国传统文化与教育》，东北师范大学出版社 2002 年版。
② 顾明远著：《中国教育的文化基础》，山西教育出版社 2004 年版。
③ 高宁著：《教育的嬗变和文化传承》，湖南大学出版社 2008 年版。

象、探讨教育与文化相互关系的一门学科”，属于“教育科学的分支学科之一，又属于文化科学的门类范畴”，并且极力将教育文化学与教育人类学区别开来，但是该书仍可被认为是一部教育人类学的理论著作，书中不仅列举了许多文化人类学家的观点，而且列举了很多教育人类学家的名字和作品。① 它可供欲建立教育与文化理论框架的教育人类学学者参考。

2002年，丁钢主编的《历史与现实之间：中国教育传统的理论探索》② 由教育科学出版社出版。该书以中国教育传统的历史事实及变迁为探索对象，着重从以下两条理论线索展开分析，一是从教育学、哲学、人类学与社会学等角度来理解中国教育传统的理论构建、知识内涵、教学机制与社会谱系等的结构性内容，二是分析中国教育传统在20世纪发生的诸多重构事件及其所属的社会文化处境。

第二节 学科引入与概论性的研究

20世纪70年代末80年代初，中国的社会学和人类学等学科开始了重建之路。费孝通在回顾中国社会学重建时所遇到困难时讲到，中国社会学在19世纪末20世纪初从西方直接或间接传入中国时，并未联系中国的实际，因而“出身不正”；在1949年以前没有打下坚实的基础就被中断，因而“先天不足”；由于种种历史原因造成社会上对这个学科存在诸多误解和偏见，因而还“比较敏感”。③ 用这段话来形容20世纪中国人类学的发展与重建的过程，是

① 郑金洲著：《教育文化学》，人民教育出版社2000年版，第26—30页。

② 丁钢主编：《历史与现实之间：中国教育传统的理论探索》，教育科学出版社2002年版。

③ 费孝通著：《从实求知录》，北京大学出版社1998年版，第503页。

比较中肯的。在人类学重建和发展的过程中，人类学者开始从事教育人类学的研究工作。

庄孔韶于1985年在中央民族学院进行民族学和人类学课程改革时开始讲授有关教育人类学的课程。① 教育人类学的课程能在20世纪80年代中期在中央民族大学开设，与中央民族大学深厚的民族学、人类学背景，以及庄孔韶的个人经历、知识背景和主观努力是分不开的。虽然在中华人民共和国成立后人类学学科发展一度中断，但是在中央民族学院聚集了当时中国最出色的人类学家和民族学家，并且具有深厚的民族学和人类学研究传统。

1978年以前，庄孔韶曾在北京的一所中学任教，主要教授社会发展史和俄语。之后，在其父亲的支持与辅导下，庄孔韶于1978年考取了中央民族学院的研究生，跟随林耀华和黄淑娉两位教授学习，而后成为中国第一个民族学（文化人类学）专业的博士生。② 民国时期著名教育学家庄泽宣③是庄孔韶的叔祖父。庄泽宣的后人在美国定居，这使得庄孔韶有条件搜集到国外和我国台湾地区的最新人类学著作。这些促使庄孔韶成为中国大陆教育人类学研究的重要开拓者。庄孔韶的博士论文《教育人类学》于1989年由黑龙江教育出版社出版。

庄孔韶的《人类学与中国教育的进程》一文结合人类学的理论、田野调查经验以及讲授教育人类学的课程经历，指出人的本性转换与文化传递是教育人类学的两个研究重点。针对社会转型和中国教育改革的实践，庄孔韶深刻地指

---

① 庄孔韶在2012年5月29日上午中国人类学民族学研究会教育人类学专业委员会（筹）成立会议上的讲话中谈到此部分内容。

② 徐杰舜、庄孔韶：《人类学世纪坦言——人类学学者访谈录之六》，《广西民族学院学报》（哲学社会科学版）2000年第3期。

③ 庄泽宣的生平请参见庄孔韶：《中国大教育家庄泽宣先生行止——故居、学术与大族传承》，《当代教育与文化》2014年第1期。

出浸于人们深层意识结构中的中国传统文化观念是产生中国约束性教育文化的基础，在教育与社会之间的人类学家应该扮演批判与建设的角色。① 这篇文章被“视作其专著《教育人类学》思想和精神处境的进阶与延伸，即其理论与方法虽仍以西学借鉴为主，但其对中国教育与社会文化关联的追溯与审视，对中国教育传统历时态与共时态的考察，表明了其从多角度对当前中国教育问题的反思与质询”②。

冯增俊是中国大陆最早系统学习和研究教育人类学的教育学者之一。1983—1984 年他在北京师范大学教育系学习时期初步接触了教育人类学的概念。后来，在华东师范大学攻读硕士学位时，冯增俊在著名教育学者金一鸣的指导下研究教育人类学。1987 年年初他在华东师范大学《当代研究生》上发表了《教育人类学刍议》一文，其后，他又在《世界教育文摘》《现代外国哲学社会科学文摘》《教育研究》等杂志发表了一系列文章，系统介绍国外教育人类学的发展历史、理论、方法，并呼吁建立中国的教育人类学学科。从 1987 年开始，冯增俊在华南师范大学开设全校本科公共选修课“教育人类学”，连续开设三年。1988—1989 年他在学校教育专业开设“教育人类学”本科专业课。1990 年他又在比较教育专业硕士研究生和教育学原理专业澳门班开设“教育人类学”专业课。因之，冯增俊是国内较早在教育学学科三个层次中多次系统开设“教育人类学”课程的学者。

1988 年，海南人民出版社出版了冯增俊等译的《教育人类学》③，金一鸣

① 庄孔韶：《人类学与中国教育的进程》（上），《民族教育研究》2000 年第 2 期；庄孔韶：《人类学与中国教育的进程》（下），《民族教育研究》2000 年第 3 期。

② 吴晓蓉：《中国教育人类学研究述评》，《民族研究》2010 年第 2 期。

③ 冯增俊等译：《教育人类学》，海南人民出版社 1988 年版。

为之作序。1991 年 1 月，冯增俊的《教育人类学》① 一书作为“当代教育新理论丛书”之一由江苏教育出版社出版。冯增俊是改革开放后中国第一个系统研究教育人类学的教育学者，他为教育人类学在中国的推广、普及做出了重要贡献。

20 世纪 80 年代末，教育学者李复新也为教育人类学的引入做出了贡献。他先后发表了《当代教育人类学述评》②《西方教育人类学研究的历史透视》③《“隐蔽课程”的教育人类学基础》④《“教育人类学”术语辨析》⑤《关于教育人类学的起源问题》⑥ 等多篇文章，对西方教育人类学的发展历程进行了介绍。

从 20 世纪 20 年代末开始，价值哲学、新康德主义、现象学及其教育思想就被德国教育学家列为教育哲学的重要内容，教育学家将其作为 20 世纪的一股重要的教育思潮对待，并把这些内容引入教育哲学的相关著作中。20 世纪 80 年代之后的教育哲学研究仍旧沿袭了这一传统，并较为系统地对之进行了介绍。在这些著作中，崔相录的《二十世纪西方教育哲学》介绍得最为系统。该书于 1989 年由黑龙江教育出版社出版，书中的第三章、第六章和第七章分别较为系统地介绍了精神科学教育学、存在主义教育哲学和教育人类学。⑦ 现在，这些内容都属于宏观的精神科学教育学的内容。第七章“教育人类学”重

① 冯增俊著：《教育人类学》，江苏教育出版社 1991 年版。
② 李复新：《当代教育人类学述评》，《教育研究》1988 年第 8 期。
③ 李复新：《西方教育人类学研究的历史透视》，《华东师范大学学报》（教育科学版）1990 年第 4 期。
④ 李复新：《“隐蔽课程”的教育人类学基础》，《教育研究》1990 年第 7 期。
⑤ 李复新：《“教育人类学”术语辨析》，《教育研究与实验》1992 年第 4 期。
⑥ 李复新：《关于教育人类学的起源问题》，《教育评论》1993 年第 1 期。
⑦ 崔相录著：《二十世纪西方教育哲学》，黑龙江教育出版社 1989 年版。

点梳理了德国教育人类学的历史、发展历程、学科基础和方法论、理论和观点。虽然其中也提及了美国的文化人类学，但是对美国的教育人类学的发展并未予以展开介绍。

《教育大百科全书》英文版的主编是世界著名教育学家、瑞典斯德哥尔摩大学国际教育研究所所长胡森（T. Husén，1916—2009）和德国教育家波斯尔斯韦特（T. N. Postelthwaite）。英文版的撰稿者均由联合国教科文组织、国际教育研究院和国际教育评价协会推荐，由来自 90 多个国家和地区的 1 000 多位教育专家用英语撰写词条，词条撰写者均是世界教育界各学科具有国际视野的专家。全书分 22 个专题，收录 1 262 个词条，总字数达 1 200 余万。该书由爱思唯尔科学出版集团（Elsevier Science Limited）于 1985 年首次出版，并于 20 世纪 90 年代中后期进行了全面修订（90%的词条重新撰写）。这是目前世界上关于教育科学领域最权威也最有实用价值的一部具有理论性、学术性、工具性的全书。1993 年，李复新、邹静翻译了《教育大百科全书》第 2 卷“教育人类学”中的“教育人类学：历史与概述”的词条，收录于瞿葆奎先生主编的《教育学文集》之“教育与教育学”卷中。①

1996 年，厦门大学出版社出版了人类学学者石奕龙的《应用人类学》一书。此著作专设一章“教育人类学及其应用”，对美国的教育人类学做了较为详细的介绍。其内容包括教育人类学发展概述、研究方法和解释模式、文化和学校教育的关系、学校社区中的问题、不同教育制度的比较研究、多元文化社区中的教育问题和教育人类学应用研究的其他兴趣。② 这部分内容比较全面，

① 瞿葆奎、沈剑平选编：《教育学文集·教育与教育学》，人民教育出版社 1993 年版，第 826—855 页。

② 石奕龙著：《应用人类学》，厦门大学出版社 1996 年版，第 344—377 页。

框架较为合理，基本涵盖了美国教育人类学研究的重要议题。

人类学者纳日碧力戈在《现代背景下的族群建构》一书中谈到了居住在广西壮族自治区田林县各烟屯的蓝靛瑶族的小学校。当时的小学校是全屯唯一悬挂国旗的地方，遵循的是北京时间，也是唯一修建厕所的地方。作者想通过学校与社区的互动，揭示出当地文化能够根据自己文化的规则统辖外来的“异文化”因素。① 人类学家李亦园在其《人类的视野》中有一节介绍了“人类学与教育”，对玛格丽特·米德的研究和不同民族人们的学习方式做了一些介绍。②

由德国教育人类学者博尔诺夫所著《教育人类学》③ 和奥地利教育人类学者赫勃尔特·茨达齐尔（Herbert Zdarzil，1928—2008）所著《教育人类学原理》④ 皆由教育学者李其龙译出，分别由华东师范大学出版社于 1993 年和上海教育出版社于 2001 年出版。这在很大程度上促进了中国教育人类学哲学取向的发展。由教育科学出版社于 2009 年引进出版的德国当代学者武尔夫的《教育人类学》⑤ 向国内读者介绍了德国教育人类学发展的最新动向。

事实上，哲学取向的教育人类学研究在中国还受到另外两种力量的推动。一种力量是哲学界和社会科学界对于哲学人类学的积极引介。这方面国外的代表著作主要有马克斯·舍勒的《人在宇宙中的地位》⑥、别尔嘉耶夫的《人的

---

① 纳日碧力戈著：《现代背景下的族群建构》，云南教育出版社 2000 年版，第 13—14 页。
② 李亦园著：《人类的视野》，上海文艺出版社 1996 年版，第 33—36 页。
③ ［德］博尔诺夫著，李其龙等译：《教育人类学》，华东师范大学出版社 1999 年版。
④ ［奥］茨达齐尔著，李其龙译：《教育人类学原理》，上海教育出版社 2001 年版。
⑤ ［德］武尔夫著，张志坤译：《教育人类学》，教育科学出版社 2009 年版。
⑥ ［德］马克斯·舍勒著，李伯杰译：《人在宇宙中的地位》，贵州人民出版社 1989 年版。

奴役与自由》①、科尔涅耶夫的《现代哲学人类学批判》②、巴蒂斯塔·莫迪恩的《哲学人类学》③、恩斯特·卡西尔的《人论》④ 和《人文科学的逻辑》⑤、兰德曼的《哲学人类学》⑥ 等。这方面国内的代表著作有欧阳光伟的《现代哲学人类学》⑦、施忠连的《文化的生物——人》⑧、王维达编译的《哲学人类学视野中的“人”——舍勒〈人在宇宙中的地位〉精粹》⑨、丁立群的《发展：在哲学人类学的视野内》⑩、顾士敏的《哲学人类学导论——从马克斯·舍勒〈人在宇宙中的地位〉开始》⑪ 等。

第二种力量是教育哲学领域对德国文化教育学（精神科学教育学）的介绍。在一定程度上，德国教育人类学的发展脱胎于德国文化教育学，是对其的继承与发展。这方面的著作包括崔相录的《二十世纪西方教育哲学》、邹进的《现代德国文化教育学》。新近的作品有陈锋的《狄尔泰教育学研究》、彭正梅的《解放和教育：德国批判教育学研究》和《现代西方教育哲学的历史考

---

① ［俄］尼古拉·别尔嘉耶夫著，徐黎明译：《人的奴役与自由》，贵州人民出版社 2007 年版。

② ［苏］佩·弗·科尔涅耶夫著，李昭时译：《现代哲学人类学批判》，东方出版社 1987 年版。

③ ［意］巴蒂斯塔·莫迪恩著，李树琴、段素革译：《哲学人类学》，黑龙江人民出版社 2005 年版。

④ ［德］恩斯特·卡西尔著，甘阳译：《人论》，上海译文出版社 2003 年版。

⑤ ［德］恩斯特·卡西尔著，沉晖等译：《人文科学的逻辑》，中国人民大学出版社 2010 年版。

⑥ ［德］兰德曼著，阎嘉译：《哲学人类学》，贵州人民出版社 2006 年版。

⑦ 欧阳光伟著：《现代哲学人类学》，辽宁人民出版社 1986 年版。

⑧ 施忠连著：《文化的生物——人》，湖南文艺出版社 1988 年版。

⑨ 王维达编译：《哲学人类学视野中的“人”——舍勒〈人在宇宙中的地位〉精粹》，湖北人民出版社 1989 年版。

⑩ 丁立群著：《发展：在哲学人类学的视野内》，黑龙江教育出版社 1995 年版。

⑪ 顾士敏著：《哲学人类学导论——从马克斯·舍勒〈人在宇宙中的地位〉开始》，云南大学出版社 2002 年版。

察》等。

正是在这两种力量的积极推动下，哲学人类学与教育研究在20世纪90年代逐步兴起。在这一时期，很多教育学者并不知道文化人类学，也不知道文化人类学与哲学人类学的区别和联系，因此很多学者所理解的教育人类学只是哲学取向的教育人类学，直到越来越多的针对教育的田野调查与文化人类学的研究著作问世之后，人们才知道教育人类学主要有两种研究取向。

第三节　从民族教育学到教育人类学

20世纪80年代以来，中国教育人类学发展的主要推动力量在民族类的高等院校。在这些少数民族居住较多的地区发展教育人类学有两个有利条件。首先，民族类院校具有浓厚的民族文化氛围，由于这些院校位于少数民族地区，教师与学生在日常生活中可接触到不同文化现象，便于去少数民族社区开展现场观察。其次，很多教师和学生自身具有在少数民族地区成长的经历和感悟，他们对少数民族教育问题更加关注。

一、20世纪80年代后的民族教育研究

改革开放后，中国的少数民族教育事业迎来了一个新的发展机遇期，加强民族教育研究是推动民族教育事业发展的重要举措之一。1983年9月，中国少数民族教育研究会成立，它是全国性的少数民族教育研究学术团体。1986年，四川省创办了《民族教育》杂志，这是全国第一个综合性的民族教育研究期刊。1990年，《民族教育》更名为《中国民族教育》。在中华人民共和国国民经济和社会发展第七个五年计划中，民族教育研究首次被纳入国家哲学、社

会科学重点科研项目。① 中国民族教育研究在这一时期进入快速发展阶段。

这一时期，一些研究机构和研究者重新尝试采用实地调查的研究方法去了解民族地区的教育现状。北京市社会学会、中央民族学院民族研究所、北京市民族事务委员会组成的联合调查组对北京市散杂居少数民族教育进行了较为系统的调查研究。② 陈国安③、钟年④、徐少岩⑤、郑铁巨⑥、杨文金⑦、韦编贤⑧、师亨⑨、朱解琳⑩等研究者也对民族地区教育进行了调查。不过由于当时各种条件的限制，这些论文基本呈现"现状—原因—建议"的结构，缺少深度的理论阐释和分析。李富强的《瑶族儿童的社会化初论》是一篇具有教育人类学特色的研究论文，它借鉴美国文化与人格学派的研究及社会化的概念，对瑶族儿童社会化的特点进行了初步分析。⑪ 这篇教育人类学性质的研究论文在那个年代实属难得。

滕星是 20 世纪 80 年代初最早开展中国少数民族教育研究的学者之一，也

① 哈经雄、滕星主编：《民族教育学通论》，教育科学出版社 2001 年版，第 50 页。

② 北京市社会学会、中央民族学院民族研究所、北京市民族事务委员会联合调查组：《北京市散杂居少数民族教育问题调查报告》，《中央民族学院学报》1984 年第 1 期。

③ 陈国安：《从一个边远民族山区探讨少数民族教育发展的途径》，《贵州民族研究》1984 年第 4 期。

④ 钟年：《广西融水苗族自治县白云乡瑶族教育情况调查》，《广西民族研究》1985 年第 1 期。

⑤ 徐少岩：《金秀瑶族自治县民族中小学教育调查》，《中南民族学院学报》（哲学社会科学版）1985 年第 3 期。

⑥ 郑铁巨：《白云乡瑶族教育现状调查》，《中南民族学院学报》（哲学社会科学版）1985 年第 3 期。

⑦ 杨文金：《镇宁江龙区民族教育调查》，《贵州民族研究》1986 年第 2 期。

⑧ 韦编贤：《改变民族地区教育落后面貌的主要途径——贵县古樟乡自力更生发展教育事业的调查》，《广西民族研究》1986 年第 4 期。

⑨ 师亨：《关于三个贫困旗发展民族教育的调查》，《内蒙古社会科学》（文史哲版）1988 年第 3 期。

⑩ 朱解琳：《曼尔玛乡藏族寄宿制小学的调查报告》，《西北民族研究》1988 年第 1 期。

⑪ 李富强：《瑶族儿童的社会化初论》，《广西民族研究》1989 年第 1 期。

是最早由教育学研究转向人类学研究的学者。① 自1982年到中央民族学院（今中央民族大学）工作后，滕星就受到中央民族学院浓厚的民族文化的感染以及老一辈民族学家的熏陶，从那时起，他就想建立一门独特的民族教育学学科。1989年，中央民族学院将教育学教研室、高等教育研究室和《民族教育研究》编辑部三个单位合并成立中央民族学院民族教育研究所。同期，中南民族学院和西北师范大学也成立了民族教育研究所。至1990年，从中央到地方的民族教育研究的实体机构网络基本形成，科研队伍初步形成。② 20世纪80年代末，滕星和他的同事共同筹办了《民族教育研究》杂志，这一杂志在1990年正式出版，它是中国目前唯一向国内外发行的以民族教育研究为方向的学术理论期刊。

1990年，中国劳动出版社出版了《中国少数民族教育学概论》一书。该书由孙若穷担任主编，滕星与王美逢担任副主编。全书整体的理论框架和统稿工作主要由滕星负责。该书的框架构思包括四个层次：第一个层次包括民族教育学学科的本体论研究、民族教育的发展历史以及中国共产党的民族和民族教育政策，第二个层次主要探讨了民族地区地理环境、社会人口、文化、政治、经济、科技、法律、宗教、语言、民俗、艺术、哲学、心理与民族教育的关系，第三个层次论述了中国少数民族教育体制以及民族地区基础教育、高等教育、职业技术教育、成人教育和师范教育的现状与发展，第四个层次探讨了民族教育的微观领域——学校教育与教学（包含民族学校教育和教学中的德育、

① 巴战龙：《教育人类学家滕星教授学术作品与思想述评》，《甘肃民族研究》2011年第1期。

② 滕星、彭亚华：《20世纪80年代后的中国民族教育研究发展综述》，《中央民族大学学报》（哲学社会科学版）2007年第2期。

智育、体育、美育和双语教学问题)。全书的最后一章还专门讨论了民族教育的立法问题。

此书作者当时认为，中国少数民族教育学是“一门介于民族学和教育学之间的新兴独立的边缘学科”,《中国少数民族教育学概论》是“一部较侧重于中国少数民族教育宏观研究的著作和教材”，由于研究仅仅是初步的，“所涉及的问题尽管众多，但不全面，更未深入”。① 但是，该书的出版还是被国内学术界认为是民族教育研究从“非学术化开始初步走向学术化的一个标志”②。

张诗亚现任西南大学西南民族教育与心理研究中心主任，是目前中国教育人类学研究的重要推动者之一。《祭坛与讲坛——西南民族宗教教育比较研究》和《西南民族教育文化溯源》是张诗亚在民族教育和教育人类学领域的代表作。

《祭坛与讲坛——西南民族宗教教育比较研究》一书是张诗亚“颠沛经年”，进行大量实地考察之后形成的理论研究作品。该书作为“西南研究书系”之一由云南教育出版社在1992年出版。

地理上的西南民族地区幅员辽阔，北起青藏高原南至广西北部湾，包括云南、贵州、广西、西藏以及四川的民族自治地区，几乎相当于中国总面积的四分之一。西南地区的自然生态环境复杂、多样，民族众多，有37个已确定族属的少数民族及其支系以及近十个未确定族属的族群在这里生活。在传统意义上，宗教是家族以外的有组织的主要的教育形式。③ 在《祭坛与讲坛——西南

---

① 孙若穷主编:《中国少数民族教育学概论》，中国劳动出版社1990年版。

② 徐杰舜、滕星:《在田野中追寻教育的文化性格——人类学学者访谈之二十七》,《广西民族学院学报》(哲学社会科学版)2004年第2期。

③ ［美］白杰瑞主编，滕星、马效义等译:《文化·教育与发展——全球视野下的中国少数民族教育》，中央民族大学出版社2011年版，第6页。

民族宗教教育比较研究》开篇，张诗亚就指出，在一些民族地区，即使在20世纪90年代，民族学校系统都不能当之无愧地被称为民族教育的主体，民族宗教教育在传承民族文化模式等方面发挥着重要作用，因为“宗教对于民族文化的其他诸方面具有不可替代的整合作用”①。

《祭坛与讲坛——西南民族宗教教育比较研究》运用比较的方法讨论了作为本土传统的原始宗教以及先由外域传入后又与本土文化相融了的藏传佛教、南传佛教和伊斯兰教，重点研究了宗教教育的起源、演变及其动力机制，宗教教育的内容、制度与方法以及宗教教育与现代教育之间的关系。全书资料丰富，论述严谨，提出了许多有见地的观点。以“宗教教育制度与方法”一章为例，本章主要比较了以色拉寺、甘丹寺和哲蚌寺为代表的藏传佛教“学经制度”、云南傣族社会南传佛教的“奘房制度”以及西南回民中伊斯兰教的“经堂制度”。张诗亚指出，不同类型的宗教教育制度既是不同宗教内部因素作用的结果，亦是宗教及其教育与政治、经济、文化等方面相互作用的结果。宗教教育的方法特色可以归结为“从独修到盛典”“从言传到身教”“从娴熟于心到身体力行”。②在全书的最后，张诗亚对宗教教育的未来发展及其与现代化的关系进行了论述。张诗亚指出，在宗教教育的合理性与保守性之间做到有效地融合与超越是西南民族教育现代化必须面对的困境，也是民族教育现代化的关键所在。

有评论者认为，《祭坛与讲坛——西南民族宗教教育比较研究》只讨论了原始宗教、藏传佛教、南传佛教和伊斯兰教，对于同样由外传入且对西南文化

①② 张诗亚著：《祭坛与讲坛——西南民族宗教教育比较研究》，云南教育出版社1992年版，第4、328—367页。

产生了影响的西方洋教（基督教、天主教）及其教育结果留下了空白。① 鸦片战争之后，大批西方传教士进入中国，他们视学校教育为传播“福音”、发展教徒的重要途径，以西方教会学校为模本的教育机构开始在中国出现。② 西方教会学校在中国的渗入带着“文化帝国主义”的野心，在一定程度上反映出西方国家征服世界的渴望，它们也对中国封建的旧式教育的衰落和解体起了推动的作用。但是，对洋教的疏漏并不妨碍《祭坛与讲坛——西南民族宗教教育比较研究》成为西南宗教教育研究的经典之作。事实上，这本著作成为中国教育人类学研究“西南大学学派”的奠基之作，张诗亚后来培养的一些教育人类学专业的博士的论文都可以看作此研究的个案阐释或后续研究。

《西南民族教育文化溯源》一书是丁钢主编的“中国文化与教育研究丛书”中的一种，于1994年由上海教育出版社出版。本书图文并茂，叙述生动，资料丰富，既引用了少数民族的历史文献资料，也描写了作者田野调查的亲身见闻，内容涉及西南少数民族的历史、生产生活、语言文字、神话传说、科学技术、艺术、宗教、亲属制度等诸多内容。该书共有六章，第一章首先对民族文化生态与教育之间的关系进行了论述，其后五章分别对西南民族教育的思想、民族教育制度、民族教育内容、民族教育形式的历史渊源进行了探索。在本书的后记中，张诗亚总结道：以现代少数民族学校系统为核心的现代少数民族教育系统肩负着双重任务，一方面要传承和发展其所依托的民族文化，另一方面又必须输入现代科学文化知识，以改变民族传统文化及生活方式。③

---

① 徐新建：《由〈祭坛与讲坛〉等著作引发的联想》，《教育评论》1994年第1期。

② 张瑞璠、王承绪主编：《中外教育比较史纲》（近代卷），山东教育出版社1997年版，第114页。

③ 张诗亚著：《西南民族教育文化溯源》，上海教育出版社1994年版，第162页。

2003年7月，张诗亚培养的两位博士吴晓蓉和李姗泽毕业，她们的博士论文《教育，在仪式中进行——摩梭人成年礼的教育人类学分析》[①] 和《生育文化的田野调查与教育内涵分析——沾益炎方苗族教育人类学解读》[②] 很快得以出版。吴晓蓉和李姗泽是张诗亚培养的第一批具有教育人类学学科意识的专业人才。从此开始，以张诗亚为代表的西南师范大学（今西南大学）教育人类学研究进入快速发展阶段。

四川师范大学巴登尼玛的《文明的困惑——藏族教育之路》也是一部重要的民族教育研究作品，但尚未有教育人类学学科意识。该书综合运用哲学、文化学、心理学、人类学、宗教学、经济学等学科理论、方法对藏族学校教育进行了研究。这项研究欲“从文化的动力机制去探索教育的真谛，从藏文化的内核去探寻藏族传统社会的生成基础和当今社会主义社会发展的文化内部动力，从而寻求藏族义务教育发展及其课程建设的基本规律”[③]。在巴登尼玛看来，文化既是教育的基础，也是教育的目的。

巴登尼玛认为，藏族传统文化的基础在于“尊崇自然，人为自然一分子的自然观”，“至善高于物质利益的价值观”，“以利他为思维起点和目的的辩证思维方式”。在巴登尼玛看来，藏文化的基本精神是“求善克己，坚忍不拔”。巴登尼玛综合运用维果茨基文化历史发展理论和皮亚杰的“图式”学说进行理论分析，认为民族文化心理及其结构是作为人的一种高级心理机能在人们利用物质工具和心理工具与宇宙、自然、社会与人自身的相互作用的过程中通过双重

① 吴晓蓉著：《教育，在仪式中进行——摩梭人成年礼的教育人类学分析》，西南师范大学出版社2003年版。

② 李姗泽著：《生育文化的田野调查与教育内涵分析——沾益炎方苗族教育人类学解读》，西南师范大学出版社2003年版。

③ 巴登尼玛著：《文明的困惑——藏族教育之路》，四川民族出版社2000年版，第42—43页。

建构（内化与外化），在同化与顺应的两种作用中积淀而成的。教育起着特殊的中介与刺激的作用，民族教育必须符合文化心理结构的基本规律，尊重客观存在的社会现实和文化基础，才能发挥其功能。① 该书综合运用人类学和心理学的理论分析民族教育的发生机制和应然发展道路，为民族教育研究提供了一个新的思路。

20 世纪 90 年代之前，以滕星、张诗亚、巴登尼玛、万明钢、王鉴等人为代表的学者在民族教育领域做了许多奠基性的工作。他们的工作使民族教育研究在 20 世纪 90 年代为政府和其他教育学者所重视。20 世纪 90 年代末，还有一些研究者力图建立中国少数民族教育的理论框架。例如，王锡宏的《中国少数民族教育本体理论研究》② 从本质论、特点论、规律论、关系论四个方面论述了少数民族教育的特点。不过由于研究方法比较单一，局限于个人的经验与理论上的思辨，大多数著作并未能够引起广泛的注意。

2001 年，由哈经雄和滕星主编的《民族教育学通论》出版。这标志着中国民族教育学学科发展到了一个新的高度。同时，该书可以看作教育人类学本土化研究与理论构建的初步尝试，在中国教育人类学发展史上具有承上启下的重要作用。该书不仅对民族教育的基本理论、中国民族教育的发展历程、中国民族教育政策、中国民族教育体制以及各级各类的民族教育问题进行了系统阐述，而且较为系统地介绍了西方国家教育人类学、多元文化教育的发展历程和主要观点以及跨文化教育的相关理论。此外，该书还对自然、社会生态环境、文化生态环境、民族语言、民族心理与民族教育之间的关系进行了论述。虽然

① 巴登尼玛著：《文明的困惑——藏族教育之路》，四川民族出版社 2000 年版，第 77—104 页。

② 王锡宏著：《中国少数民族教育本体理论研究》，民族出版社 1998 年版。

在内容框架设计上还存在不足，但是这部著作已经具备了教育人类学研究的内容和特征，因此《民族教育学通论》可以看作民族教育学转向教育人类学的重要标志。2002年，王鉴著的《民族教育学》由甘肃教育出版社出版，全书分为绪论、民族教育基本理论、民族双语教学论、多元文化课程论、民族教育事业管理论五篇共二十章，它是王鉴多年田野经验与理论思考的成果。

进入21世纪之后，一批实力派民族教育的研究者转向教育人类学研究，使得民族教育学的学科建设在一定程度上放缓了。具有独立学科发展意识的教育人类学研究登上了历史的舞台。

二、转向教育人类学研究

从20世纪90年代初始，滕星相继去香港大学、香港中文大学、夏威夷大学和加州大学伯克利分校人类学系从事教育人类学的学习和研究工作。这段经历对滕星的学术发展起到了至关重要的作用。他讲道："特别是在美国加州大学伯克利分校人类学系一年的研究工作对我的影响最大。这项研究得到美国富布赖特高级学者基金的资助，研究的课题是'美国多民族社会的教育'。我的研究的指导者是西方当时最著名的教育人类学家奥格布教授。奥格布教授将其所有的教育人类学讲义与研究生阅读参考资料复印并让我带回国内用于我的教学与研究工作，这段研究的部分成果已体现在我最近的出版物和研究生的教学中。"①

《文化变迁与双语教育——凉山彝族社区教育人类学的田野工作与文本撰述》是滕星的代表作之一，也是中国最早的具有教育人类学学科发展意识的研究著作之一。这部著作是滕星在作为亚洲开发银行顾问期间为亚洲开发银行撰

① 徐杰舜、滕星：《在田野中追寻教育的文化性格——人类学学者访谈之二十七》，《广西民族学院学报》（哲学社会科学版）2004年第2期。

写的《文化变迁中的凉山彝族双语社会与双语教育》的田野工作报告基础上，“以教育人类学家独特的视角和研究方法进行考察与分析而形成的一部学术专著”①。这部著作是作者跟随其导师林耀华的足迹，六上凉山，从全球一体化与民族文化多元化的冲突与融合的大视角探讨彝族双语教育问题的一部力作，② 同时也是中国著名人类学家林耀华的名著《凉山彝家》的追踪研究的成果。

双语社会和双语教育现象是人类社会发展到一定阶段的产物。当前，双语教育对加强世界各民族相互理解、促进国家内部各个民族和平共处具有不可低估的价值，以至双语教育研究专家麦凯（W. F. Mackey）和西格恩（M. Siguan）说：双语教育的代价无论多么高昂，它都将比不能进行双语教育所付出的社会代价要低。有两个重要观点已经得到包括联合国教科文组织在内的许多人们的认同：无论儿童在什么地方上学，都应该使用母语或家庭语言，至少在早期应当这样；而在教育过程中儿童应该掌握第二语言，以便加入到更广大的语言群体中去。中国民汉双语教育主要有两种类型。①保持型双语教育模式，即学生刚入校时使用母语教学，然后逐渐地使用第二语言进行部分学科的教学，有的学科仍使用母语教学。蒙古族、维吾尔族、朝鲜族、藏族等少数民族的双语教育属于这种类型。②过渡型双语教育模式，指学生入校后部分或全部使用母语，然后逐步转变为只使用第二语言进行教学。中国南方少数民族的双语教育一般属于这种类型。

《文化变迁与双语教育——凉山彝族社区教育人类学的田野工作与文本撰

① 林耀华：《序》，载滕星著：《文化变迁与双语教育——凉山彝族社区教育人类学的田野工作与文本撰述》，教育科学出版社2001年版。

② 顾明远：《序》，载滕星著：《文化变迁与双语教育——凉山彝族社区教育人类学的田野工作与文本撰述》，教育科学出版社2001年版。

述》一书主要分为三大部分。第一部分借助丰富的史料和田野调查数据介绍了凉山彝族社会以及凉山彝族双语教育的历史与现状。第二部分运用人类学的主位研究的方法，从凉山彝族教育行政官员、教师、学生与家长等不同角度揭示了文化负荷者或受教育者的愿望与需求。第三部分运用人类学的客位研究方法，综合运用有关理论，对凉山彝族社区学校实施彝汉双语教育的必要性、彝汉双语教育的两类模式、双语教育的理论设计目标与实践结果之间的差距、影响与制约双语教育的因素与条件等问题进行了系统的探讨，并提出了作者对凉山彝族社区双语教育问题的见解和观点。

《文化变迁与双语教育——凉山彝族社区教育人类学的田野工作与文本撰述》出版后，在学术界引起了广泛的反响。滕星应邀为北京师范大学教育学院和华东师范大学教育科学学院研究生开设了文化人类学理论与方法、教育人类学理论与方法和多元文化教育理论与实践等课程，这“在中国师范院校教育学专业研究生课程设置和学术训练中尚属首次”①。此外，他还应邀在北京大学、清华大学等全国许多高校做了很多学术演讲，普及了教育人类学的理论与方法。

北京大学钱民辉评论该书时说：“在那纵横交错的脉络中，可以看到一种人类学精神，一种执着地了解他文化的‘田野工作’的精神。这种精神不存在于书斋和课堂上，而是体现在自然环境下的少数民族社区的生活中，体现在滕星博士长年与‘他文化’的探究、接触、思考之中。”“他力图从文化进化论和文化相对论的有机统一的观点，对凉山彝族社区学校彝汉双语教育个案的社会

---

① 巴战龙：《异音同至听，殊响俱清越——评滕星博士的〈文化变迁与双语教育〉》，《广西民族学院学报》（哲学社会科学版）2003 年第 5 期。

意义进行理解并给予肯定的评价。”①

2000 年 3 月 1 日，《民族教育研究》学术期刊编辑部在中央民族大学组织召开“西部开发与民族地区教育发展战略研究”博士论坛。同年 7 月 27 日，国际人类学与民族学联合会 2000 年中期会议西部开发组在北京召开会议也就西部开发与教育问题进行了讨论。这两次会议后，滕星和胡鞍钢将参与两次会议的 40 多位专家、学者所提交的论文结集为《西部开发与教育发展博士论坛》② 作为“教育人类学研究丛书”第一辑出版。这部文集的出版标志着中国的中青年教育学者、人类学者、社会学者首次聚焦于国家发展中的重要战略问题展开对话。这部文集在中国教育人类学发展史中具有重要地位。

2002 年山西教育出版社出版了由庄孔韶主编的《人类学通论》，此书由当时国内 35 名人类学学者共同撰写而成，融汇了人类学的经典理论和各分支学科的前沿研究，全书共 25 章，约 54 万字。这是目前中国人类学界最权威的一本人类学专业教材，使用范围非常广泛。截至 2007 年 4 月，该书及其修订版就已经印刷了 16 000 册。这本著作对中国人类学的发展起到了重要的推动作用。

《人类学通论》的第十六章是由滕星与其学生马茜共同撰写的“教育人类学”。③ 这一章分为三节，分别是教育人类学的人本研究、教育人类学的文化研究、人类学与中国教育。这一章对以德奥为代表的哲学—教育人类学以及以美国为代表的文化—教育人类学的发展历程、代表理论和观点进行了提纲挈领的介绍。《人类学通论》在人类学界的巨大影响，使教育人类学这一人类学分支学科在中国人类学界得到了较为广泛的宣传。

① 钱民辉：《在文化多样性中寻求教育意义》，《中国教育报》2001 年 9 月 27 日。

② 滕星、胡鞍钢主编：《西部开发与教育发展博士论坛》，民族出版社 2001 年版。

③ 庄孔韶主编：《人类学通论》，山西教育出版社 2002 年版，第十六章。

滕星在完成其博士论文后，即开始了“中国云南拉祜族女童失辍学与少数民族教师培训问题研究”。这是一项具有发展人类学性质的研究。在福特基金会的资助下，滕星在云南省澜沧县木戛乡建立了一个45人的拉祜族女童班，支持这些学生完成九年义务教育。① 与此相对应的理论研究同时展开，这项研究的理论成果集中表现在《西方低学业成就归因理论的本土化阐释——山区拉祜族教育人类学田野工作》② 这篇论文中。其后，杨红继续以拉祜族女童为研究对象撰写了博士论文，对这项长达九年的实践进行了追踪研究。③

这一项目还有一个重要的副产品——教育人类学影视作品《拉祜女童的希望》。它是在滕星指导下拍摄完成的。影片对拉祜族女童艰辛与快乐的学校生活过程进行了真实的记录。这部影片后来被哈佛大学、斯坦福大学等众多国际著名大学图书馆和研究机构收藏和使用。拉祜族女童教育项目引起了国内外众多媒体的关注。相信将来，它对中国教育人类学研究发展的价值将会进一步彰显。

后来，滕星还主持了“中国少数民族新创文字在教育教学中应用状况及存在问题调查研究”“中国西部少数民族地区经济文化类型与初中地方性校本课程建构”等项目。在滕星主持的“中国西部少数民族地区经济文化类型与初中地方性校本课程建构”项目中，大学研究者深入少数民族学校与社区，依据人类学的经济文化类型理论，与中学教师、当地知识精英一起研究、编写了适合当地经济文化类型的校本教材——《多元文化乡土教材——云南省景洪市勐罕

① 巴战龙、滕星：《人类学·田野工作·教育研究——一个教育人类学家的关怀、经验和信念》，《中南民族大学学报》（人文社会科学版）2004年第2期。

② 滕星、杨红：《西方低学业成就归因理论的本土化阐释——山区拉祜族教育人类学田野工作》，《广西民族学院学报》（哲学社会科学版）2004年第3期。

③ 杨红：《拉祜女童的教育选择——一项教育人类学的回访与再研究》，中央民族大学博士学位论文，2010年。

镇中学校本教材》① 和《多元文化乡土教材——甘肃省肃南裕固族自治县第二中学校本教材》②，并开展了教学实践。这是中国教育人类学者依据人类学理论开展的又一项重要实践，是教育人类学研究界的“大学—中小学”（university-school）合作的典范。在这种行动取向的实践和研究中，参与教材编写的一线教师在理论与实践层面都得到了不同程度的提高，并且收获了成功的喜悦，这从教师的论文与田野日志中可以看到。③

2009年滕星所著《教育人类学的理论与实践——本土实践与学科建构》出版。该书分为理论篇、实践篇和访谈篇。中央民族大学青年教育人类学者海路认为：“本书一方面反映了作者潜心致力于开展本土教育人类学研究，对应用西方教育人类学理论与方法进行中国本土验证和再诠释的收获和心得；另一方面也展示了作者由‘少数民族教育—多元文化整合教育—教育人类学’的学术思想发展轨迹，展示了一个学者在急速和全方位的社会文化变迁中的成长历程和学术关怀。”④

滕星还主编了“教育人类学研究丛书”第一辑至第四辑，这些著作的出版对促进中国教育人类学学科的发展发挥了重要作用。滕星在接受徐杰舜访谈时，总结了他在教育人类学这一学术领域中所做的主要工作。

---

① 本书编委会：《多元文化乡土教材——云南省景洪市勐罕镇中学校本教材》，中国和平出版社2009年版。

② 本书编委会：《多元文化乡土教材——甘肃省肃南裕固族自治县第二中学校本教材》，中国和平出版社2009年版。

③ 欧群慧、罗吉华主编：《地方性知识与校本课程建构——教师论文与田野日志集》，中国和平出版社2009年版。

④ 海路：《一部推进中国教育人类学本土化研究的力作——评滕星的〈教育人类学的理论与实践〉》，《民族教育研究》2010年第6期。

第一件事是教育人类学学科的理论体系建构。一是与研究生在教学过程中一起初步翻译了20余部有代表性的西方教育人类学著作，以之作为研究生教学使用的内部教材。二是相继编写了带有中国本土化特色的、以少数民族教育为对象的教育人类学的教材，即《中国少数民族教育学概论》与《民族教育学通论》。第二件事是开展与推动了教育人类学的田野工作。在四川凉山彝族地区、云南中缅边境的拉祜族地区、新疆南部的和田维吾尔族地区建立了较固定的田野工作点，并写出了相应的田野研究报告。第三件事是在学科建设和学科梯队建设方面，在20世纪80年代初我提出在中央民族学院建立民族教育研究所，和同事一道创建了中央民族大学民族教育研究所和我国第一个民族教育专业学术期刊——《民族教育研究》，并在中央民族大学构建了本、硕、博三级培养教育人类学人才的教学体系，为今后该领域的学科发展奠定了一定的组织和师资基础。①

从上面可以看出，滕星从田野实践、学科建设、人才培养、学科普及等多方面为促进中国教育人类学的发展做出了重要贡献。

在21世纪初，教育人类学研究的发展还得益于李书磊的《村落中的国家——文化变迁中的乡村学校》和袁同凯的《走进竹篱教室——土瑶学校教育的民族志研究》两部著作的影响与推动。

李书磊的《村落中的国家——文化变迁中的乡村学校》是一部教育人类学的代表作。虽然作者并不是专门的民族教育或教育人类学的研究者，但是其走进民族社区、亲历教育实践的田野精神与关注教育与文化变迁的研究旨趣与教

① 徐杰舜、滕星：《在田野中追寻教育的文化性格——人类学学者访谈之二十七》，《广西民族学院学报》（哲学社会科学版）2004年第2期。

育人类学无异。李书磊对河北省丰宁满族自治县的一所希望小学的日常运行情况进行了实地调查，并撰写了此书。该书由浙江人民出版社在 1999 年出版，出版后即受到研究界的广泛注意，并被广泛引用。

虽然作者并未受过人类学的学科训练，也并未在全书的任何地方宣称属于教育人类学研究领域，但是该书具有教育民族志的特质。首先，该书是作者田野调查的作品。作者深入学校及其所在社区了解学校的发展和变迁的历史资料；深入教师家中，在与教师的互动中观察和理解教师的日常生活；深入课堂中，在师生互动与教学文本中挖掘教育的社会和政治的意涵。其次，该书对社区与学校的历史变迁、教师的日常生活、微观的课堂教学进行了全方位的描述，社区与学校的鲜明对比、教师之间的各种张力、“文语世界”与“口语世界”之间的断裂充满了不同文化的交融与碰撞。再次，作者将乡村学校发展、教师个人的生活境遇、课堂微观互动与教科书内容设计等内容置于宏观的社会、政治、历史与文化中去探讨，创造性地提出乡村学校是“村落中的国家”这一观点，并揭示了教科书文本的深刻的社会内涵。

李书磊对 20 世纪 90 年代的乡村学校的处境做出了精辟的论述：“学校有它看得见与看不见的围墙，它只是通过农民的子弟才同乡村社区发生关系。丰宁希望小学在成片的农舍与田野中间显得既特别又孤单，它居于乡村，为乡村而设，却又不属于乡村，农民们从学校边走过，总带着关注而又疏远、陌生又不无艳羡的眼光看着那漂亮的楼房与高高飘扬的国旗。”① 在乡村学校中，“文语世界”与“口语世界”的分立与互动是普遍存在的现象。“文语构建的世界”是教育体制、教育机关与教育者所要加于学生们的世界，它“由规范的知识，

① 李书磊著：《村落中的“国家”——文化变迁中的乡村学校》，浙江人民出版社 1999 年版，第 12 页。

正统的思想与政党的情感所构成”，“它来自国家，来自城市，来自看不见也摸不着的文化传承”。“口语构建的世界”是在教育进入之前已经存在的世界，“它的主要成分是区域与阶层方言（省城的、乡村的与农民的方言），它代表着一种朴素的、乡野的、未经过文化体系系统改造过的思想、情感、智慧与生活方式，它就来自村头与田间的交谈，来自夏夜纳凉、冬日向火时的闲聊，来自花会与戏楼上演出的梆子戏”。“文语”与“口语”是教育与被教育、改造与被改造、合法与不合法的关系，学校教育的一个重要目标是“将文语口头化”①。作者关切地指出乡村学校教育与乡村社会相脱节的现象，实际上，乡村学校教育对乡村生活持有一种不闻不问的态度，“现行学校课程对乡村生活的某种满足只是一种附带产生的结果”②。

袁同凯是继滕星之后又一位受过人类学专业训练的教育人类学家。1999年，他考入香港中文大学人类学系，师从著名人类学者陈志明学习教育人类学，2002年获得文化人类学博士学位。③

袁同凯在研究少数民族教育问题时注意到，在分析少数民族儿童低学业成就问题时，国内研究者往往从社会、经济等宏观背景下探讨，而从地方政治运行的角度检视学校教育中存在问题的研究较少。因此，袁同凯借助一种微观和宏观民族志相结合的多层次理论框架研究土瑶社区的学校教育和儿童的学业成就，除注重经济、宗教、语言、文化习俗等背景之外，还特别关注不同族群对政治资源的占有和运行对学校教育的影响。袁同凯研究发现，政治是影响学校教育发展的关键性因素之一。他指出：“基层地方政府对弱势族群的漠视态度

①② 李书磊著：《村落中的“国家”——文化变迁中的乡村学校》，浙江人民出版社1999年版，第80—81、120页。

③ 陈石：《封面学者：袁同凯教授》，《广西民族大学学报》（哲学社会科学版）2012年第4期。

以及基层地方政治资源分配的不均衡性才是阻碍弱势族群儿童通过学校教育走出‘贫民窟’或脱离‘保留地’的重要原因。只有整个社会尤其是基层地方政府对这些弱势群体予以足够的重视，使他们摆脱政治上的边缘境地，他们才有可能走出穷困的荒漠。”①

有研究者评论道：“袁同凯博士通过对土瑶民族学校教育的微观考察所论证的教育滞后的隐性症结，不仅反映出民族教育发展的困惑，而且从更广泛的层面上反映出中国整体教育的悲哀。土瑶民族面临的边缘困境具有一种普遍意义，其他少数民族（尤其是偏远山区的少数民族）也同样面临这样的困境。”②

除了上述两部作品之外，王铭铭的《教育空间的现代性与民间观念——闽台三村初等教育的历史轨迹》③ 和李小敏的《村落知识资源与文化权力空间——永宁拖支村的田野研究》④ 也是广受好评的教育人类学研究的经典之作。

三、教育人类学与民族教育学的关系

在民族教育领域最权威的一本著作——《民族教育学通论》中，作者认为民族教育有广义和狭义之分。广义的民族教育是指对作为有着共同文化的民族

① 袁同凯著：《走进竹篱教室——土瑶学校教育的民族志研究》，天津人民出版社2004年版，第374页。

② 文化、赵巧华：《在边缘中守望——从袁同凯著〈走进竹篱教室〉看弱势族群教育》，《西北民族研究》2005年第3期。

③ 王铭铭：《教育空间的现代性与民间观念——闽台三村初等教育的历史轨迹》，《社会学研究》1999年第6期。

④ 李小敏：《村落知识资源与文化权力空间——永宁拖支村的田野研究》，载丁钢主编：《中国教育：研究与评论》（第5辑），教育科学出版社2003年版，第1—53页。

或共同文化群体的民族集团进行的文化传承和培养该民族或民族集团的成员，一方面适应现代主流社会，以求得个人更好的生存与发展，另一方面继承和发扬本民族或本民族集团的优秀传统文化遗产的社会活动。狭义的民族教育又称为少数民族教育，是指对在一个多民族国家中人口居于少数的民族的成员实施的复合的民族教育。民族教育学是由教育科学（教育科学群）与民族科学（民族科学群）相互交叉而形成的一门具有综合性质的边缘学科。广义的民族教育学的研究对象是具有不同文化背景的世界各民族的教育现象和规律。狭义的民族教育学的研究对象是一个多民族国家中由文化背景所决定的少数民族教育的特殊现象与特殊规律。①

教育人类学是由人类学和教育学相互交叉而形成的综合的开放学科。教育人类学研究可以分为两个层次（如图 5-1 所示）。如果研究者在田野工作的基础上，对某个族群（或社区、学校等）的教育及其他文化现象进行了描述，这样的研究可以称为教育民族志研究。如果在民族志的基础上，能够借用已有的理论，分析问题和现象或对理论进行修正，或者自下而上地形成新的假设、命题或理论，这样的研究可以称为教育人类学研究。

当然，如果将民族志作为一种独立的社会科学研究技术，那么教育民族志研究可以分为描述型的教育民族志与理论型的教育民族志。前者一般只做现象描述，后者还需要做理论上的阐释。这两种类型的民族志研究都可以使用跨文化比较的方法。

无论是教育民族志研究还是教育人类学研究，都需要历史研究、比较研究和思辨研究作为补充。教育人类学最核心的方法是开展田野工作、撰写民族志

① 哈经雄、滕星主编：《民族教育学通论》，教育科学出版社 2001 年版，第 8—13 页。

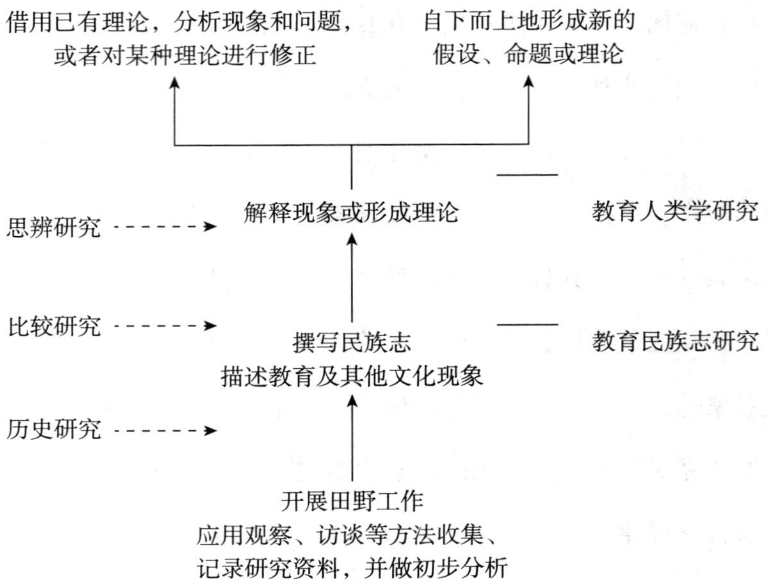

图 5-1　教育人类学研究过程及研究层次

和进行理论阐释或构建。但是教育人类学研究也包括基于文献材料的历史研究、基于民族志材料的跨文化比较研究、关于学科本体论和方法论的思辨研究、对学科发展的反思性研究以及各种应用研究等。

除了历史研究、比较研究、思辨研究之外，教育民族志研究和教育人类学研究要求一定要做田野工作。没有受过专门的人类学训练的少数民族教育研究者也会从实地调查中获得第一手资料，但是，不能认为只要进行了田野调查就是人类学研究。

与一般的少数民族教育研究相比，首先，教育民族志更强调将教育问题置于广阔的社会文化背景中去考虑，即以一种整体、系统、普遍联系的观点看待教育问题。其次，教育民族志要求突出反映出某一社区或群体的文化特色。受过人类学理论熏陶以及严格训练的人类学者的田野工作过程不仅是收集研究资料的过程，而且是在参与式观察中对研究对象群体文化形成一种整体式的“移情地理解”的过程。人类学家所撰写的民族志是历史与现实、场域内外各种关系和力量的“复合叙事”。研究者在书斋与田野、自我与他者、理论与实践多重往复的过程中形成对研究对象乃至研究者自身文化的理解。

冯跃于2003年对教育人类学和民族教育学的关系进行了论述。① 苏日娜在两年后提出应把民族教育学视为民族学的分支学科，将其改为教育民族学更为恰当；由于民族学与人类学的关系，教育民族学与教育人类学之间的差别则没有那么明显。② 从民族教育学到教育人类学，实质上是研究话语的转换，但是这种话语转换既有民族教育学学科自身发展的内在原因，也有深刻的社会文化背景。

首先，中国的民族教育学在发展和谋求独立学科地位时一直面临理论基础薄弱的瓶颈，这使民族教育学一直无法扬眉吐气地立于教育学的学科群。民族教育学常常被认为是缺少理论支持和严格的方法论指导。民族教育的研究者早已认识到民族教育的尴尬地位，有“许多人，甚至是较知名的专家也认为民族教育研究是较低层次的研究，是教育研究中不入流的研究”，当然这种看法失之偏颇。③ 教育人类学学者袁同凯也曾指出，20世纪80年代之后的少数民族学校教育研究“绝大多数不是以人类学的理论和方法进行研究和分析的，而是通过官方的统计资料或基于短期的‘田野考察’写成的”，“对于学校教育中存在的问题，也多从官方的视角出发，只谈现象不论实质”，“尤其重要的是，我

① 冯跃：《中国“教育人类学”与“民族教育学”学科发展之比较研究》，《内蒙古师范大学学报》（教育科学版）2003年第1期。

② 苏日娜：《论教育人类学的学科性质与研究方法》，《中央民族大学学报》（哲学社会科学版）2005年第3期。

③ 巴登尼玛著：《文明的困惑——藏族教育之路》，四川民族出版社2000年版，第7页。

们无法从少数民族的视角来检视学校教育中所存在的问题”。① 国际上已经发展较为成熟的教育人类学理论和方法无疑能弥补这种不足。

其次，人类学学科在中国从20世纪80年代初恢复以后，不断取得进展，其关注文化和少数族群、整体性的研究特点以及丰富的文化理论和研究视角赢得了民族教育研究者的青睐。而且，民族教育研究在研究内容上从属于人类学的研究范畴，民族教育研究一直以来使用的实地调查法具有人类学田野研究的性质，这为民族教育学发展成为教育人类学奠定了现实的基础。

再次，20世纪90年代以来，随着中国开放化程度越来越高，与国际接轨、谋求参与国际对话成为中国少数民族教育研究发展趋势。教育人类学这一话语在英、美、德等国家已经获得公认的学术影响力，因此，顺应国际潮流也是话语转变的一个重要原因。

这三个因素的综合作用促使了这个学科名称的话语转变。但是应该承认，从民族教育学到教育人类学的跨越，既存在连续性，又存在超越性。教育人类学的研究范围更大（不仅包括少数民族教育的研究，而且包括汉人社会的教育研究，以及海外的民族和国家的教育问题的研究），研究的理论基础更加坚实，研究的方法更加规范、多元，而且顺应了国际学术发展潮流，便于与国际同行开展对话和相互学习。

进入21世纪之后，一部分实力派民族教育研究者转向教育人类学的研究，使得民族教育研究的实力有所减弱。但是，民族教育是国家教育体系中的重要组成部分，民族教育研究和民族教育学这两面旗帜由于其特有的价值将会继续

① 袁同凯著：《走进竹篱教室——土瑶学校教育的民族志研究》，天津人民出版社2004年版，第4—5页。

存在下去。在可以预见的将来，民族教育研究和教育人类学研究将会并肩发展。同时也需要看到，20 世纪 90 年代之后，稍有建树的少数民族教育研究主要是以文化人类学的理论、方法和国外多元文化教育的相关理论为基础而展开的。虽然有学者认为中国民族教育研究过于依赖西方文化人类学和多元文化教育理论，并寻求借鉴其他的理念与经验，而事实上，中国的民族教育研究和教育人类学研究还需要进一步规范、深化并扩大影响。

第四节　学科发展中两个重要的理论基础

中国教育人类学在发展壮大的过程中，不仅借助了人类学的理论与方法，而且借鉴了国外多元文化教育学派和批判教育学派的理论和观点。从影响上看，多元文化教育学派对中国教育人类学发展的作用更大，由于批判教育学派的作品主要由教育学背景的研究者翻译、引进，因此并没有引起太多的教育人类学研究者注意，不过由于王铭铭、袁同凯等学者的积极引用，现在有越来越多的教育人类学者开始注意从批判教育学派的理论中汲取营养。

严格意义上来说，国外多元文化教育学派和批判教育学派的研究者并非宣称属于教育人类学研究，但是由于这两派的研究都极其关注教育、文化、社会、批判等内容，并且在很大程度上借鉴和使用了社会文化人类学的概念（如文化、族群、濡化、适应）、理论（如文化相对主义、历史特殊论）、观点（如反种族主义、反族群中心主义）和研究方法，他们的作品也被教育人类学家所熟知并广泛引用。多元文化教育学派和批判教育学派是当前世界范围内非常有影响的两个教育流派，虽然在它们各自学派内部也充满争论。与多元文化教育和批判教育两种教育学派相比，教育人类学则不仅是一门包容性极强的交叉学科研究领域，而且试图谋求一种独立的、专业的学科地位。

一、多元文化教育学派的影响

美国社会学家戈登（M. M. Gordon）在其1964年出版的《美国人生活中的同化》（*Assimilation in American Life*）一书中，讨论了美国民族关系的社会目标的演化阶段及特点。戈登认为，美国处理民族关系的发展过程可以分为三个阶段：盎格鲁-撒克逊化（Anglo-conformity）、熔炉主义（melting-pot）和文化多元主义（cultural pluralism）。美国哲学家霍勒斯·凯伦（Horace Kallen）早在1915年2月的《国家》（*The Nations*）杂志中就以《民主对熔炉》（Democracy Versus the Melting-Pot）为题发表了文章，他被认为是美国文化多元主义的先驱。① 他认为，美国的各种亚文化在美国社会里都应占有一定的地位。

凯伦成长在一个犹太裔家庭，他深受巴里特·文德尔（Barrett Wendell）思想的影响，生活和学习的经历使他发现做一个纯粹的犹太人和做一个美国人并不冲突，这种方式也可以适用于其他少数民族，他进而提出“民主并非要消灭差异，而是要改善和保留差异”。凯伦与当时的种族主义者的观点不同。凯伦以宽厚的眼光看待差异，种族主义者则把差异视作不平等竞争者冲突的基础；凯伦认为由许多民族构成的美国的运转方式恰似一个交响乐团演奏一个共同的旋律，种族主义者则认为和谐的乐曲只能来自种族净化。②

另一个持文化多元主义的代表人物是威廉·杜波依斯。他在文章《种族的保守性》中写道：

---

①② 马戎编：《西方民族社会学的理论与方法》，天津人民出版社1997年版，第53—78、29—30页。

基于这种原因，美利坚合众国具有黑人血统的800万黑人当中的先锋分子不久就会意识到，若他们能积极倡导泛黑人主义，那么他们的命运就不是被白人所同化。也就是说，在美洲首次证明，在现代社会黑人不但能产生图森特（Toussaint）将军这样的英雄和圣者，也将是一个有着美好文化希望的民族。他们的命运不是对盎格鲁-撒克逊文化的屈辱模仿，而是坚定地沿着黑人理想行进的创举……我们是这个新民族的第一批果实，是注定使当代条顿白人相形见绌的明日黑人的先驱。我们是这样的人：我们的敏锐节奏在美国形成了独一无二的美国音乐、独一无二的美国神话故事。在疯狂攫取财富的财阀包围之中，产生了独一无二的对热情与幽默的感受。因此，保存体力、知识、才能和我们的精神理想是我们的责任；作为一个种族，我们必须通过种族组织、种族团结、种族统一来进行斗争，以实现承认人们之间差异的那种宽厚的人性，同时，坚决反对人们发展机会中的不平等。①

文化多元主义是在反抗同化主义和熔炉观念的过程中成长起来的。文化多元主义者认为少数民族是社会结构的重要组成部分，在民主社会框架内保持各民族的文化对整个国家具有积极的价值，倡导少数民族联合起来共同争取平等的权利。

美国著名多元文化教育研究专家詹姆斯·班克斯（James Banks）认为多元文化教育至少涵盖三个层面：其不仅是一个概念、观念，也是一场教育改革运动，更是一个持续不断的发展历程。班克斯的多元文化教育理论有五个主要

① 马戎编：《西方民族社会学的理论与方法》，天津人民出版社1997年版，第30—31页。

维度，即内容整合、知识的构建过程、消除歧视、平等的教学法及赋权的学校文化与社会结构。①

在欧洲的一些发达国家，多元文化教育主要针对外国劳工、移民等外来群体以及国内弱势群体的受教育问题。非洲、拉丁美洲的一些前殖民地国家的多元文化教育主要针对原住民或人口少数民族如何摆脱殖民时代的种族主义在教育中的影响。不同国家的政治和社会文化背景不同，其文化差异与“文化霸权”的概况也不相同，因此不同国家的多元文化教育运动各有侧重：加拿大的多元文化教育起源于英裔移民和法裔移民的语言冲突、紧张关系及国家认同的问题；英、法、德等国家的多元文化教育主要是针对第二次世界大战之后从以前殖民地涌入的移民，以及国外劳工移民的问题；拉丁美洲和澳洲的多元文化教育则起源于原住民的民族意识觉醒，与争取更多的公民权益有关。

国外的多元文化教育研究包含了不尽相同的价值取向与理论观点。但是，多元文化教育的研究者都认定民族、种族、文化和语言的多样性是社会中积极有意义的组成要素，因为它们丰富了民族国家的内涵，丰富了人们看待和解决个人和社会问题的方式和途径，也为个体提供了更多接触其他文化以及变得更加完善的机会。多元文化教育的核心目标是帮助个体通过其他文化视角审视自我从而获得更好的自我理解，消除学生由于种族、身体、语言与文化特征等原因而在学校和更广泛的社会中所经历的痛苦与歧视。在温和的多元文化教育学者看来，“实施多元文化教育必须推进教育机构的改革，包括课程、教学材料、教与学的风格、教师与行政人员的态度、观念与行为以及学校的目标、准则和

① ［美］James A. Banks 著，荀渊等译：《文化多样性与教育：基本原理、课程与教学》（第 5 版），华东师范大学出版社 2010 年版，第 3—11 页。

文化等方面的变革”①。

在批判教育学者看来，多元文化教育研究有四种：保守的多元文化主义、自由主义式多元文化主义、左翼自由主义式多元文化主义和批判的多元文化主义。保守的多元文化主义和自由主义式多元文化主义强调共性，左翼自由主义式多元文化主义强调差异，批判的多元文化主义将差异看作与生产关系相关联的历史性的产物。②

20世纪的后半期，多元文化教育运动在世界范围内获得了快速发展，同时它也不断遭受到来自各方面的批判。保守派的研究者认为多元文化教育片面强调少数族群的自我意识和文化意识，忽视了对人类优秀的共同文化的认同，并阻止了他们融入主流社会。激进派的研究者则认为多元文化教育采用一种软弱、妥协的方式寻求教育权利，具有不彻底性，多元文化教育实践并不能改变少数族群和弱势群体不良的社会地位。虽然遇到各种质疑与阻碍，国际上的多元文化教育运动仍在不断向纵深推进，并对主流教育研究和社会变革发挥着影响。

多元文化教育理论被引入中国之后，很多研究者将其与中国著名社会学家、人类学家费孝通的“中华民族的多元一体格局”理论结合在一起，探讨中国民族教育研究的发展之路。1988年夏天，费孝通应香港中文大学的邀请做了一次学术讲演，题目是《中华民族的多元一体格局》。在这个演讲中，费孝通系统阐述了“中华民族多元一体格局”的形成和发展过程。费孝通认为，中

① ［美］James A. Banks著，荀渊等译：《文化多样性与教育：基本原理、课程与教学》（第5版），华东师范大学出版社2010年版，第3页。

② 郑蕾：《批判教育学视野下的美国多元文化教育——访美国加州大学洛杉矶分校Peter McLaren教授》，《全球教育展望》2012年第3期。

华民族作为一个自觉的民族实体，是在近百年来中国与西方列强的对抗中出现的，而作为一个自在的民族实体则是在几千年的历史过程中形成的。① “中华民族在漫长的‘分分合合’的历程中，终于由许许多多分散孤立存在的族群，形成了一个‘你来我去、我来你去，我中有你、你中有我，而又各具个性的多元一体’”，“在中华文明中我们可以处处体会到那种多样和统一的辩证关系”。② 费孝通的中华民族多元一体理论成为中国多元文化教育研究一个重要理论基础。

国内的学者把国外的多元文化教育概念进行了本土化的处理，以达到为我所用的目的。狭义的多元文化教育主要指以民族或种族为核心的多元文化教育。广义的多元文化教育是指在平等看待不同文化的基础上，促进各文化间相互尊重、相互理解、相互交流的教育，包括宏观上的国际理解教育和微观上的一定社会文化体系内的多元文化教育。一定社会文化体系内的多元文化教育主要包括族群理解教育、男女平等教育、健康人群与残障人群间的理解教育等。③

但是，也有研究者注意到，多元文化主义在纳入中国学术话语的过程中被策略性地转换为多元与一体的博弈。这根本上是由中国目前“所面临的现代性建构、社会整合与国家团结的任务”所决定的。滕星的“多元文化整合教育理论”、王鉴的“中华民族多元一体教育”、张诗亚的“共生教育”理念等都是这

① 费孝通著：《从实求知录》，北京大学出版社 1998 年版，第 61—95 页。

② 费孝通著：《费孝通在 2003：世纪学人遗稿》，中国社会科学出版社 2005 年版，第 185 页。

③ 邓艳红：《多元文化视野下的基础教育课程改革——兼谈多元文化教育的实质》，《民族教育研究》2004 年第 5 期。

种努力的一部分。①

国外多元文化教育的理念与运动在20世纪90年代就被引介到中国，而且在教育研究中占有一席之地。在21世纪的前十年，国内学者对国外多元文化教育进行了更为全面的引进与介绍。但是，由于多元文化教育概念本身存在种种歧义——这种歧义可能会引起某种政治上的误解，因此在实践层面很少能够实施，国内研究者在21世纪初就提出，“多元文化教育本土化要慎行”②。另外，“加强国际理解教育”，“增进学生对不同国家、不同文化的认识和理解”，“在各级各类学校广泛开展民族团结教育”已经成为《国家中长期教育改革和发展规划纲要（2010—2020年）》的重要内容，因此多元文化教育由政府推行的可能性很小，这在一定程度上是因为中国的历史、国情与移民国家的历史、国情存在着很大差别。多元文化主义在本质上就是一种“精致而又脆弱的和解形式”③。目前，这一国外话语体系的研究只是在国内学术研究界展开，并被策略性地运用于教育人类学研究中，并且产生了“多元文化整合教育”这样的中国的教育人类学理念。

二、批判教育学派的影响

多元文化教育学者多在学校教育系统内部讨论，而批判教育学者多将教育引入广阔的社会结构当中。批判教育学派由于采用的研究方式与理论视角、价值关怀等方面的原因被教育人类学研究者所关注，并被引入中国教育人类学的

① 钱民辉、沈洪成：《从意识三态观重新审视现代性与民族教育之关系》，《广西民族大学学报》（哲学社会科学版）2012年第4期。

② 唐启秀、潘广成：《“多元文化教育”本土化要慎行》，《贵州民族研究》2006年第3期。

③ 马戎编：《西方民族社会学的理论与方法》，天津人民出版社1997年版，第49页。

研究中。

批判教育学是20世纪60年代后在世界范围内兴起的一股教育思潮，在当前西方教育理论界占有重要地位。但是，批判教育学并非一个单一的教育流派，它在不同国家具有不同的传统，来自拉丁美洲、欧洲、亚洲、北美的多重声音交织在一起，相互影响着，并汇聚成一股强劲的势力，冲击、挑战着人们对现代教育的理解。①

批判教育学派的研究重在揭示教育与政治意识形态、社会文化、经济结构之间的复杂关联，并极力倡导对教师和学生进行启蒙，以达到思想意识解放的目的，从而帮助学生积极寻找克服教育及社会不平等和不公正的策略，以期改善弱势群体的不良的社会境遇。在研究方法论上，这一学派认为，教育现象并非客观和中立的，而是充满着各种利益纷争，教育研究要采用实践批判的态度和方法进行。

保罗·弗莱雷（Paulo Freire，1921—1997）是20世纪伟大的教育家、哲学家，同时是一位有广泛影响的批判教育学家。1961年，弗莱雷担任累西腓大学文化发展系的领导者，并担任了“累西腓民众文化运动”成人教育计划的总协调员，开始应用他的理论开展城市的扫盲工作。通过参加民众文化运动，弗莱雷与这一文化圈的成员经常聚集在一起，讨论民众问题和扫盲问题。

经过长年的教育实践和理论思考，弗莱雷立足于人的本质，建立了他的解放教育理论。在弗莱雷看来，被压迫者获得解放的根本方法是人性化，也就是说人们要具有批判的意识，学会思考，进而通过行动来改变自身的命运和不利

① ［美］琼·温克著，路旦俊译：《批判教育学——来自真实世界的笔记》，湖南教育出版社2008年版，第111—160页。

的社会地位。弗莱雷还提出了对话的革命行动理论。弗莱雷的教育理论来源于其长期的扫盲教育实践，蕴含着他对社会底层劳苦大众深厚的感情，他的理论直指教育问题的文化和政治层面。他的解放教育理论、对话行动理论与哲学家尤尔根·哈贝马斯（Jürgen Habermas）的解放的知识旨趣理论与沟通行动论有异曲同工之妙。同时，他的“生成主题”的调查与研究方法更像是一种行动取向的人类学研究。

吉鲁（H. Giroux，又译吉罗克斯等）是美国著名的文化研究学者、批判教育学的代表人物。他也是激进民主的倡导者，大力反对反民主倾向的新自由主义、军国主义、帝国主义、宗教原教旨主义。他还是与保罗·弗莱雷并肩战斗的亲密战友。他们共同主持编写了多种批判教育研究丛书。在吉鲁的思想中，“文化是政治和意识形态斗争的领域”，文化工业中的主导性话语一直是某种关于自我、社会发展的精英式的观点，这种观点在一定程度上基于“对文化同质性的欢呼”和“对社会权威的不民主的态度”。“文化不是由单一的叙述所构成的，文化生产和接受是在多种形式和交流中完成的”，公立学校和其他的教育机构在意识形态上扮演着“不清白的”角色。批判教育学作为文化政治学的一种形式，始终关注知识与隐含在知识里面的社会权利，以及它们之间的关系。对于文化工作者来说，“最重要的是恢复传统和社会记忆，从而提供一种新的解读历史、改造权利和身份的方式”①。在《教师作为知识分子——迈向批判教育学》一书的中文版序言中，吉鲁指出该书就是企图“发展一种民主的政治和教育，把社会公正、平等、自由和权利的遗产与对历史、空间、多样性、权利、话语、身份、道德和未来的民主关注结合起来”。在讲到学校教育

① ［美］亨利·A. 吉罗克斯著，刘惠珍等译：《跨越边界：文化工作者与教育政治学》，华东师范大学出版社 2002 年版，第 286—311 页。

的目的时，他说："教育应该与一项具有内在合理性的乌托邦工程结合在一起，鼓励学生以及其他公民把自己重新概念化为批判的社会能动者，超越他们已知的世界，构想一个更美好的世界。"①

阿普尔（M. W. Apple）是美国批判教育研究的另一位代表人物。他批评美国教育研究"忽略政治经济学的问题，似乎这些问题不再重要"，阿普尔继而指出"这种倾向是很危险的"，"不能因为阶级现在被称为'宏大叙事'，就意味着阶级已经消失了，这是对历史的一种误读"。② 1984 年，阿普尔呼吁发起一场长期的、基于政治的民族志研究，这场基于政治的民族志研究以课程的典型产物诸如教科书等为关注对象，从教科书的编写到销售，都在其关注范围之内。他认为，课程的民主化是一场集体性的行动，所有有关团体都应该行动起来。③

麦克拉伦（P. McLaren）也是批判教育研究的重要人物。在《作为一种仪式表演的学校教育》一书中，他将后结构主义、后殖民主义和马克思主义理论与文化研究、批判教育学和批判的民族志结合了起来。麦克拉伦认为，学校作为一个文化场所，在这里象征资本被人们以仪式性的戏剧形式进行斗争。学校试图将学生的街头文化和街头知识边缘化，学生因此进行反抗以保存原有的文化。④

---

① ［美］亨利·A. 吉鲁著，朱红文译：《教师作为知识分子——迈向批判教育学》，教育科学出版社 2008 年版，中文版序。

② ［美］卡洛斯·阿尔伯托·托里斯著，原青林、王云译：《教育、权力与个人经历：当代西方批判教育家访谈录》，山东教育出版社 2011 年版，第 19 页。

③ ［美］威廉·F. 派纳、威廉·M. 雷诺兹、帕特里克·斯莱特里、彼得·M. 陶伯曼著，张华等译：《理解课程——历史与当代课程话语研究导论》，教育科学出版社 2003 年版，第 262 页。

④ ［美］邓津、林肯主编，风笑天等译：《定性研究：方法论基础》，重庆大学出版社 2007 年版，第 320 页。

美国当代黑人女性主义者贝尔·胡克斯（Bell Hooks）也将教育视为一种“自由的实践”，号召教育者教会学生超越边界的本领，即超越种族或族群、性别、阶级的界限，来获得更大的自由。

在美国，一些学者既是批判教育研究阵营的成员，也是教育人类学学者。比如，供职于威斯康星大学麦迪逊分校的格洛丽亚·莱德森-比林斯（Gloria Ladson-Billings）既是批判教育研究的主将，又是教育人类学的代表人物，其代表作有《梦想保持者：非裔美国儿童的成功教师》《穿越至迦南之地：多样化课堂中的新教师成长之旅》等。

德国的批判教育学研究受到法兰克福学派社会哲学的影响很大，“人的解放”和“社会的解放”是批判教育研究的共同主张和目标，但是不同流派对“批判”和“教育”观点存在差异。德国的批判教育学大致可以分为五个流派：以沙勒（K. Schaller）和莫伦豪尔（K. Mollenhauer）为代表的批判—交往教育学，以布兰科茨（H. Blankertz）和克拉夫基（W. Klafki）为代表的批判—解放教育学，以伽姆（H. Gamm）为代表的批判—唯物主义教育学，以罗斯纳（L. Roessner）和布雷钦卡（W. Brezinka）为代表的批判理性主义教育学，以费舍（W. Fischer）和罗维希（D. Loewisch）为代表的超验—批判教育学。① 德国的批判教育学研究将关注点置于意识形态和社会的政治层面，事实上它被“批判”为缺少对行动的建构和对教育实践有意义的指导。

批判教育学派的研究丰富了文化和教育研究的政治内涵，具有一种激进和好斗的风格，也因此受到一些学者的青睐，将其引入教育人类学研究中。这种“锐利的武器”将会为更多的研究者所重视、引用与完善。

---

① 彭正梅著：《解放和教育：德国批判教育学研究》，华东师范大学出版社2008年版，第6—14页。

第六章　迈向组织化与专业化：21 世纪初以来

时代发展和社会文化转型是中国教育人类学发展成为一门独立学科的社会背景。20 世纪 90 年代以后，中国政府和学术界经历了向何处发展、该如何发展的各种内部争论，也遇到了来自外部各种势力的阻碍，但是，发展是硬道理、改革开放、科教兴国等观念逐步成为中国社会各界的共识，它们引领中国社会实践不断发展。

在经过改革开放以来的发展，尤其是进入 21 世纪以来十多年的快速发展之后，中国社会发生了深刻变革，同时产生了许多新的社会问题。国家和政府越来越关注经济、社会、资源和环境的可持续性发展，越来越关注地区间的均衡发展以及社会公平和正义问题。革命老区、少数民族地区、边远贫困地区、农村地区的教育问题，流动人口子女的教育问题，留守儿童的教育问题，弱势和特殊群体的教育问题受到国家和社会各界越来越多的关注。一些国际组织机构、国内社会组织也开始关注中国社会发展的不平衡和中国教育发展的差异问题。正是在这种社会背景下，中国教育人类学研究在这一时期迅速发展起来。在一定意义上说，中国教育人类学研究是服务于中国教育事业和社会发展的。

20 世纪 90 年代之后，一批到西方求学、访问的教育人类学学者陆续归国，成为中国教育人类学研究的重要力量。他们积极开展教育人类学的田野研究工作，关注少数民族语言和文化的传承与保护问题，关注弱势群体的教育问题，批判与反思现行的教育政策、文化传统以及现代性的社会发展模式，取得了许多重要成果。

进入 21 世纪以来，人类学和教育学的各分支学科迅速发展起来，这是中国教育人类学迅速发展的学术背景。目前人类学的各分支学科已经呈现出争奇斗艳的局面，经济人类学、政治人类学、历史人类学、都市人类学、医学人类学、视觉人类学、女性主义人类学、旅游人类学、音乐人类学、文学人类学都在争取独立的分支学科地位。教育学的新兴分支学科也呈现类似的局面。教育社会学、教育经济学、教育政治学、教育现象学、教育法学等学科也纷纷独立出来，叙事研究、质的研究、现象学研究、解释学研究、行动研究等流派也在努力争夺“势力范围”，扩大自身在教育研究领域的影响。在激烈的学术竞争的背景下，教育人类学的研究者也主动扬起教育人类学、教育民族志的旗帜，争取更多的话语权利和更大的发展空间。这是一种适时之举，也是学科发展到一定程度的必然诉求。

进入 21 世纪以来，随着教育人类学研究方向的毕业生尤其是博士毕业生的增多，教育人类学的研究队伍日益壮大，呈现出几代教育人类学学者共同推动学科发展的局面。教育人类学的研究作品在 2010 年前后呈现出一种井喷现象，中国教育人类学研究进入快速发展的阶段。应当承认，20 世纪 80 年代之后，中国教育人类学的学科发展主要是由为数不多的高校和研究机构的学者所推动的。而且，当完成西方部分学术思想的引进与概论性的研究之后，一些高校和研究机构的研究者停下了脚步，只有数量极少的学者身体力行，进行田野调查，并倡导使用人类学的理论、方法研究教育问题。事实证明，正是这些高校和研究机构的学者使得中国教育人类学研究未陷入书斋的困局，也正是这些高校和研究机构的学者带领自己的学生积累了大量的经验素材，验证和改造了一批国外教育人类学理论，培养了学术研究的队伍，并初步提出了一些具有中国本土特色的教育人类学理论。当教育人类学研究从教育研究中脱颖而出，逐步显现其特有魅力和品格之时，一些其他大学和研究机构的研究者也奋起直追，力图缩小差距。

也正是这种原因，造成当前的教育人类学研究呈现良莠不齐的局面。一些研究者在尚未完全清晰"教育人类学是什么"的情况下，就以"人类学研究""实地调查""教育人类学视野下"等为题目发表论文。一些论文所呈现的只是"到下面看看"，记一些田野见闻，再补充一些宏观背景资料，然后再得出一些正确但无操作性的政策建议。当然，这样的作品也可以算作描述型的教育民族志作品，但是这种简单而肤浅的研究在一定程度上影响了教育人类学整体声誉。同时，也应该注意到，一批受过人类学专业训练，有过扎实田野工作经历的研究者写出的作品具有人类学的文化味道，能够说服和感染读者。这些研究者已经开始注意加强教育人类学的学科理论建设以及对田野工作进行反思。

第一节　当前的主要研究领域与焦点议题

教育人类学这一专业术语被引入中国之后，梳理和介绍国外教育人类学的历史发展、研究内容、理论方法、代表人物及其主要理论是一项首要工作。庄孔韶、冯增俊、李复新、滕星、李其龙等学者在这方面做出了开拓性的贡献。在独立的学科发展意识形成之后，中国教育人类学的研究首先表现为一种教育研究的人类学化，即在研究中努力借鉴和应用人类学的理论观点、概念与研究方法。除了进行田野调查之外，教育研究人类学化的重要表现便是从社会文化人类学的经典理论学派，如进化论、传播论、结构论、功能论、文化相对论、文化人格学派、象征人类学、解释人类学、反思人类学等的视角，重新阐释教育和提炼对教育研究的启示。教育研究人类学化的主要目的在于解决人类学中的哪些理论、观点、概念、方法可以应用到教育研究中的问题。这是教育人类学研究从一门单纯的应用学科过渡到一门专业性的理论研究学科必然要经历的过程。实质上，这还连带着教育人类学的研究价值、研究特色、学科定位等关系到这个学科能否独立存在的一些根本问题。

李复新、瞿葆奎基于对西方国家教育人类学历史的梳理，首次提出了教育人类学是以哲学、教育学和人类学的理论为基础的学科，但未对此问题展开系统论述。① 滕星在 2006 年撰文，对 20 世纪 80 年代之后的中国教育人类学的发展历程进行了系统梳理，对中国教育人类学与教育社会学进行了比较，并较为系统地论证了人类学应如何与教育研究相结合的问题，其观点具有浓厚的文化人类学特色。该文后来被广泛引用。②

随着教育人类学研究本土实践的开展，尤其是当民族教育学研究发生教育人类学转向之后，关于教育人类学学科本体论，尤其是关于学科定位与未来发展的研究逐步增多。教育人类学作为一门交叉学科，关于其学科归属的讨论主要有三种观点。第一种观点认为教育人类学属于教育学的分类体系，此种观点以冯增俊、李复新、李政涛等学者为代表。第二种观点认为教育人类学是文化人类学的分支学科，此种观点以钱民辉、苏日娜、巴战龙等学者为代表。第三种观点认为，教育人类学具有双重学科属性，既可以视为人类学的部门学科，

① 李复新、瞿葆奎：《教育人类学：理论与问题》，《教育研究》2003 年第 10 期。

② 滕星：《回顾与展望：中国教育人类学发展历程——兼谈与教育社会学的比较》，《中南民族大学学报》（人文社会科学版）2006 年第 5 期。

也可以视为教育科学的基础性学科。①

钱民辉和巴战龙对于发展中国教育人类学的观点值得关注。钱民辉认为必须将教育人类学学科纳入人类学这个大学科中，从人类学那里获取养料，并搭建教育人类学与其他应用人类学之间的桥梁，才有可能获得真正意义上的学科发展。② 巴战龙则进一步强调教育人类学应是一门开放的、跨学科的、跨文化的学科，中国的教育人类学的发展应“对其他国家的历史传统和学科特色持着积极肯定的态度和怀有谦虚向学之心”③。教育人类学作为一门交叉学科，在这门学科寻求独立发展的时候更多地依赖于具有人类学背景的研究者，而且教育人类学的养料更多地源于人类学、社会学等社会科学。进入21世纪之后的中国教育人类学的发展验证了这一观点。

除了教育人类学的本体论研究之外，方法论和具体的研究方法也是学者们关注的重点。袁同凯、樊秀丽、巴战龙等学者从不同角度对教育民族志进行了分析探讨。④ 王鉴、桑国元等学者则极力倡导将民族志的研究方法运用于中小学课堂教学的研究。⑤ 滕星等著的《书斋与田野——滕星教育人类学访谈录》⑥ 可当作教育人类学学习的入门读物，其中记录了滕星教育人类学研究的

---

① 岳天明：《试论我国教育人类学的学科定位与学科精神》，《民族教育研究》2008年第1期。

② 钱民辉著：《多元文化与现代性教育之关系研究——教育人类学的视野与田野工作》，民族出版社2008年版，第70页。

③ 巴战龙：《跨文化看教育人类学》，《中国社会科学报》2011年2月24日。

④ 袁同凯：《教育民族志抒写反思》，《广西民族大学学报》（哲学社会科学版）2007年第4期；樊秀丽：《教育民族志方法的探讨》，《教育学报》2008年第3期；巴战龙：《教育民族志：含义、特点、类型》，《湖南师范大学教育科学学报》2008年第3期。

⑤ 王鉴：《课堂志：回归教学生活的研究》，《教育研究》2004年第1期；桑国元、于开莲：《基于人种志视角的课堂观察理论与实践》，《中国教育学刊》2007年第5期。

⑥ 滕星等著：《书斋与田野——滕星教育人类学访谈录》，民族出版社2010年版。

背景、经历与研究心得等。

与此同时，学者们还不断将国外教育人类学的思想介绍到国内。钱民辉、袁同凯、常永才、李政涛等学者在介绍美国教育人类学的理论和思想方面做出了贡献。① 汪凌对巴黎第八大学教育系教授、教育社会学家和教育人类学家巴璧叶（R. Barbier）进行了访谈，人们从中可以窥见法国教育人类学的一些观点。② 白美妃和祁进玉介绍了美国的青少年教育人类学研究。③ 王艳玲对美国当代教育人类学家、《人类学与教育季刊》前主编安德森-莱维特（K. M. Anderson-Levitt）进行了访谈。④

在人文社会科学里，人的生物性是一个非常重要而又经常被忽视的主题。有学者借助体质人类学的相关知识与理论，对人的生物性、文化与教育关系进行了探讨。⑤ 人首先是一种生物的存在，具有特殊的生理结构与需要。人的生物性不仅是教育人类学的研究基础之一，也是教育哲学、教育心理学关心的主题之一。教育人类学研究应更加注重将人的生物性与文化性联系起来综合考

---

① 例如，钱民辉：《当代欧美教育人类学研究的核心主题与趋势》，《北京大学学报》（哲学社会科学版）2005 年第 5 期；袁同凯：《George D. Spindler 与文化教育人类学的成长——兼述弱势群体或少数民族在学业上遭遇的不公待遇》，《西北民族研究》2010 年第 3 期；常永才：《人类学习的特点：当代美国教育人类学的视角》，《外国教育研究》2007 年第 8 期；常永才：《何以促进教育人类学发展：美国学者学习领域研究浅析》，《比较教育研究》2007 年第 12 期；李政涛：《当代西方教育人类学的发展趋势探析》，《华东师范大学学报》（教育科学版）2009 年第 2 期。

② 汪凌：《寻求教育的意义——访巴黎第八大学教育学教授 René Barbier》，《全球教育展望》2003 年第 4 期；汪凌：《想象、行动研究和教育——法国巴黎第八大学巴璧叶教授访谈》，《全球教育展望》，2005 年第 8 期。

③ ［美］安东尼·伯顿著，白美妃、祁进玉译：《教育人类学与青少年人类学研究》，《青海师范大学学报》（哲学社会科学版）2012 年第 3 期。

④ 王艳玲：《教师的文化知识：创造教学的当下意义及其改进的无限可能——密西根大学 Kathryn M. Anderson-Levitt 教授访谈》，《全球教育展望》2011 年第 10 期。

⑤ 刘晓东：《文化与儿童身体的发育》，《教育理论与实践》1997 年第 1 期；刘晓东：《论教育发生的生物学依据——教育人类学的观点》，《教育理论与实践》1998 年第 3 期。

虑，但事实上，国内这方面的研究还很少。还有学者运用哲学人类学的理论对教学理论进行了分析[①]，对人与教育的问题进行了分析[②]，对人的本质及教育的本源、属性和出发点进行了论述[③]。此类研究众多，在此不一一述评。但是，可以看出，由于哲学取向教育人类学的思辨的研究性质，它在当今中国教育人类学的研究中相对而言衰落了。

以教育为主题的影视人类学作品是中国教育人类学研究一道亮丽的风景线。作品虽然数量不多，却都是精品。在中国教育人类学界，最有影响的影视人类学作品莫过于《我妻我女》（2005）和《拉祜女童的希望》（2005）。除此之外，周浩的《高三》（2006）、魏星的《学生村》（2002）、张以庆的《幼儿园》（2004）也在视觉人类学界和社会上引起了较大反响。《我妻我女》的编导、中国影视人类学的重要开拓者庄孔韶指出，教育人类学影视作品可以从情境视角、互动视角、表述视角、纵向研究视角和影视人类学视角进行分析，这为教育主题的影视人类学作品的创作与研究提供了有益的借鉴。[④] 随着中国视觉人类学学科的逐步完善和发展，学校教育的影视人类学研究又取得了新的进展，《民族教育研究》杂志在 2016 年第 1 期推出了影视人类学和教育研究的专栏。一方面，影视人类学的教学实践问题、影视技术受到了重视[⑤]；另一方

---

① 徐继存：《教学论的哲学人类学分析》，《宁夏大学学报》（人文社会科学版）2000 年第 1 期。

② 李承先：《自然人·社会人·自然人——关于“教育回归自然”的哲学人类学分析》，《中国教育学刊》2002 年第 6 期。

③ 伍雪辉、张艳辉：《论人的本质及教育的本源、属性和出发点——基于 M. 兰德曼的〈哲学人类学〉的思考》，《教育探索》2010 年第 8 期。

④ 庄孔韶、冯跃：《〈我妻我女〉：一个教育与影视人类学的研究展示》，《社会科学》2006 年第 1 期。

⑤ 朱靖江：《论影视人类学在高校的教学实践体系建构》，《民族教育研究》2016 年第 1 期；王海飞：《人类学影像的视角、语言与呈现——兼论影视人类学教学中的几个核心议题》，《民族教育研究》2016 年第 1 期。

面，对民族教育的人类学影片的研究传统得到了延续①。

近年来，冯增俊、滕星、祁进玉、吴晓蓉等学者在不同程度上对学科历史发展进行了总结，并对未来展望提出了自己的见解。② 历史与反思性的研究、未来发展研究的增多表明中国教育人类学正处于一个关键的路口，正在为新的发展积蓄力量。但是，人们也应该清醒地注意到，这些研究论文缺少对中国教育人类学全面的梳理分类，也缺少横向的比较分析与评价，更缺少从方法论、具体研究方法以及经验材料与理论阐释之间关系等角度对作品进行深入的剖析。虽然一些专业杂志开始不定期地开设教育人类学研究专栏对一些教育人类学作品进行评介，但总的来说，这些评介文章褒扬的意味较浓，而批判性较弱。

当论及教育人类学的研究领域时，不同的学者有不同的主张和见解。美国著名教育人类学家奥格布曾经把教育人类学研究分为以下几个领域：教育的演变（从人类发展史上看），学校教育的社会文化背景，与其他社会机构（组织）之间的联系，连续性、非连续性和可教育性（包括家庭、社区和学校之间的关系，价值观，语言和交流，认知，动机等），教育与社会变迁（包括本土人、工业城市中移民、少数群体和下层人民的教育等）。③ 奥格布的总结分类在一

① 梁君健、雷建军：《文化传统与当代民族教育：〈喜马拉雅天梯〉的影视人类学发现》，《民族教育研究》2016 年第 1 期。

② 冯增俊：《教育人类学未来发展展望》，《华南师范大学学报》（社会科学版）2006 年第 2 期；滕星：《中国教育人类学的学科发展和学科建设》，《当代教育与文化》2010 年第 4 期；祁进玉：《中国教育人类学研究的现状与反思》，《湖南师范大学教育科学学报》2009 年第 4 期；吴晓蓉：《教育人类学研究的本土实践》，《教育学报》2009 年第 6 期；吴晓蓉：《中国教育人类学研究述评》，《民族研究》2010 年第 2 期；吴晓蓉：《我国教育人类学学科发展问题审视》，《教育研究》2012 年第 5 期。

③ ［瑞典］胡森、［德］波斯尔斯韦特主编，张斌贤等译：《教育大百科全书》（第 2 卷），西南师范大学出版社、海南出版社 2006 年版，第 28—42 页。

定程度上影响了中国教育人类学研究和实践。作为中国教育人类学研究的先行者，庄孔韶认为，中国教育人类学研究可以分为学校人类学、儿童教育人类学、青年教育人类学、成人和老人教育人类学、教育的演化和发展。冯增俊在其主编的《教育人类学教程》中将教育人类学划分为以下的学科领域：教育与人的生成、教育与人类演进、教育与文化变迁、儿童学习人类学研究、教育与人的生物适应性、比较教育人类学、不同文化的教育观特征、探究学校教育与文化过程、课程文化与学生班级生活、教育与人的全面发展。[①] 庄孔韶和冯增俊对中国教育人类学研究领域的划分主要基于理论上的应然设计，如果按照这种思路，人们还可以对教育人类学研究领域进行如下划分。

按照各级各类教育，可将教育人类学划分为学前教育的教育人类学、义务教育的教育人类学、中等教育的教育人类学、高等教育的教育人类学、成人教育的教育人类学、职业教育的教育人类学等。

按照文化的不同方面，可将教育人类学分为学校的教育人类学研究、宗教的教育人类学研究、艺术的教育人类学研究、技术的教育人类学研究等。

按照教育要素划分，可以将教育人类学分为教师的人类学研究、学生的人类学研究、教学的人类学研究等。

此外，还可以按族群、地区、社会经济发展程度划分教育人类学的分支领域。

从实然的情况来看，中国的教育人类学研究已经取得突破性进展，积累了相当多的文献。已经出版的译著、专著和研究文集就有百部之多，研究成果十分丰富。

---

① 冯增俊主编：《教育人类学教程》，人民教育出版社2005年版，第25—27页。

人类学者王铭铭在2004年提出中国人类学研究的“三圈说”。①作为最内圈的农村人文区位学民族志调查，中心追求是研究汉人农村，试图通过村庄研究来反映社会现实。②作为中间区带的少数民族研究。民族研究历史久远，在1949年前的“南派”有更多研究，在20世纪30—40年代有“北派”的“边政学”的介入。③外围区带是海外人类学研究。老一辈人类学家李安宅研究过印第安人，费孝通研究过欧美，许烺光研究过印度。[1] 在最新的研究中，王铭铭从沃勒斯坦的世界体系理论和古本根重建社会科学委员会的《开放社会科学》的观点的反思与批判入手，进一步丰富了“三圈说”的内涵和价值，力图将其发展成为一种批判性和建设性的概念。[2]

本书仿照“三圈说”的观点，按照研究对象，将中国教育人类学研究分为少数族群教育的研究、汉人社会教育的研究、海外社会的教育研究三类。将少数族群教育和汉人社会教育的研究分列出来，主要出于这种划分便于反映中国教育人类学的历史、发展过程与现状。20世纪前半期，民族性与教育的讨论、以梁漱溟和李景汉等为代表的乡村建设实践与教育研究、以廖泰初为代表的社区教育研究可以看作汉人社会教育人类学研究的历史传统。20世纪30年代末至中华人民共和国成立前的边疆教育研究则可视为少数族群教育人类学研究的历史传统。20世纪80年代后，少数民族教育研究再次兴起并转向教育人类学研究后，少数族群教育成为中国教育人类学研究的主要阵地。同时，人类学家庄孔韶一直呼吁将人性与文化作为教育人类学研究主题，以丁钢为代表的教育学者也试图从中国传统文化中重新理解教育，这可以算作汉人社会的教育人类

① 王铭铭著：《没有后门的教室——人类学随谈录》，中国人民大学出版社2010年版，第137—138页。

② 王铭铭：《三圈说——另一种世界观，另一种社会科学》，《西北民族研究》2013年第1期。

学研究的延续和发展。21世纪之后，越来越多的学者将人类学的理论与方法运用于汉人社会和海外社会的教育问题研究，中国教育人类学的研究视野逐步扩展。目前，中国教育人类学研究的中心不是汉人社会的教育问题，而是少数民族的教育问题。这一点与王铭铭“三圈说”的“核心圈”与“中间圈”正好相反。这是值得中国教育人类学研究进一步总结和反思的内容。

一、主阵地：少数族群的教育研究

少数族群教育研究在中国教育人类学研究中处于首要的和举足轻重的地位。一方面是由中国少数民族多、民族地区地域辽阔的国情决定的，另一方面则是由于具有学科意识的中国教育人类学研究主要是由人类学者和具有人类学背景的民族教育研究者推动的。少数族群教育的研究可以分为如下若干主题。

（一）初民社会与教育起源及演变的研究

初民社会与教育起源及演变的研究是教育人类学研究的一项基本内容。虽然，具有批判性的人类学家已经指出，只存在“过着别样生活”的其他人群，而不存在所谓的原始人和原始社会。① 在人类学丰富多彩的民族志作品中，有很多关于初民社会组织抚育子女、社会交往、宗教信仰、文化传承等方面的记述，这些资料为理解教育的产生和发展、教育的意义与价值、教育的过程和方法提供了独特视角。从理论资源来看，滕尼斯的礼俗社区和法理社会的划分，涂尔干的机械团结和有机团结的理论以及费孝通对中国乡土社会的论述，都可以作为教育演变的研究和分析框架。

滕星在《民族教育研究》1990年第1期发表了《解放前我国原始公社制

---

① ［美］保罗·拉比诺著，高丙中、康敏译：《摩洛哥田野作业的反思》，商务印书馆2008年版，第144页。

民族与教育》一文，这篇论文对中华人民共和国成立前处于原始公社制阶段民族的教育及其特点进行概述式的分析和介绍。① 此外，何丽对清末至中华人民共和国成立前达斡尔族教育的发展历史进行了梳理，并从政治、经济、历史、文化、心理等方面初步分析了达斡尔族教育不断发展的原因。② 张大群对云南省澜沧拉祜族的历史和社会变迁进行了叙述，并重点阐释了中华人民共和国成立前拉祜族的教育形式和教育内容。③ 20 世纪 90 年代，对少数族群的教育起源与演变的研究逐步增多。这些研究非常重视历史文献的考察，并多基于社会进化论的逻辑，从结构—功能主义的视角分析少数族群教育的变迁。但是，这一阶段的作品历史味道浓厚，人类学味道则略显不足。

由瞿葆奎主编的《教育学文集》之“教育与教育学”卷选录了多篇关于教育起源和学校产生的研究文章，这些文章具有较强的教育人类学特色，分别是苏联学者沙巴也娃的《论教育起源和学校产生的问题》④、法国学者勒图尔诺的《教育的源起》⑤、美国教育家孟禄的《原始教育：一种非进取性的适应的教育》⑥、美国学者克雷默的《最早的学校》⑦。此外，中国学者的几篇文章也

① 滕星：《解放前我国原始公社制民族与教育》，《民族教育研究》1990 年第 1 期。

② 何丽：《解放前达斡尔族教育及其发展原因初探》，《黑龙江民族丛刊》1992 年第 2 期。

③ 张大群：《澜沧拉祜族历史上的教育状态试探》，《云南师范大学学报》（哲学社会科学版）1992 年第 2 期。

④ ［苏］沙巴也娃：《论教育起源和学校产生的问题》，载瞿葆奎、沈剑平选编：《教育学文集·教育与教育学》，人民教育出版社 1993 年版，第 125—155 页。

⑤ ［法］勒图尔诺：《教育的源起》，载瞿葆奎、沈剑平选编：《教育学文集·教育与教育学》，人民教育出版社 1993 年版，第 156—177 页。

⑥ ［美］孟禄：《原始教育：一种非进取性的适应的教育》，载瞿葆奎、沈剑平选编：《教育学文集·教育与教育学》，人民教育出版社 1993 年版，第 178—191 页。

⑦ ［美］克雷默：《最早的学校》，载瞿葆奎、沈剑平选编：《教育学文集·教育与教育学》，人民教育出版社 1993 年版，第 256—262 页。

值得关注，它们是陈震东的《对教育起源的探索》①、毛礼锐的《中国原始社会的教育起源与教育性质问题》② 和《我国学校是怎样产生的?》③、冯春林和崔兴盛等人的《基诺族原始社会形态教育初探》④、杨宽的《我国古代大学的特点与起源——兼论教师称“师”和“夫子”的来历》⑤。这些文章不仅是研究初民社会教育的优秀作品，也是可供进一步研究教育起源的良好素材。

（二）民族语言和文字的教育研究

民族语言和文字是少数民族文化的重要内容，也是少数民族形成族群认同的一个关键要素。20 世纪 90 年代之后，在国家现代化建设以及经济全球化力量的双重作用下，少数民族语言和文字既面临着挑战，同时也面临着发展的机遇。学校是传承少数民族语言和文字的重要机构。双语教育、双语教学是此类研究的重要研究领域。这类研究的代表作主要有滕星的《文化变迁与双语教育——凉山彝族社区教育人类学的田野工作与文本撰述》⑥、滕星和王远新的《中国少数民族新创文字应用研究——在学校教育和扫盲教育中使用情况的调

① 陈震东：《对教育起源的探索》，载瞿葆奎、沈剑平选编：《教育学文集·教育与教育学》，人民教育出版社 1993 年版，第 192—233 页。

② 毛礼锐：《中国原始社会的教育起源与教育性质问题》，载瞿葆奎、沈剑平选编：《教育学文集·教育与教育学》，人民教育出版社 1993 年版，第 234—241 页。

③ 毛礼锐：《我国学校是怎样产生的?》，载瞿葆奎、沈剑平选编：《教育学文集·教育与教育学》，人民教育出版社 1993 年版，第 263—272 页。

④ 冯春林、崔兴盛等：《基诺族原始社会形态教育初探》，载瞿葆奎、沈剑平选编：《教育学文集·教育与教育学》，人民教育出版社 1993 年版，第 242—255 页。

⑤ 杨宽：《我国古代大学的特点与起源——兼论教师称“师”和“夫子”的来历》，载瞿葆奎、沈剑平选编：《教育学文集·教育与教育学》，人民教育出版社 1993 年版，第 273—291 页。

⑥ 滕星著：《文化变迁与双语教育——凉山彝族社区教育人类学的田野工作与文本撰述》，教育科学出版社 2001 年版。

查》①、艾力·伊明的《多元文化整合教育视野中的维汉双语教育研究——新疆和田中小学双语教育的历史、现状与未来》②、宝乐日的《土族、羌族语言及新创文字使用发展研究》③、马效义的《新创文字在文化变迁中的功能与意义阐释——以哈尼、傈僳和纳西族为例》④、郑新蓉和卓挺亚的《我国义务教育阶段少数民族文字教材调查研究》⑤。此外，郑新蓉曾经在福特基金会的资助下，对中国少数民族教材进行了研究，并撰写了《中国少数民族教材研究报告》。

语言和文字除了是学习和交流工具之外，还是民族文化的重要载体，寄托着深厚复杂的民族情感，在国家一体化和经济全球化的双重背景下，如何既能促进社区经济社会发展，又能有效传承和保护少数族群语言文字，这是教育人类学研究的重点。

（三）民族宗教教育问题的研究

在中国，信仰宗教受宪法保护，不信仰宗教也受宪法保护。同时，国家实行教育与宗教相分离的政策，国家不允许利用宗教进行破坏社会秩序、损害公民身体健康和妨碍国家教育制度的活动。但从历史上来看，宗教和民间信仰曾长期在一些民族地区存在，在整合当地社区、慰藉人们心灵等方面发挥过积极作用。

① 滕星、王远新主编：《中国少数民族新创文字应用研究——在学校教育和扫盲教育中使用情况的调查》，民族出版社2011年版。

② 艾力·伊明著：《多元文化整合教育视野中的维汉双语教育研究——新疆和田中小学双语教育的历史、现状与未来》，民族出版社2011年版。

③ 宝乐日著：《土族、羌族语言及新创文字使用发展研究》，民族出版社2011年版。

④ 马效义著：《新创文字在文化变迁中的功能与意义阐释——以哈尼、傈僳和纳西族为例》，民族出版社2011年版。

⑤ 郑新蓉、卓挺亚：《我国义务教育阶段少数民族文字教材调查研究》，《广西民族学院学报》（哲学社会科学版）2004年第3期。

张诗亚的《祭坛与讲坛——西南民族宗教教育比较研究》①、巴登尼玛的《文明的困惑——藏族教育之路》② 最早揭示了民族教育发展与宗教教育之间的矛盾与冲突这一核心命题，并寻求解决之道。张诗亚后来培养的教育人类学方向的博士也围绕着这一主题进行了持久而多维度的分析。滕星培养的博士罗吉华所著《文化变迁中的文化再制与教育选择——西双版纳傣族和尚生的个案研究》③ 也是宗教教育与学校教育研究的一个代表作品。

教育人类学学者樊秀丽曾经考察了彝族的丧葬仪式，并对彝族经典《指路经》进行了功能主义的教育分析。《指路经》是毕摩为死者灵魂指路送灵所依据的文本，在整个川、滇、黔、桂四省区的彝族地区流传。从表面上看，彝族的丧葬仪式所指向的是死、祖界、祖灵，从另外一个角度强调了生与死、关注子孙的现世生活。丧葬礼仪对生者具有民族认同教育、历史教育的功能，彝族祖灵信仰中反映出的“人死同祖”的观念是维系彝族共同体的一种精神力量，具有维护共同体秩序的特殊功能。④

民族地区宗教教育问题，或称为民族教育中的宗教问题研究是中国教育人类学中具有特色的一个研究领域。在中国西北、西南等少数民族地区，本土宗教、佛教、伊斯兰教、基督教有着悠久的历史，宗教活动与思想和当地人民的社会生活、文化观念紧密融合在一起。宗教是民族文化的重要组成部分，在维系社会团结和保障社会运行等方面发挥着核心与纽带的作用。在现代学校教育

① 张诗亚著：《祭坛与讲坛——西南民族宗教教育比较研究》，云南教育出版社 1992 年版。

② 巴登尼玛著：《文明的困惑——藏族教育之路》，四川民族出版社 2000 年版。

③ 罗吉华著：《文化变迁中的文化再制与教育选择——西双版纳傣族和尚生的个案研究》，民族出版社 2011 年版。

④ 樊秀丽、［日］藤川信夫：《中国彝族经典〈指路经〉的社会教育功能》，载巴莫阿依、黄建明编：《国外学者彝学研究文集》，云南教育出版社 2000 年版，第 209—237 页。

进入少数族群社区之前，宗教教育在很大程度上发挥着使儿童、青少年濡化和社会化的功能。现代学校教育对学生的世界观教育与宗教教育思想是互相抵牾的。宗教教育强大的历史和文化传统，以及现代学校对于偏远贫穷的民族社区发展的无效性，使得现代学校教育与宗教教育充满张力。而且，这种张力在短时间内并不会消除。事实上，很多研究者已经注意到宗教活动、仪式中的有教育价值和教育功能的那部分内容，并针对这些内容展开分析。但是，寻找学校教育与宗教教育之间的平衡点仍然是一个难题，它需要扎实的田野民族志来论证不同地区问题的解决策略。当前，在民族地区由极端宗教势力所引发的暴力恐怖事件频发的背景下，已有敏锐的学者指出，适当的宗教知识教育应该纳入学校教育系统里，“实行教育与宗教相分离只能是宗教与教育的办学权、管理权相分离，只能是宗教信仰教育与学校教育相分离，而必要的宗教知识教育则是学校教育所不可或缺的内容”①。但从目前的情况看，对这样的政策建议还充满着争论。总而言之，宗教问题是发展中国民族教育中必须面对的一个重要问题。

（四）少数族群社区与学校教育的研究

如袁同凯所言：“教育人类学界有关文化一致性、文化冲突和文化非连续性等讨论，焦点主要集中于学校与儿童接受初等教育的社区之间的关系，探讨文化价值、生活实践和儿童在家庭养成并带入学校的语言表述方式与学校表述方式之间的差异。”②

中国人类学研究具有悠久的社区研究传统，如燕京大学社会学系早年开创

① 娜木罕：《学校教育中的宗教文化问题》，《中央民族大学学报》（哲学社会科学版）2009 年第 3 期。

② 袁同凯：《教育民族志抒写反思》，《广西民族大学学报》（哲学社会科学版）2007 年第 4 期。

的社区研究传统以及后来费孝通的江村研究及其后来组织和参与调查的禄村、易村、玉村研究等。社区与学校教育的教育人类学研究在一定程度上受到了中国人类学传统的影响。在已有的社区与学校教育关系的研究作品中，从长线的社会文化变迁的角度描述教育与社区之间、社会结构与个体发展之间的互动已经非常精彩，但是研究的问题意识还未凸显出来，也并未构建出高质量的理论模型。

李书磊的《村落中的“国家”——文化变迁中的乡村学校》、袁同凯的《走进竹篱教室——土瑶学校教育的民族志研究》、巴战龙的《学校教育·地方知识·现代性——一项家乡人类学研究》、丁月牙的《行动者的空间——甲左村变迁的教育人类学研究》是少数民族社区与教育研究中的代表作品。

（五）少数民族文化、民间文化传承的教育功能研究

基于社会人类学的功能主义的视角，广义的教育就是人类群体历时性地传承文化和共时性地传播文化的过程。① 个体的成长和发展都是在一定的文化中进行的。文化传承的过程需要教育作为手段；同时，文化传承的过程也是对个体教育的过程。在大多数的这类研究中，民族文化传承的文化指某个民族或社区的技术和艺术，通常与某种物质的文化载体相联系。

有学者指出，民族文化的多元性与现代学校教育的排他性之间的矛盾是阻碍学校教育传承民族文化的根本原因，而高度集中的教育管理和少数民族话语权缺失也是造成民族文化传承困境的重要原因。②

此类研究作品有张新立的《“鹰雏虎崽”之教——教育人类学视野下的彝

① 巴战龙著：《学校教育·地方知识·现代性——一项家乡人类学研究》，民族出版社2010年版，第23页。

② 张蓉蓉：《教育与文化传承：贵州少数民族教育存在的两个问题》，《贵州民族研究》2006年第4期。

族儿童民间游戏研究》①、乔馨的《教育人类学视野下的岩洞嘎老文化传承研究》②、何志魁的博士论文《白族母性文化的道德教育功能研究——以莲池会为个案》③、王凌等的《以教育促进社会经济发展和民族文化传承：来自寻甸回族彝族自治县六哨乡的研究报告》④ 等。

（六）乡土教育、乡土教材与校本课程建构的研究

乡土教育在进入21世纪之后重新受到重视和推崇，在一定程度上是因为改革开放后，尤其是二十多年来，“在国家现代化、城镇化以及经济全球化的浪潮中，提高质量与效率一直是学校教育的主导价值追求，教育公平的追求则退至次席。乡村学校与城市学校的差距不但没有减小，反而越来越大”⑤。而且，以往“以城市为中心、脱离农村自上而下的农村教育并没有促使村民滋生接受教育的内在动力或积极性”⑥。农村教育是城市教育的“粗劣复制”，农村教育像一面筛子，把“不合格”的学生一层层过滤掉；农村教育又像抽水机，把优秀人才不断“掠夺”到城市。⑦

同时，乡土教育及乡土教育研究的兴起也是国家教育政策调整的产物。当

① 张新立著：《“鹰雏虎崽”之教——教育人类学视野下的彝族儿童民间游戏研究》，广西师范大学出版社2007年版。

② 乔馨著：《教育人类学视野下的岩洞嘎老文化传承研究》，中央民族大学出版社2011年版。

③ 何志魁：《白族母性文化的道德教育功能研究——以莲池会为个案》，西南大学博士学位论文，2008年。

④ 王凌、罗黎辉、曹能秀、崔运武：《以教育促进社会经济发展和民族文化传承：来自寻甸回族彝族自治县六哨乡的研究报告》，载丁钢主编《中国教育：研究与评论》（第5辑），教育科学出版社2003年版，第55—118页。

⑤⑦ 陈学金：《西南少数民族农村教育的处境与出路——〈村落视野下的农村教育〉评介》，《湖南师范大学教育科学学报》2010年第6期。

⑥ 翁乃群主编：《村落视野下的农村教育——以西南四村为例》，社会科学文献出版社2009年版，前言。

国家教育政策制定者意识到“大一统”的课程体系存在种种局限的时候，国家开始调整政策。1999年中共中央、国务院《关于深化教育改革全面推进素质教育的决定》指出，要调整和改革课程体系、结构、内容，建立新的基础教育课程体系，试行国家课程、地方课程和学校课程。2001年教育部颁布的《基础教育课程改革纲要（试行）》明确提出“实行国家、地方和学校三级课程管理”。目前，国内新编的乡土教育教材主要分为以下几类：从保护环境的角度切入，从社区发展的角度切入，从扶贫的角度切入，从保护多元文化的角度切入，从综合实践活动课程改革的角度切入。

从人类学观点来看，国家试行国家课程、地方课程和学校课程，实际上承认了现有学校教育的局限性，承认了各民族、各地区之间的文化差异，承认了民族文化和地方文化所具有的价值。课程及教学是形塑学生身份和认同的重要手段，三级课程体系的实施在一定程度上可以促进学生国家认同、民族认同、社区认同和谐发展。

2006年10月8日，教育部民族教育司下达了《关于协助搜集少数民族地区乡土教材函》。2006年11月24日，教育部民族教育司又下达了《关于报送协助搜集少数民族地区乡土教材有关负责人名单的便函》，要求各地相关部门协助做好少数民族地区乡土教材的搜集和整理工作。与此同时，由教育部民族教育司、国家民委教育科技司共同发起，中央民族大学教授滕星负责的“中国乡土教材收藏与研究中心”建立起来，招募志愿者收集和整理全国各个时期的乡土教材。[①] 截至2016年，该中心已收集到各类乡土教材4 000余册。

乡土教育和乡土教材的教育人类学研究著作包括李素梅著的《中国乡土教

① 熊彦清：《乡土教材给乡村教育多一种选择》，《中华读书报》2007年3月28日。

材的百年嬗变及其文化功能考察》①、滕星主编的《中国乡土教材应用调查研究》②、滕星等主编的《经济文化类型与校本课程建构》③ 以及针对台湾、贵州、河南、山西、宁夏、云南、黑龙江等省、自治区乡土教材的调查研究。

（七）多民族国家的族群认同、国家认同与教育研究

认同最初是一个哲学概念，表示“变化中的同态或差别中的同一问题”④。后来由弗洛伊德和埃里克森引入心理学研究中。心理学意义上的认同是指个人与他人、群体或模范人物在感情上、心理上趋同的过程。⑤ 其后，认同的研究扩张到社会科学领域。人类学意义上的认同是联系自我和社会、文化的纽带，是个体在复杂社会文化背景下自我概念的建构过程。

人类学中对认同的诸多研究主要围绕着三个问题展开：第一，认同是感性的结果还是理性的选择；第二，认同是原生的还是被建构的；第三，认同是固定不变的还是可延展的、可重叠的。

原生论的主要代表人物有希尔斯（E. Shills）、菲什曼（Fishman）、格尔茨（C. Geertz）等人。原生论认为族群的情感纽带是原生的，这种观点将族群认同视为共同历史、文化的产物。范・登・伯格（Van Den Berghe）认为族群认同不过是人的自爱或自恋的延伸，表面上看来非理性的原生情感有其生物学基础。

建构论的代表本尼迪克特・安德森（Benedict Anderson）将民族、民族主义视为一种“特殊的文化的人造物”，将民族定义为一种想象的政治共同体，

---

① 李素梅著：《中国乡土教材的百年嬗变及其文化功能考察》，民族出版社 2010 年版。

② 滕星主编：《中国乡土教材应用调查研究》，民族出版社 2011 年版。

③ 滕星、巴战龙、欧群慧等著：《经济文化类型与校本课程建构》，民族出版社 2012 年版。

④ 张海洋著：《中国的多元文化与中国人的认同》，民族出版社 2006 年版，第 39 页。

⑤ 陈国强主编：《简明文化人类学词典》，浙江人民出版社 1990 年版，第 68 页。

并且被想象为本质上有限的，同时也享有主权的共同体。它的产生源于人们理解世界的方式发生改变（表现在世界性宗教共同体、王朝和神谕式时间观念的没落）以及资本主义、印刷技术与人类语言宿命的多样性这三者的结合。安德森的理论为我们从人的本性和认知、文化和社会结构的角度理解认同提供了借鉴。

个人的族属并不完全由个人所选择和决定，在一定程度上是由现代民族—国家及其各种相关的意识形态构建出来的。埃里克·霍布斯鲍姆（Eric Hobsbawm）曾深刻指出："并不是民族创造了国家和民族主义，而是国家和民族主义创造了民族。"① 族群和民族身份一旦被民族—国家构建之后，人们就会利用这种身份争取各种权利。

认同的情境理论主要代表人物有弗雷德里克·巴思（Fredric Barth）、沃尔曼（D. T. Wallman）、安东尼·史密斯（Anthony Smith）等人。巴思认为，根据文化特征来划分族群的方法，不能说明在不同地点、不同时间表现出不同文化特质的人，为什么会被认为属于同一个群体。因此，他把族群边界视为一个容器，它可以包含历史、语言、经济、习俗和象征符号等内容，人们可以根据时间、地点和场景选择其中的一项或一项的任何一个部分作为认同的标志。② 巴思认为，族群并不是一种文化承载和区分单位，而是一种社会组织，它存在边界，但族界可以跨越文化、社会、经济、生态等存在和维持，而个体的族属是依据"自我"或"他者"认定的。③ 巴思的族群边界过程理论将人看

---

① ［英］埃里克·霍布斯鲍姆著，李金梅译：《民族与民族主义》，上海人民出版社2000年版，第10页。

② ［英］约翰·雷克斯著，顾骏译：《种族与族类》，桂冠图书股份有限公司1991年版，第110—111页。

③ 庄孔韶主编：《人类学通论》（修订版），山西教育出版社2004年版，第344—346页。

作理性的存在。

英国学者沃尔曼（D. T. Wallman）发展了巴思的理论，她对科恩（Y. Cohen）的“气球”边界的比喻进行了修改，提出边界更像一个“茶叶袋”。气球的表面受到两种压力——内部压力和外部压力，气球表面的大小和定位随内外压力的不同而不同，族群在受到外部和内部的压力时也会变化。气球的比喻表明个体的认同除了受自身的情感和认知影响外，还受个体所属群体内部和群体外部这对张力的影响。

沃尔曼的“茶叶袋”比喻则是指封闭的群体成员可以像茶叶成分一样从茶叶袋里出来到茶壶里去，尽管茶叶成分跑了，但是茶叶袋和族群边界仍然存在。她的边界的情境决定论认为，人们按照一定的标志来确定边界，而这些标志可能适合他们在特定情境中的利益。① 这种偏向于工具论的族群理论认为，族属不过是一种工具，它具有情境性和可选择的性质，具有理性选择能力的个人或群体可通过操弄族属而获取政治、经济和教育等方面的利益。

安东尼·史密斯认为个体与集体层面的认同不同，在个体层次，认同具有多重性，且通常是场景性的。人有多重认同——家庭的、性别的、阶级的、宗教的、族裔的、民族的。在国内和国外，个体的认同也可能不同，这不仅取决于自身，还取决于参照对象的改变以及别人的认定。像史密斯所言，个体“往往根据场景和情境的不同，相对自主地在这些认同之间游移。多重认同只是偶尔才会产生摩擦，而且它们很少有真正的冲突”。而集体层面的认同则具有某种普遍性和强制的特点，它发挥作用并不是个体的选择和感觉，而是集体联结

① ［英］约翰·雷克斯著，顾骏译：《种族与族类》，桂冠图书股份有限公司 1991 年版，第 122—126 页。

的本质。①

个体的认同具有发展性、相对稳定性和情境性的特点。生活在历史中的个体，在其成长的过程中，其生活范围和视界是逐步扩展的，在没有强制外力（如殖民主义、种族隔离主义等）作用的情况下，认同是按照一定的次序展开的，到了一定阶段，个体或群体可以形成在几个层面上并行不悖的认同，不同层面的认同因场域不同而发挥的作用不同。从功能主义的角度来看，认同有积极和消极两方面的作用。现代学校教育在塑造学生身份，培养学生积极的族群、民族国家认同等方面发挥着重要作用。

从国家层面考虑，现代学校教育至少要服务于以下两个目的。第一，将自然人（或称为家庭文化中的人）培养、规训成具有职业劳动能力、遵守社会秩序的社会人，以适应社会分工和社会发展的需要。第二，通过向学生灌输主流意识形态和价值观念，培养学生对国家的忠诚，以维持现代民族国家的团结与统一。在全球化进程加速、世界各国政治经济文化竞争愈发激烈的时代，现代学校教育塑造学生国民身份、培养学生忠诚于国家的使命愈显重要，同时学校教育还要担当起培养学生某种积极意义上的全球认同的使命。少数民族地区，尤其是少数民族聚集的地区，族群认同、国家认同与全球认同之间可能存在的张力是各级政府和教育部门不得不积极应对的问题。

族群与认同是社会文化人类学的经典研究内容，原生论、建构论与情境论是人类学研究族群认同的经典理论，但是这些经典理论较少应用于认同与教育的研究中。目前，已有教育人类学研究多集中于正规的与非正规的教育对少数

① ［英］安东尼·D. 史密斯著，龚维斌、良警宇译：《全球化时代的民族与民族主义》，中央编译出版社 2002 年版，第 147—148 页。

民族学生族群认同与国家认同的影响及其作用机制的研究。较有影响的著作主要有张慧真的《教育与族群认同——贵州石门坎苗族的个案研究（1900—1949）》、祁进玉的《群体身份与多元认同——基于三个土族社区的人类学对比研究》、朱志勇的《学校教育与族群认同：对中国内地西藏中学的个案考察》、陈阳斌的《寄宿学校中的维吾尔族学生：作为对族群整合回应的社会资本再制》、余海波的《认同与学校教育：成为一名纳西身份的中国人》等。

（八）少数族群学生文化适应与学业成就研究

少数族群学生文化适应与学业成就是美国教育人类学的一项重点研究内容。西方国家在研究少数族群低学业成就时主要有两个思路：一是将少数族群语言、阶层、家庭与社区文化、学生的能动性等因素纳入讨论的背景，二是将主流学校教育的课程知识选择、教师态度、教育评价机制等作为突破口。

中国学者在引进美国教育人类学后，将西方的少数族群学业成就理论应用于中国少数民族学生的研究中，在一定程度上修正了国外的理论。滕星和杨红的《西方低学业成就归因理论的本土化阐释——山区拉祜族教育人类学田野工作》① 是这类研究的代表作品。

陈向明的《旅居者和外国人——留美中国学生跨文化人际交往研究》是一部研究中国留学生跨文化适应过程的经典之作。张霜的《民族学校教育中的文化适应研究——贵州石门坎苗族百年学校教育人类学个案考察》则是一个研究民族学校教育中的文化适应的案例。此外，代表性的论文还有杨宝琰、万明钢的《乡村中学生基督徒的文化冲突与文化适应——基于甘肃 W 村的田野调

① 滕星、杨红：《西方低学业成就归因理论的本土化阐释——山区拉祜族教育人类学田野工作》，《广西民族学院学报》（哲学社会科学版）2004 年第 3 期。

查》①、海路等的《维吾尔族随迁子女的人际交往与文化适应策略——基于北京市XZ打工子弟学校的教育人类学研究》② 等。

（九）族群、性别文化与教育研究

在美国，人类学与女性主义思潮相结合是20世纪70年代的事情。1972年，埃德温·阿德纳（Edwin Ardener）发表了一篇题为《妇女的信仰与问题》的论文，尖锐地指出在民族志文本中缺少对妇女的言行、思考和理解的描写。③ 马林诺斯基田野调查日记在1967年公开发表，它将人类学大师面对异文化的心理偏见暴露无遗，而女性人类学家安妮特·维纳（Annette Weiner）在1971—1972年参加特罗布里恩德的一个村庄的丧葬仪式时发现，马林诺斯基由于其自身的欧洲性别观念与文化观念而忽略了“妇女的权利处于一个历时性的连续体中”。亨利埃塔·穆尔（Henrietta Moore）通过对肯尼亚的玛拉凯特人（Marakwet）的田野调查也提出了相似的意见。④ 20世纪80年代，人类学家们普遍认为性别是由文化建构的，同时意识到性别也是历史的建构，与经济地位、权利、阶级、阶层、种族都有着密切的联系。

中国学术界对性别、文化与教育的研究兴起于20世纪80年代中期。那时一些大学开始为本科生和研究生开设妇女或女性主义研究课程，并筹办相关研究中心。虽然从一开始中国的妇女研究和性别研究就开始注意引进西方的学术

---

① 杨宝琰、万明钢：《乡村中学生基督徒的文化冲突与文化适应——基于甘肃W村的田野调查》，《社会》2011年第4期。

② 海路、张旭东、降初卓玛：《维吾尔族随迁子女的人际交往与文化适应策略——基于北京市XZ打工子弟学校的教育人类学研究》，《民族教育研究》2014年第6期。

③ ［英］奈杰尔·拉波特、乔安娜·奥弗林著，鲍雯妍、张亚辉译：《社会文化人类学的关键概念》，华夏出版社2009年版，第129页。

④ ［英］罗伯特·莱顿著，蒙养山人译：《他者的眼光：人类学理论入门》，华夏出版社2005年版，第168—169页。

思想，但是中国文化传统中对性别的认识起点与西方社会并不相同。西方的“原罪说”突出二元对立，中国的“阴阳说”是互补理论。中国的妇女解放运动借助的社会资源并非女权主义，而是民族主义和社会主义。①

1995 年在北京召开的第四次世界妇女大会是性别与教育研究在中国开展的重要契机。第四次世界妇女大会的会议主题为“以行动谋求平等、发展与和平”，次主题为“健康、教育和就业”。此次会议的筹备与召开一方面促进了政府与学界对于妇女和女童教育的关注，另一方面使国外性别文化思想与教育发展经验传入中国。参加此次会议的中国教育学者史静寰、郑新蓉等在北京师范大学开设了“教育与性别”的本科高年级选修课程。课程内容涉及性别的概念及研究意义、女性教育与发展、家庭中的性别问题、成长中的性别问题、学校中的性别问题和教材中的性别问题②。2004 年，史静寰主编的《走进教材与教学的性别世界》一书出版，这是中国第一部从性别视角研究中国基础教育教材和课堂教学的论文集。在此项研究的总报告中，研究者指出了中小学教材、幼儿读物、成人扫盲教材中性别比例失衡，缺少具有独立身份的女性主角，性别刻板印象严重等问题，并分析了真实课堂教学中性别角色的互动与建构过程。研究者特别提出，教育政策的制定者和教材的编写者要用性别平等的原则来指导和编写教材，教师应当增强性别意识，反思课堂教学中的性别不平等现象并推进相应的教学改革。2005 年，郑新蓉的《性别与教育》一书出版，这是“性别、文化与教育研究”课程建设的一个重要成果。

在 20 世纪 90 年代末期，民族教育研究领域的一些研究者也开始关注女童

① 李小江：《从 Gender 在译介中的歧义性谈起》，载李小江等著：《文化、教育与性别——本土经验与学科建设》，江苏人民出版社 2002 年版，第 8—9 页。

② 史静寰：《教育与性别暨教材中的性别分析》，载李小江等著：《文化、教育与性别——本土经验与学科建设》，江苏人民出版社 2002 年版，第 57—86 页。

教育。他们一边开展田野调查，一边编写女童教育的培训教材。陈时见主编的《边界跨越——广西民族贫困地区女童教育研究》、滕星主编的《多元文化社会的女童教育——中国少数民族女童教育导论》是少数民族女童教育研究的代表作。滕星在云南开展的拉祜族女童教育实验也可以算作这种类型的研究。不过，影响民族地区女童教育的文化因素则更加复杂。

（十）多元文化教育的理论、课程、教师研究

如前文所述，国外多元文化教育的理念是中国教育人类学发展中的重要理论资源，在促进具有中国特色的本土教育人类学理论的提出方面发挥了重要作用。虽然，多元文化教育还很难被中国的教育政策制定层面接纳，但是这并没有影响其学术研究的持续发展。教育学者一方面继续加强对国外多元文化教育、原住民教育理论与实践的介绍与研究，试图理清其历史逻辑，提炼其合理价值，批判其理论缺陷；另一方面则加强了国外多元文化教育、原住民教育与中国少数民族教育的比较研究，试图在比较的视野中为中国少数民族教育发展提供理论与实践的学养。前者以滕星主编的《多元文化教育——全球多元文化社会的政策与实践》、陈·巴特尔等主编的《亚太地区原住民及少数民族高等教育研究》和《守望·自觉·比较——少数民族及原住民教育研究》、彭永春著的《美国高校多元文化教育演进之研究》等为代表，后者以万明钢、王鉴主编的“多元文化与西北民族教育研究丛书”为代表。

还有一部分研究者深入教育一线，与中小学教师一起设计开发符合当地需要的多元文化校本课程，在行动中转变一线教师的教育观念。这方面的代表作品有欧群慧的《云南省孟波镇中学多元文化教师民族志研究》、靳玉乐主编的《多元文化课程的理论与实践》等。

（十一）多民族国家的民族教育政策研究

教育人类学中的民族教育研究是推动国家民族教育政策制定的有力助手。中央民族大学、西北师范大学、西南大学等学校的民族教育研究为国家以及西北、西南地区制定民族教育发展政策做出了重要贡献。目前，一些大学教育学院以及教育研究机构也在积极吸纳教育人类学研究的专业人才，以加强民族教育政策等方面的研究。滕星和王铁志主编的《民族教育理论与政策研究》是这种类型的研究之一。此外，还有很多学者依据田野调查的结果为政府的教育政策制定建言献策。

二、不断拓展的领域：汉人社会的教育研究

如前文所述，中华人民共和国成立前的中国民族性的讨论、乡村建设实践与教育研究、汉人社区教育研究是中国教育人类学汉人社会研究的重要传统。20世纪80年代之后，传统文化与教育的讨论在一定程度上可视作汉人社会教育研究的延续与进一步展开。进入21世纪之后，对汉人社会教育的人类学考察迅速发展起来。

（一）教育与社会变迁研究

学校教育作为社会系统的一部分，与社会其他系统有着密切的关联。一方面，中国现代学校教育的产生与发展是中西冲撞下社会历史发展的产物；另一方面，教育的结果又深深影响着社会和文化的变迁。王铭铭的《教育空间的现代性与民间观念——闽台三村初等教育的历史轨迹》、李小敏的《村落知识资源与文化权力空间——永宁拖支村的田野研究》是中国教育人类学汉人社会研究的重要代表作品，是研究汉人社会教育问题不能绕开的重要文献。

其他的作品还有司洪昌的《嵌入村庄的学校——仁村教育的历史人类学探

究》、李红婷的《无根的社区，悬置的学校——湖南大金村教育人类学考察》、冯跃的《教育的期待与实践——一个中国北方县城的人类学探究》、涂元玲的《村落中的本土教育》、张济洲的《文化视野下的村落、学校与国家：一个地方社区基础教育变迁的历史人类学考察》、黄瓒和徐春夏的《教育场域中的资源争夺、创造与博弈——浙南小镇在城镇化进程中的教育演化与办学故事》、赵鲁平的《上海外语教育发展中的社会变迁与历史人物作用》等。

20世纪的中国经历了巨变，费孝通先生把它比作"三级两跳"。三级即三种社会形态，就是农业社会、工业社会及信息社会；两跳就是从农业社会跳到工业社会，再从工业社会跳到信息社会。① 上述很多作品都将教育问题置于社会、政治和文化变迁中去分析和探讨，因此这些作品都具有历史人类学的特色。

（二）农村留守儿童、城乡流动儿童的教育问题研究

全国妇联课题组2013年发布的《我国农村留守儿童、城乡流动儿童状况研究报告》显示，2010年，中国0—17岁农村留守儿童和城乡流动儿童共有9 683万人。根据《中国2010年第六次人口普查资料》样本数据推算，全国有农村留守儿童6 102.55万人，其中学龄前农村留守儿童（0—5岁）达2 342万人，义务教育阶段留守儿童规模为2 948万人。0—17岁城乡流动儿童规模为3 581万人，全国农村流动儿童达2 877万人。学龄前流动儿童（0—5岁）规模达到981万人，小学（6—11岁）和初中阶段（12—14岁）规模分别为999万人和473万人。②

① 费孝通：《"三级两跳"中的文化思考》，《读书》2001年第4期。

② 全国妇联课题组：《我国农村留守儿童、城乡流动儿童状况研究报告》。http://acwf.people.com.cn/n/2013/0510/c99013-21437965.html。

地区之间经济发展的不平衡导致人口流动性的增强。中国在二十多年经济快速发展的同时，东、中、西部之间，城市与乡村之间的经济、社会发展差距进一步扩大。因此跨省、跨市、跨县的人口流动也随之增加。农村留守儿童、城乡流动儿童的受教育问题因此随之凸显出来。韩嘉玲的《北京市流动儿童义务教育状况调查报告》、艾琼的《从乡野的主人到城市的边缘人——一项进城民工子女教育的人种志研究》、任运昌的《空巢乡村的守望：西部留守儿童教育问题的社会学研究》、刘谦的《两种张力：城乡文明的并置与教育愿望的迟疑》是这类研究的代表作品。

（三）学校教育的微观民族志研究

这类的研究众多，代表作有欧阳护华的《单位与公民社会的碰撞：改革者的真实故事》、王鉴的《合作学习的形式、实质与问题反思——关于合作学习的课堂志研究》、张诗亚和吴晓蓉的《顶岗实习——来自农村教育的日志》、田静和曹芳的《与项目一同成长：一位村中心完小校长的个案》、赵金坡的《记忆、历史与角色：王丽娟和她的中师校友》、吴婕的《中等幼儿师范学校毕业生职业生涯发展的叙事研究——以中部某省16位90年代毕业生为例》、叶勤珍的《遭遇班主任工作倦怠》、谢爱磊的《优秀大学生的成长之路：一种社会资本的新视角》，宋萑的《学校升旗仪式的人种志研究——对一所中学的田野调查》、陈学金的《困顿与超越——学校场域内小学男教师幸福的叙事探究》等。

一些研究者对学校系统内微观构件和结构进行了深刻的文化分析。例如，阎光才对学校场域中校服和发型文化进行了分析，指出校服作为一种文化具有特殊的表征意义和功能性特征，“透过校服的着装规定、样式、样式设计过程中不同参与主体的话语权、学生和家长选择权，从中可以察觉到在日常教育生活中各种权力运作轨迹、学校对人的价值乃至人的生命意义的理解、教育的公平和教育民主等看来只是'宏大叙述'的议题"。① 学校的发型文化也附着着强烈的规训色彩，被赋予了道德意蕴，在阎光才看来，这些学校微观构件中也渗透着权力的因素，而寻求统一性与灵活性的平衡是这些问题的深层本质。②

三、初见端倪：海外社会的教育研究

走出国门、研究异文化的他者是很多西方人类学者深信不疑的信条。随着中国经济社会的快速发展、国际地位的不断提高，研究其他国家和民族的社会与文化成为中国人类学者的重要抱负，中国人类学界的海外民族志研究的兴起就是其标志。从长远来看，海外社会的教育研究也必将成长为中国教育人类学的重要领地。

滕星在20世纪90年代中期，曾经对美国印第安人保留地、非洲裔社区、墨西哥裔社区、亚裔社区进行过田野调查，这些经历使其对美国多元文化社会与教育有了一定的理解。③ 但是，滕星在这一阶段并没有发表对海外进行研究的教育人类学作品，更多的则是学习国外的教育人类学理论与方法，并将这些理论与方法引入国内开展本土的教育研究。

袁同凯在2006年用了9个月的时间对老挝北部山区一个山寨的学校教育进行了田野调查，后来这项研究的成果在《亚洲人类学》(*Asian Anthropology*) 杂志上发表。④ 2009年，袁同凯在《民族教育研究》上发表了《老挝北部

---

① 阎光才：《校服的一种文化诠释》，《教育科学研究》2005年第3期。

② 阎光才：《"辫子"与学校的"发型"文化》，《教育科学研究》2005年第7期。

③ 徐杰舜、滕星：《在田野中追寻教育的文化性格——人类学学者访谈之二十七》，《广西民族学院学报》(哲学社会科学版) 2004年第2期。

④ Yuan Tongkai. Poverty, Opium and Education among the Lanten in Laos. *Asian Anthropology*, 2007 (1).

Lanten人的学校教育：人类学视野中的个案研究》一文。老挝是一个具有殖民地色彩的贫穷国家，Lanten族群是老挝68个少数族群之一。作为一名中国的教育人类学家，袁同凯对老挝北部3个省的11所Lanten村落小学、235户家庭进行了实地考察，对Lanten人的社区生产生活与学校教育做了较为全面的描写与分析。作者指出，家长吸食鸦片和对学校教育的冷漠态度是造成Lanten子女学业失败的最主要因素。① 2014年年底，袁同凯所著《蓝靛瑶人及其学校教育：一个老挝北部山地族群的民族志研究》出版，这标志着中国教育人类学的海外研究进入了一个新的阶段。

2016年，青年人类学者刘谦的《教育的社会文化土壤：基于美国费城安卓学校的教育人类学观察》一书出版，这是中国教育人类学学者海外民族志研究的最新成果之一。

除此之外，虽然也有极少的研究者将外国的文化与教育问题列入研究视野，② 不过由于语言、经费、时间、精力等多种原因，研究者不可能到国外做长时间的田野调查，所以这些作品还很难成为真正的教育人类学研究。但是，应该承认，只有注重实地考察和跨文化比较的人类学研究才能从文化、社会、政治、历史等维度对中外教育状况做出全面、深刻的分析，以达到“他山之石，可以攻玉”之目的。从长远来看，这是中国教育人类学研究需要努力的方向，因为那种肤浅的、就事论事的比较教育研究在中国已经流行太久了。

① 袁同凯：《老挝北部Lanten人的学校教育：人类学视野中的个案研究》，《民族教育研究》2009年第6期。

② 例如，吴明海：《英国夏山学校教育人类学考察》，《民族教育研究》2002年第2期；王朝阳：《日本茶道文化传承的教育人类学研究》，中央民族大学硕士学位论文，2008年；李培：《秘鲁哥尼玛人音乐的教育人类学研究》，南京师范大学硕士学位论文，2008年。

虽然大多数国内学者还不能系统规范地对海外教育进行研究，但是国内学者已经注意将自己的研究作品在国外的杂志上发表，以扩大学术影响力。例如，欧阳护华在美国《人类学与教育季刊》2000年第4期的首篇位置发表了其博士论文的一部分——《单程票：一个普通教师教改的真实故事》。① 这是中国教育人类学学者首次在该杂志发表文章，并且获得了很好的反响。该文又在2006年法国的《教育与社会季刊》上作为世界范围内教育人类学的实证研究的优秀论文（两篇之一）以法语发表。

2011年年底，滕星组织了四篇中国教育人类学研究的文章在英文版的《中国教育前沿》2012年第2期发表，分别是滕星的《文化多样性与多元文化整合教育》、胡迪雅的《文化濒危与教育：中国云南丽江纳西族东巴舞蹈文化传承机制变迁的教育学分析》、张霜的《基督教与贵州石门坎苗族教育》、欧群慧的《教师在促进少数民族学生学业成就中的作用》。近年来，也有中国内地和香港的学者在英国《民族志与教育》杂志上发表文章。在一定程度上，这些文章让国外的教育人类学研究者部分地了解到中国教育的现状。不过，限于语言上的原因，国内经典的教育人类学作品还不为国外同行所熟知。

同时，有海外留学背景、能够熟练使用英语写作的中国学者将自己的部分作品在国外出版。例如，易林在英国布里斯托尔大学获得博士学位，其博士论文《文化排斥：国家教育、社会流动与文化差异》在英国劳特利奇出版社（Routledge）出版，该书揭示了这样一种现象——经济与教育上的差异甚至不平等导致了少数民族学生向上层社会流动的艰难，以至于少数族群陷入更深一步的贫困。周惠民在美国马里兰大学获得博士学位，其博士论文为《城市的原

① Huhua Ouyang. One-Way Ticket：A Story of an Innovative Teacher in Mainland China. *Anthropology & Education Quarterly*，2000（4）.

住民学生教育：六个教师的视角》。王丹2009年毕业于美国雪城大学，其博士论文的题目为《中国农村学校教师的民族志研究》。以上两部著作都是教育民族志作品。

论及中国学者对海外社会的教育研究，就不得不讲到外国人类学家对中国教育的研究。从目前来看，后一类研究的数量要比第一类的多。20世纪80年代之后，伴随着中国改革开放的推进，国家对外国研究者研究中国的限制逐步放宽，越来越多的国外学者将中国教育作为他们的研究对象。他们对中国教育的研究思路与理论观点为国内同行理解中国教育问题提供了新的视角。

丹麦汉学专家施蒂格·索埃吉森（Stig Thoegersen，中文名曹诗弟）的《文化县——从山东邹平的乡村学校看二十世纪的中国》① 一书借助丰富翔实的地方志和访谈材料，采用国家与社会的分析视角，从历时的角度生动地描述了在国家与地方社会互动中山东省邹平县农村教育的百年发展与演变历程，从人类学与社会学的视野提出了有关中国农村教育发展的诸多看法。

美国人类学家斯蒂文·郝瑞（Stevan Harrell）的代表作《田野中的族群关系与民族认同——中国西南彝族社区考察研究》中专设两章来论述彝族的教育问题，分别是“白乌彝族教育的成功之路”和“国家统一与彝族传统之协调：彝语教材的困境”。作者在奥格布等人的少数族群学业成就归因理论的基础上，对四川省盐源县白乌镇6个主要族群的学校教育状况进行了考察。作者从文化传统和社会环境两个因素分析了格布家支将学校教育视为“社会升迁策略”的原因。郝瑞根据中国的案例挑战了奥格布的民间成功理论，他发现，对

① Stig Thoegersen. *A County of Culture*: *Twentieth-century China Seen from the Village Schools of Zouping*, *Shandong*. University of Michigan Press, 2002. 中文版：［丹麦］曹诗弟著，泥安儒译：《文化县——从山东邹平的乡村学校看二十世纪的中国》，山东大学出版社2005年版。

于非自愿的少数族群来说，开展民族教育也是可行的。作者同时强调，由于族群内部的巨大差异，将某个族群作为一个全国性的或者区域性的集合体对其进行泛泛的考察以衡量教育是否成功的做法是不可取的。此外，不能忽视语言和文化上的障碍对教育成败的影响。① 研究者也敏锐地观察到，统一性与多元性是中国实行开放的民族政策过程中要处理的一对矛盾，而这也是彝语教材困境的根源所在，实质性的问题是"民族语文教材在处理和对待这些矛盾时所扮演的角色"②。

在斯蒂文·郝瑞主编的《中国族群边疆的文化碰撞》（*Cultural Encounters on China's Ethnic Frontiers*）一书中，博奇古德（W. Borchigud）撰文分析了中华人民共和国成立后至 1966 年间城市少数民族学校教育对蒙古族现代族群性的影响。③ 美国学者马丁·斯科恩阿斯也曾经对中国四川凉山彝族的社会教育变迁有所论述。④

挪威奥斯陆大学中国研究专家、人类学家梅特·汉森（Mette Hansen，中文名贺美德）1994—1995 年对中国云南昆明、丽江和西双版纳的少数民族教育进行了田野调查，在 1996 年完成了他的博士论文，并在 1999 年将其博士论文出版，即《学习成为中国人：中国西南少数民族教育与族群认同》（*Lessons in Being Chinese*：*Minority Education and Ethnic Identity in Southwest China*）。⑤

---

①② ［美］斯蒂文·郝瑞著，巴莫阿依、曲木铁西译：《田野中的族群关系与民族认同——中国西南彝族社区考察研究》，广西人民出版社 2000 年版，第 196—220、221—242 页。

③ Stevan Harrell. *Cultural Encounters on China's Ethnic Frontiers*. Seattle：University of Washington Press，1995，pp. 278-300.

④ ［美］马丁·斯科恩阿斯：《凉山彝族的社会教育变迁》，载巴莫阿依、黄建明主编：《国外学者彝学研究文集》，云南教育出版社 2000 年版，第 147—159 页。

⑤ Mette Hansen. *Lessons in Being Chinese*：*Minority Education and Ethnic Identity in Southwest China*. Seattle：University of Washington Press，1999.

该书是“中国族群研究丛书”之一。

从目前已有的教育人类学作品来看，概括地讲，中国教育人类学具有如下特点。第一，从研究的出发点或前提来看，从文化的视点研究教育，把教育与社会、经济、政治、文化等背景因素广泛联系起来，具有整体性、综合性的特点。第二，从研究对象来看，在关注同质社会教育问题的同时，格外关注异质文化背景，特别是关注边缘、弱势群体（少数族群、移民、原住民、流动人口等）的教育问题。第三，从研究的方法来看，强调应用跨文化比较、参与式观察的方法，研究者亲身经历、体验具有异文化特质的教育和生活实践，得到一手资料，自下而上地分析和阐释问题，遵循先具体、再抽象的逻辑。第四，从研究内容来看，中国教育人类学研究主要包括少数民族学生学业成就、族群认同、双语教育、女童教育、少数民族新创文字使用现状、乡土教材与课程建设、民族文化传承、多元文化教育、地方性知识与现代性、地方教育资源配置等内容领域，同时开始向主流学校教育、流动儿童与留守儿童教育、农村教育、社区教育以及异国教育扩展，并涌现了一批水平较高的学术作品。此外，还包括学科本体论、方法论的研究与反思。第五，在价值和立场上，主要表现在两点：一是秉持反思人类学的精神，对一般教育和社会常识持有普遍怀疑的态度，具有强烈的反思和批判的精神；二是倡导尊重和理解异文化中的他者，关注边缘与弱势群体的教育和社会状况的改善，强调教育公平和社会公正。

第二节　教育人类学研究的五种力量

20 世纪 80—90 年代，中国教育人类学研究的发展主要是由 20 世纪 40—60 年代出生的学者所推动的。进入 21 世纪之后，20 世纪 70 年代之后出生的青年学者逐步崭露头角。这些青年学者可以称为教育人类学的第二代研究者。第二代教育人类学研究者的作品在21世纪初之后迅速增多，但是由于这些作品尚未经历时间的检验，还很难判断哪些属于经典作品。但不可否认，这些作品在一定程度上受到了第一代学者的研究主题和研究思路的影响。因此，本节主要梳理20世纪80年代之后第一代教育人类学学者的研究主题与理论构想。应该承认，学者的学术思想是不断发展完善的，中国教育人类学的研究派别也正在进一步发展壮大。

中国教育人类学研究在深层主题、理论构想、研究思路等方面主要存在着五种力量，这五种力量在理论完善程度、综合影响、继承延续等方面存在着差异。

一、庄孔韶开创的汉人社会文化传统与教育的人文分析

第一种力量来自庄孔韶。他在其《教育人类学》的著作中展现了其教育人类学研究的宏伟抱负。他在这本著作中梳理出13种教育人类学的理论构架，又主要按照人的生命发展周期将教育人类学划分为五个主要研究领域。他还试图从“以人为起点”和“以文化为起点”两个方面整合德国传统的哲学教育人类学和美国传统的文化教育人类学。他将这两个方面定义为“教育人类学的两重观察”，后来这两个方面被庄孔韶总结为“人性的转变”和“文化的传递”。在庄孔韶看来，它们是中国教育人类学研究的两个关键向度。① 庄孔韶对中国教育人类学研究最重要的贡献是开启了汉人社会文化传统与教育的人文分析。这在其《教育人类学》的第七章有初步的显现。作者对中国的文化传统、传统

① 庄孔韶、孙庆忠：《穿梭于学术研究与应用实践之间——庄孔韶教授访谈录》，《中国农业大学学报》（社会科学版）2011年第1期。

教育文化的特征等问题进行了分析。

庄孔韶对汉人社会儒家文化传统与教育的人文分析还表现在其指导拍摄的视觉人类学作品《我妻我女》以及《〈我妻我女〉：一个教育与影视人类学的研究展示》①《人类学与中国教育的进程》两篇论文中。《我妻我女》展现了一个城市独生子女家庭在应对急剧变化的外部世界时所面临的矛盾和困惑，凸显了传统文化与现代文化双重作用下的家庭教育中的内部张力。在《人类学与中国教育的进程》中，庄孔韶对教育中的约束性文化和大学教学改革中滞后性力量等问题进行了精彩的分析。他着重强调，社会转型中的教育实际上是社会和文化的一个方面，教育的改革和发展必须着眼于传统文化观念的改变和发展。

2012年，庄孔韶在其主编的《人类学研究》第1卷中隆重推出了新作《早期儒学过程检视——古今跨学科诸问题之人类学研讨》，此文运用人类学的原理，采用跨学科手法综合论述了五服九族、理念先在、儒学过化等一些中国早期儒学过程中的重要问题。庄孔韶准确把握了中国传统文化的高层文化自上而下疏导的脉络：先贤儒家理念之发明、政治家所强化、教育家和乡土文人传播，并最终由农人所实践。他极其推崇“过化”这一中国本土术语，认为儒学重在“自我教化”与“为仁由己”的特征导致了非强力推进型的、如墨渍弥散式的、成功的早期儒学“过化”过程。② 儒家理念是中国汉人社会的重要思想根基，分析儒家理念传播过程实质是在分析汉人社会得以运行的文化命脉。因此，此文的意义绝不局限于教育人类学这一学科。若从学科视角观之，庄孔韶所采用的生物—文化整体认识观和方法论有可以被借鉴应用的潜在价值，

① 庄孔韶、冯跃：《〈我妻我女〉：一个教育与影视人类学的研究展示》，《社会科学》2006年第1期。

② 庄孔韶主编：《人类学研究》（第1卷），知识产权出版社2012年版，第42—43页。

“过化”的机制和文化特征可以作为社区教育、社会教育等研究的重要比照对象。

在庄孔韶指导的众多弟子中，冯跃是一位致力于教育人类学研究的学者。冯跃的《教育的期待与实践——一个中国北方县城的人类学探究》继承和发展了庄孔韶的教育人类学的思想，它试图表明学校教育中的期待与实践的过程实际上表现为应然与实然间的出离与不一致的状态。① 庄孔韶的另一位弟子刘谦博士也已将教育人类学列为重点研究方向，并发表了多篇高质量论文。从目前的状况来看，庄孔韶所提出的汉人社会传统文化与教育的人文分析的人类学研究还未受到足够的重视。但是，从长远看，这将是中国教育人类学研究的一个重要研究领域。

二、滕星的“多元文化整合教育理论”及其后现代的命题

第二种力量来自滕星。滕星在其代表作《文化变迁与双语教育——凉山彝族社区教育人类学的田野工作与文本撰述》中，已经提出了双语教育乃至教育人类学研究的根本命题：“全球一体化与民族文化多元化的冲突与和谐，国家一体化与民族文化多元化的冲突与和谐是 21 世纪全人类和多民族国家面临的不可回避的两大挑战”②；“少数民族双语教育实质上应被视为人类对其文化多样性与共性这一现实的承认与理想的追求”③。滕星认为他的“多元文化整合教育理论”（如图 6-1 所示）能够为解决少数民族双语教育问题提供某种

① 冯跃著：《教育的期待与实践——一个中国北方县城的人类学探究》，民族出版社 2009 年版，第 208 页。

②③ 滕星著：《文化变迁与双语教育——凉山彝族社区教育人类学的田野工作与文本撰述》，教育科学出版社 2001 年版，第 156—157、255 页。

帮助。①

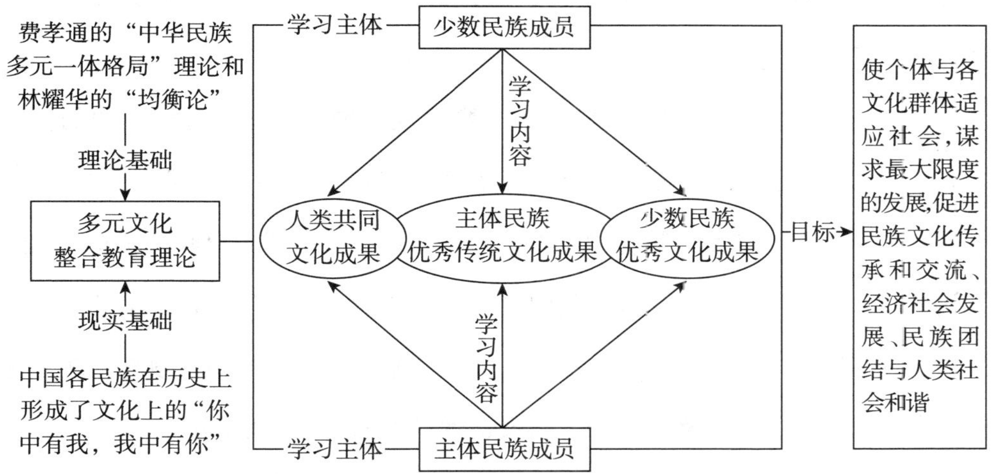

图 6-1　滕星“多元文化整合教育理论”

滕星的“多元文化整合教育理论”是中国教育人类学研究中第一个较为成熟的理论构想。“多元文化整合教育理论”以费孝通的“中华民族多元一体格局”理论和林耀华的“均衡论”为理论基础，以中国各民族在历史上形成的文化上的“你中有我，我中有你”的现实基础为依据，论述了多民族国家教育的功能、对象、内容、学习主体的任务和最终目标。虽然它在一些基本问题（如什么是整合）上缺少进一步的论述与深化，但是这个框架对解决多民族国家面临的挑战具有重要的启发意义，它是解决中国少数民族教育问题的一条重要思路。

滕星在云南澜沧实施的拉祜族女童教育实验虽然在国内外引起了争论，但

① 陈学金、滕星：《全球化时代“三种认同”与中国民族教育的使命》，《广西民族大学学报》（哲学社会科学版）2013 年第 3 期。

这项具有发展人类学性质的研究在中国教育人类学中具有举足轻重的地位。如果这项研究的后续研究或跟踪研究得以持续开展，那么它很可能成为教育研究中的一个经典案例。

在2005年之后，滕星开展的中国少数民族新创文字在教育教学中的应用研究、中国西部少数民族地区经济文化类型与初中地方性校本课程建构研究、中国乡土教材收藏与乡土教材的调查研究等项目皆是主流教育研究所忽视的边缘问题，这些研究用一种后现代的眼光审视现代教育，反思现代社会的发展方式，从少数民族经济文化类型、语言、文字等角度切入少数民族教育问题。这些研究可以看作一种积极的保守力量反抗现代性的宏大叙事。

滕星在培养教育人类学的专业人才中，注重文化人类学的理论、社会科学理论与研究方法的教学，并指导学生进行田野调查，倡导“书斋与田野”相结合的研究方式，注重从多种理论视野分析教育问题。中央民族大学具有良好的人类学研究与学习的氛围，使得中央民族大学培养的教育人类学研究者具有较为扎实的人类学理论功底。这种理论功底对于研究者的进一步发展乃至教育人类学学科的进一步发展都具有重要意义。

三、张诗亚的宗教教育研究与“共生教育”理念

第三种力量来自张诗亚。张诗亚开创了西南大学教育人类学的研究传统，他的著作《祭坛与讲坛——西南民族宗教教育比较研究》和《西南民族教育文化溯源》为这个学派奠定了坚实的基础。张诗亚在西南民族教育研究领域具有极高的威望，他的学生围绕着中国西南地区丰富多彩的民族文化，从民族文化传承的教育价值、文化传承的机制、宗教仪式的教育功能、宗教教育与学校教育的关系等领域展开了扎实而系统的田野调查与研究，涌现出一批高质量的博

士论文和著作。

在长期田野调查和民族教育理论思考的基础上，张诗亚逐步提出了其“共生教育”理念作为推动西部民族地区和农村地区教育的发展策略。在2000年的一次讲演中，张诗亚针对中国西部特点、西部发展特点、西部开发的任务和总思路、现行开发的误区等问题提出了自己的见解，并提出“推进与人文社会契合的绿色教育，来保护与开发西部自然资源的富集，推进与传统文化共生的民族教育，传承并恢宏西部人文资源的富集”的发展思路。① 这是共生教育理念的雏形。2009年，张诗亚正式提出了“共生教育论”。他反对将教育定位于脱贫致富的手段，强调山区、农村、少数民族聚居区在文化资源和自然资源方面的优势。他的“共生教育”理念包含自然上的共生与文化上的共生两层含义。自然共生要求人们不要一味地征服自然和攫取资源，文化共生要求“在尊重和保存传统文化的基础上发展教育，从传统文化中汲取营养，而不应是以现代化取代传统”②。在2013年的一篇文章中，张诗亚以“共生教育”为指导，提出发展民族特色职业教育，并将其视为共生教育体系的一部分。③ 这是张诗亚“共生教育”理念的进一步发展。

透过“共生教育”理念，人们可以看出张诗亚一直对工具性、外向型、单一式的现代学校教育的功能和价值持有一种怀疑的态度。他积极肯定西部民族地区自然与文化上具有的优势，并执着于构建一种自然、人、文化和谐共生的

---

① 张诗亚：《西部开发新理念——发展特色科教，构建良性自然/文化生态》，载周光召主编：《西部大开发科教先行与可持续发展——中国科协2000年学术年会文集》，中国科学技术出版社2000年版，第7页。

② 张诗亚：《共生教育论：西部农村贫困地区教育发展的新思路》，《当代教育与文化》2009年第1期。

③ 张诗亚：《发展民族特色职业教育，促进民族共生教育体系建立》，《民族教育研究》2013年第1期。

教育模式。这种模式不仅是一种教育发展模式，同时也是一种社会发展模式。这种模式要具有某种“在地性”，要扎根并服务于西部地区的自然与文化生态环境。“共生教育”理念是张诗亚教育人类学研究的精华所在，也是其不断努力发展、完善的理论目标。

四、钱民辉对教育和现代性的探讨及“意识三态观”的提出

第四种力量来自钱民辉。钱民辉既是一名教育社会学学者，同时也是一名教育人类学学者。他对教育人类学研究的核心主题“现代性”的论说以及从“意识三态”论述民族教育的发展，使其成为教育人类学理论研究中的一个重要力量。

人类学者王铭铭最先在其教育人类学研究作品中提出了现代性这一主题。① 钱民辉在其2005年的文章中，正式提出“现代性”是当代教育人类学研究的核心主题。② 在教育人类学研究专著《多元文化与现代性教育之关系研究——教育人类学的视野与田野工作》中，钱民辉对现代性教育的起源及在中国传播、发展的过程进行了历史的梳理。钱民辉认为，现代性教育已经在中国社会存在了一个多世纪，而其所走的道路一直处在民族性与现代性之间的张力之间。③

2011年，钱民辉提出了多元文化教育的“意识三态观”。“意识三态”包含意识形态、意识生态、意识心态三个层次。它们代表了宏观（国家）、中观

---

① 王铭铭：《教育空间的现代性与民间观念——闽台三村初等教育的历史轨迹》，《社会学研究》1999年第6期。

② 钱民辉：《当代欧美教育人类学研究的核心主题与趋势》，《北京大学学报》（哲学社会科学版）2005年第5期。

③ 钱民辉著：《多元文化与现代性教育之关系研究——教育人类学的视野与田野工作》，民族出版社2008年版，第27页。

（地方或民族）、微观（个人）三重视角看待文化与教育的不同观点。国家主义精英意识形态、地方主义精英意识形态、个人主义精英意识形态在看待民族文化和现代社会的主流文化上存在明显差异。国家主义由于其整合统一的目的而轻视民族传统文化，地方主义希望培养“双文化”的人才，个人主义由于其向上层社会流动的目的而选择主流文化。钱民辉认为，从生态学的角度，多元文化教育应重视多元文化对话教育、多元文化通达教育和多元文化融汇教育。从心理学的角度审视多元文化教育，则应重视个体层面的认同、偏见、自卑等问题。①

在面对民族教育中的现代性与民族性的冲突中，钱民辉指出，“意识三态观”可以作为一种分析框架、理论诉求和研究立场。但是他也意识到解决民族教育困境的现实障碍和理论悖论，而不得不将学校教育空间作为一个突破口——民族教育的出路就是要在教育空间中处理好国家、地方与个人的关系以及现代性、地方性与全球化之间的关系。②

“现代性是教育人类学研究的核心主题”的提出与论证是钱民辉教育人类学研究的一个亮点。“意识三态观”的提出可以看作钱民辉思考和解决民族教育问题的一个理论上尝试。民族教育中的现代性与民族性的矛盾这一问题与滕星早前提出的“两大挑战”有异曲同工之妙。钱民辉的“意识三态观”与滕星的“多元文化整合教育”也需要进一步做比较分析。从目前来看，钱民辉较为系统论证的现代性教育及“意识三态观”还可以结合扎实的经验材料进一步挖掘和提炼。

---

① 钱民辉：《略论多元文化教育的理念与实践》，《北京大学学报》（哲学社会科学版）2011 年第 3 期。

② 钱民辉、沈洪成：《从意识三态观重新审视现代性与民族教育之关系》，《广西民族大学学报》（哲学社会科学版）2012 年第 4 期。

五、袁同凯分析民族教育发展的政治视角

第五种力量来自袁同凯。袁同凯对中国教育人类学研究的首要贡献是向学术界呈现了一本规范的教育民族志作品。在《走进竹篱教室——土瑶学校教育的民族志研究》这部作品中，袁同凯提出了分析和解决少数族群教育问题的“政治视角”。在中国现实的背景中，这种分析视角的提出既需要学者的勇气，也需要学者的良知。从地方政府、地方权力格局切入民族地区的学校教育研究，是一个非常重要而有益的教育人类学研究思路。如果这一思路能够延续下去，会对教育研究和政策层面产生重要影响。

从袁同凯后续的教育人类学研究可以看出，他并没有将研究视野局限于国内，而非常注意开展海外教育人类学研究，并加强与国外同行的交流与联系。这一思路是中国教育人类学发展的一个必然趋势。可以说，袁同凯在一定程度上已经引领了这个潮流。同时，袁同凯编著的教育人类学教材已经出版发行。可以预见，袁同凯及其团队将会成为中国教育人类学中的一支重要力量。

通过上述的分析可以看出，这五种力量在研究侧重点、学科发展贡献等方面并不相同。由某个学者的学术努力到成为一种学术传统或一个学派，中坚学者需不断开拓进取，研究团队要后继有人，这是最基本的两个条件。中国教育人类学能否形成真正的学派，学界同人还需要共同努力。

第三节　与教育人类学相近的研究

民族志作为中国教育研究中的一种新的时尚，在一定程度上，也遭受着被

错误地使用和错误地理解，尤其是与质的研究的关系上。进入 21 世纪以来，在中国教育研究中，有两种研究非常引人关注，一是以叙事研究、现象学—解释学研究、行动研究为代表的质的研究，二是以少数民族教育为主要研究对象的教育人类学研究。① 在一定程度上，教育学界质的研究的兴起也促进了教育民族志研究和教育人类学研究的发展。质的研究作为一种研究范式在很大程度上吸收了人类学的认识论和民族志的方法与技术，并且一直受其影响。民族志是一种复杂的质的研究，包括多种研究传统、历史渊源和哲学假设及具体的研究方法。②

一、质的研究的发展及特点

人类学的田野调查和民族志研究方法，在社会学界经常被称作定性研究（qualitative research），但是“qualitative research”同时又被非人类学、非社会学专业的研究者翻译为质的研究、质性研究、质化研究。虽然它们在学养来源、发展历史、研究技术与策略等方面存在诸多相似之处，但是由于研究者学科背景不同，学术偏好不同，以及与学术研究相伴的资源与学术竞争的原因，研究者往往从自己的立场、观点出发阐释它们的差别。但如果除去知识社会学意义上的竞争之外，它们之间的差别又可忽略不计。因为任何一门学科都可以宣称其是超学科、开放的，都可以借鉴其他学科的理论、方法，但是事实上每个研究者又都被自己已经接受的学科的理论、方法所限制。超学科是困难的，或许只能是有限度的超越。

① 陈学金：《我国教育中“人类学研究”与“质的研究”之比较》，《湖北民族学院学报》（哲学社会科学版）2011 年第 4 期。

② ［美］奥布主编，石中英等译：《教育人类学》，西南师范大学出版社 2011 年版，第 114 页。

在国内，质的研究被认为是“以研究者本人作为研究工具，在自然情境下采用多种资料收集方法，对社会现象进行整体性探究，主要使用归纳法分析资料和形成理论，通过与研究对象互动对其行为和意义建构获得解释性理解的一种活动。它具有探索社会现象、阐释意义、发掘整体和深层社会文化结构的作用”①。

“质的研究是一个跨学科、超学科的领域，被运用到与‘精神科学’有关的学科，如人类学、社会学、教育学、历史学、心理学、护理学、政治学、管理学等。它不是来自一种哲学、一个社会理论或一种研究传统，受到很多不同的社会思潮、学术理论和研究方法的影响。”② 诺曼·邓津（Norman Denzin）和伊冯娜·林肯（Yvonna Lincoln）在共同主编的第二版的《定性研究》中的作者前言中指出：“定性研究的开放性特征导致了人们永远抵制任何企图给该课题强加某个唯一的、像伞一样笼罩性的范式的做法。”③

质的研究的起源最早可以追溯到人类学家对异民族和异文化的关注和撰述。质的研究起源于人类学中的民族志研究传统，后来又广泛吸收了其他学科的智慧。推崇质的研究的学者也承认这一事实。但是，谈到人类学研究与质的研究的关系时，又必须将不同研究者的知识背景、学科认同以及隐藏在背后的知识社会学的因素考虑进来。这是一个非常复杂而又异常棘手的问题，这并不是本书的重点，笔者也无意陷入“谁隶属于谁”的争论之中。因此，本书主要立足于研究者的学科背景、理论来源以及学术宣称来判断某一研究是否属于教

---

① 陈向明：《从“范式”的视角看质的研究之定位》，《教育研究》2008 年第 5 期。

② 陈向明：《在参与和对话中理解和解释》，载［美］大卫·费特曼著，龚建华译：《民族志：步步深入》，重庆大学出版社 2007 年版，总序。

③ ［美］邓津、林肯主编，风笑天等译：《定性研究：方法论基础》，重庆大学出版社 2007 年版，作者前言。

育人类学的范畴。从目前的情势看，这种做法虽有些保守的嫌疑，但不失为一种稳妥的做法。

质的研究既沿袭了自然主义、解释学的传统，又吸收了后现代主义的批判意识。在人文社会科学领域，“量的研究”与“质的研究”是一对范畴。它们表征着科学主义与人本主义两大传统思想以及与之相对应的实证主义与解释主义两大研究范式的思想源流：一是由经验主义传统到实证主义的研究范式，二是从理性主义传统到解释主义的范式。① 量的研究通常使用问卷调查、实验、测量、统计等手段来检验理论假设，属于实证主义的范式，质的研究主要属于解释主义的范式。② 事实上，长期以来，教育研究领域即存在着两条主线：“一是模仿自然科学，强调适合于用数学工具来分析的经验的、可定量化的观察。研究的任务在于确定因果关系，并做出解释。另一范式是从人文学科推衍而来的，所注重的是整体和定性的信息，以及说明的方法。”③

诺曼·邓津和伊冯娜·林肯将质的研究的发展历程划分为七个阶段，由于最后三个阶段可以合并为一个阶段，因此，质的研究大致可以分为五个阶段。第一个阶段是传统时期（1900—1945 年），属于实证主义科学的范式，研究者对自己的实地经验进行“客观的”撰述。第二个阶段是现代主义时期（1945—1970 年），属于后实证主义范式，民族志方法论、现象学、批判理论、女性主义被引入质的研究中。第三个阶段是类型模糊期（1970—1986 年），在这一阶段，符号互动主义、建构主义、自然主义、实证主义、后实证主义、现象学、

① 黄清：《质的课程研究——原理、方法与应用》，广东高等教育出版社 2006 年版，第 17—27 页。

② 陈向明：《从“范式”的视角看质的研究之定位》，《教育研究》2008 年第 5 期。

③ ［瑞典］胡森：《教育研究的范式》，载叶澜、施良方选编：《教育学文集·教育研究方法》，人民教育出版社 1988 年版，第 177—187 页。

民族志方法论、批判理论、新马克思主义、符号语言学、结构主义、女性主义以及各种种族的理论、范式和方法可供质的研究使用。社会科学与人文学科之间的界限变得模糊，质的研究呈现一种多元、开放的发展态势。第四个阶段是表述危机期（1986—1990年），这一阶段的质的研究对隐藏于作品中的权利、种族问题、性别、阶层进行了更深的反思与批判。第五个阶段是以实验民族志及"后实验民族志"写作为特征的后现代时期（1990年以后）。① 上述质的研究的阶段划分在很大程度上是依据人类学的研究范式转化及主要作品的影响而划分的，但又不局限于人类学一个学科，可以说这是整个社会科学和人文学科方法论发展的一种趋势。

人类学的研究方法与质的研究方法有很大的重合之处，但又不完全相同。它们在发展的过程中相互影响，又同时都受到各种哲学思潮、其他社会与人文科学方法的影响。不同的研究者理应尊重其他研究者的学科认同与学科归属，相互学习和借鉴。

二、教育领域中的质的研究

20世纪无疑是科学主义盛行、工具理性主导人类思维的时代。在这种大背景之下，教育领域中思辨研究、基础理论研究、综述研究、比较研究成为主流的研究范式，教育学者习惯从大背景、大框架下审视中国教育问题。② 因此，在一定意义上说，中国质的研究的兴起并非针对量的研究之不足，而是直指中国教育研究的固有范式——这种范式也是中国教育研究痼疾之所在。

---

① ［美］邓津、林肯主编，风笑天等译：《定性研究：方法论基础》，重庆大学出版社2007年版，第15—22页。

② 林洁莹：《接近多元话语下的教育真相》，《中国教育报》2006年10月11日。

在国外，质的研究的兴起受多个学科、多种社会思潮的影响。而在中国，它主要有以下几种：现象学—解释学取向、叙事研究取向、行动研究取向、民族志取向。值得说明的是，这种分类主要依据现实的表现，而并非一个统一的标准。教育现象学（包括解释学）从哲学中寻找力量，教育叙事从反抗“宏大叙事”入手，行动研究则始于某种意欲变革教育现实的力量，这种力量大多来源于一线实践者和理论研究者的某种形式的合作。

虽然在20世纪80年代，中国的教育学者就将美国的定性研究介绍到国内，指出美国教育领域中的定性研究在很大程度上受到文化人类学、芝加哥社会学派的影响，但是，定性研究在很长一段时间内并未受到重视，直到20世纪90年代末才真正发展起来。而在这个时候，已有的社会科学研究中定性研究话语被教育学研究者改为质的研究。这多少带有某种讽刺的意味，话语权力的争夺是学术研究竞争中的常态。

（一）现象学—解释学取向

1986年，肖桂祥在《关于建立“教育科学学”的刍议》的文章中，首次提到了教育现象学等新兴的教育学科。① 1998年，高伟的《“阐释”与“拒绝”：教育的话语权力——生存论教育哲学对教育者的“思”的观照》一文从分析人的生存入手，呼吁教育学界运用现象学的方法作为教育的逻辑起点，并提出教育现象学肩负着阐释生存意义、建构教育本体论、产生个性方法论的任务。在文中，高伟还尖锐地指出：“当我们谈论教育越多时，我们离教育真实就越远。”②

① 肖桂祥：《关于建立“教育科学学”的刍议》，《江西教育科研》1986年第3期。

② 高伟：《“阐释”与“拒绝”：教育的话语权力——生存论教育哲学对教育者的“思”的观照》，《海南师院学报》（人文社会科学版）1998年第4期。

21世纪初，随着加拿大学者马克斯·范梅南的两本著作《教学机智——教育智慧的意蕴》和《生活体验研究——人文科学视野中的教育学》被翻译出版，中国出现了一股现象学教育学的研究力量。最早在国内系统进行教育现象学（现象学教育学）研究的是首都师范大学的宁虹。2002年8月他发表在《教育研究》上的《现象学教育学探析》是中国教育学者独立探索教育现象学的开端，随后宁虹及其学生发表了一系列文章，从现象学、解释学的理论出发，构建出“实践—意义”取向的、基于大学与中小学合作的教师专业发展模式。①

蒋开君对加拿大的教育现象学思想的源流进行了考证，并系统研究了马克斯·范梅南的教育现象学思想。② 刘良华和高伟亦从学理上对教育现象学进行了梳理与探索。刘良华认为，教育现象学的核心精神为直觉教育学，教育现象学的使命是重新恢复人的智慧。③ 高伟则在以往研究的基础上④，进一步将教育现象学划分为“理论教育现象学”和“实践教育现象学”两种范式⑤。

---

① 宁虹：《重新理解教育》，《教育研究》2001年第11期；宁虹：《教师成为研究者的现象学意识》，《教育研究》2003年第11期；宁虹：《实践—意义取向的教师专业发展》，《教育研究》2005年第8期；宁虹、胡萨：《教育理论与实践的本然统一》，《教育研究》2006年第5期；宁虹：《教育的实践哲学——现象学教育学理论建构的一个探索》，《教育研究》2007年第7期；胡萨、宁虹：《课程：作为一种实践》，《首都师范大学学报》（社会科学版）2009年第6期；胡萨、宁虹：《教师反思何以可能——教师反思的现象学研究及其现实意义》，《首都师范大学学报》（社会科学版）2010年第1期。

② 蒋开君：《现象学教育学的源与流：从乌特勒支到阿尔伯塔》，《教育理论与实践》2011年第1期；蒋开君：《现象学教育学：欧陆与北美教育学的桥梁》，《黑龙江高教研究》2012年第11期；蒋开君：《范梅南现象学教育学思想研究》，首都师范大学博士学位论文，2011年。

③ 刘良华：《教育现象学的观念》，《教育研究》2011年第5期。

④ 高伟：《关于教育现象学的几个根本问题》，《当代教育科学》2007年第9期；高伟：《教育现象学：问题与启示》，《清华大学教育研究》2007年第9期。

⑤ 高伟：《教育现象学：理解与反思》，《教育研究》2011年第5期。

近年来，教育现象学的研究有逐步发酵、愈演愈烈之势。① 但是，在一般的研究者看来，由于缺乏足够的哲学的知识储备，对于教育问题的“现象学研究”终究有点儿“高深莫测”和“可远观而不可亵玩焉”的感觉。

（二）叙事研究取向

2001年，丁钢担任主编的《中国教育：研究与评论》集刊第1辑由教育科学出版社出版，该集刊拉开了中国教育叙事研究的序幕，至2016年年底已经出版19辑。教育科学出版社还推出了“中国教育叙事研究丛书”，这是中国第一套以教育叙事方式研究中国教育与社会历史实践的系列著作，由五部著作构成：张素玲的《文化、性别与教育：1900—1930年代的中国女大学生》、丁钢的《声音与经验：教育叙事探究》、孙崇文的《学生生活图景：世俗内外的教育冲突》、王枬等的《教师印迹：课堂生活的叙事研究》、许美德的《思想肖像：中国知名教育家的故事》。

丁钢的《声音与经验：教育叙事探究》通过对中西方叙事理论和方法的梳理反思，尤其是对教育叙事理论资源的辩证分析，提出把教育叙事的理论建立在教育叙事与日常教育实践关系的基础上。丁钢进一步从方法论角度出发，在经验收集、意义诠释和伦理规范等三个方面，对如何收集个人经历或故事素材、深化叙事以及描述与诠释的关系等方面提出了策略和方法，并且从人文与科学的思维方式、序列与位置的时空关系、诠释与解释的不同取向、前台和后台及主观与客观四个方面，对教育叙事研究本身的基本理论进行了探究。与克

① 徐辉富：《教育研究的现象学视角》，华东师范大学博士论文，2006年；朱光明：《表扬与批评的意义——教育现象学的视角》，北京大学博士学位论文，2008年；王萍：《教育现象学的方法及其应用》，河南大学博士论文，2010年；左群英：《儿童同情的教育现象学研究》，西南大学博士学位论文，2010年。

兰迪宁和康纳利的叙事探究理论相比，这种本土化的理论建构似乎更具有号召力。

教育叙事研究的兴起促使了教育的书写主体、分析框架、研究内容和研究视角向多元方向发展，它给“繁荣而空洞”的教育研究界注入了一股清新的活力，影响力持续扩大。丁钢主编的《中国教育：研究与评论》陆续发表了一批高质量的基于田野研究的论文和报告。从内容上看，这些研究围绕农村教育的发展、教师专业成长、社会文化变迁和学校变革、农民工子女受教育问题等等，表现形式上通常为自传体、生活史、口述史等叙事性质的民族志。

（三）行动研究取向

理论与实践向来是教育研究领域中的一对矛盾，在很多人眼里，教育理论与实践的紧张关系不可调和。但是，当行动研究被系统引入中国之后，以“教师成为研究者”为口号，各式各样的校本研究、大学—中小学的合作研究迅即成为一种潮流。当然，这些可以看作一种理论先行的结果。而在教育实践领域，行动研究一直在进行。与政府推动的教育改革形成某种鲜明的对比，它们均是由草根力量自下而上推动的。20 世纪 90 年代中期开始的以叶澜为核心的“新基础教育实验”，以专家引领学校改革，致力于现代学校制度建设与制度创新，这是一个样例。而发端于 21 世纪初的“新教育实验”作为一种教师自发的行动研究，影响更大。它是“一个民间教育改革行动”，以“过一种幸福而完整的教育生活”为口号，以“教育在线论坛”网站为平台，以“六大行动”实验项目力图“改变学生的生存状态，改变教师的行走方式，改变学校的发展模式，改变教育科研的范式”。如果从更微观的视角出发，每个一线教师都可以是行动研究者，他们时刻都在寻求某种改变：“他们重组课堂，开展不同的活动，试用不一样的课本，改变课程主题的次序，尝试不同的沟通技巧等。”①

行动研究在教育领域的孕育最早可追溯至美国著名教育家约翰·杜威，杜威倡导通过批判性反思将理论与实践相联系，为教育行动研究产生埋下了种子。20 世纪 40 年代，美国社会心理学家科特·勒温（Kurt Lewin，1890—1947）在社会心理学中应用行动研究，将行动研究定义为“由研究者到实践者为改善他们的社会环境而开展的研究”，“将行动研究看作在社会环境中职业发展的一条途径”，倡导“被研究影响的人要通过开展研究来说话”。后来斯蒂芬·科里（Stephen Corey）等人把行动研究引入教育领域，并在 1953 年发表了《改进学校实践的行动研究》的著作。经过约瑟夫·施瓦布（Joseph Schwab）、劳伦斯·斯滕豪斯（Lawrence Stenhouse）、约翰·埃利奥特（John Elliott）、威尔夫·卡尔（Wilf Carr）、斯蒂芬·凯米斯（Stepen Kemmis）、简·尼克兲（Jean Ncniff）等人的努力，批判性的行动研究逐步在教育领域扩大了影响力。②

按照不同的行动主体、研究目的、研究路径，行动研究有不同的分类。但是归结到根本上，行动研究都是追求某种变革。依据哈贝马斯对知识分类的方法，我们可以把研究分为技术的、实践的、解放的三种取向，它们的哲学基础分别是实验的逻辑实证主义、自然主义的现象学解释学和批判的社会理论。③如果从这个角度考虑，一般的质的研究属于解释主义的范式，而行动研究则属于批判理论的范式，具有实践导向的性质，其主要目的是求善、求美，探讨并推进“应该是什么”④。按照阿哈（J. M. Arhar）等人的观点，行动研究具有

① 操太圣、卢乃桂著：《伙伴协作与教师赋权——教师专业发展新视角》，教育科学出版社 2007 年版，第 8 页。

②③ ［美］Joanne M. Arhar、Mary Louise Holly、Wendy C. Kasten 著，黄宇等译：《教师行动研究——教师发现之旅》，中国轻工业出版社 2002 年版，第 37—45、31 页。

④ 陈向明：《从“范式”的视角看质的研究之定位》，《教育研究》2008 年第 5 期。

道德责任感、反思性实践循环、公开性以及合作性的特征。① 刘良华在系统梳理行动研究的历史与现状的基础上，提出教育行动研究具有参与、改进、系统和公开的特征。为了让每个一线教师都成为研究者，刘良华在《校本行动研究》一书中特别强调一线教师在行动研究中要返回历史，在理论阅读与理论对话中，观照行动。在一定程度上，行动研究赋予一线教师以专业地位，提高了一线教师对职业的认同感以及改革教学的信心。无论如何，它在教育实践领域是一种积极的力量。

现象学—解释学取向、叙事取向、行动研究取向的教育研究都具有关注教育实践，意欲揭露教育的真实，关注个人生活经历、体验与意义，注重研究对象的表达和发声，自下而上进行阐释或构建理论的特点。正是因为具有这些“家族相似性”，它们才聚集在质的研究这把“大伞”下。从价值关怀来看，质的研究总有某种“行动地”变革现实的倾向。

三、质的研究与人类学研究的关系

通过上面分析可以看出，教育研究中质的研究的起源和发展在很大程度上借鉴了现代人类学的理论和方法，并由于不同研究者的不同学科背景而呈现多元复杂的研究取向。在研究内容上，质的研究更多地关注城市学校教育问题，诸如课堂教学、教师发展等；而教育人类学的研究者多具有人类学、社会学的学科背景，关注对象集中于少数民族和弱势群体的教育问题，更强调教育平等和文化的多样性及其传承等问题。在中国教育学界，从事质的研究的学者通常

① ［美］Joanne M. Arhar、Mary Louise Holly、Wendy C. Kasten 著，黄宇等译：《教师行动研究——教师发现之旅》，中国轻工业出版社 2002 年版，第 32—35 页。

仅视民族志为一种方法论或一种具体的研究方法，而具有人类学背景的教育研究者，通常具有强烈的人类学学科归属感和学术情怀，既希望从经典人类学理论中获取灵感，又希望能回馈母学科人类学一些新的创见。

虽然不同的研究者对此问题会有不同的见解，但不可否认，中国教育中的人类学研究与质的研究具有很多相似之处：它们都想突破中国传统教育研究范式的桎梏，意欲进入实践领域，书写教育的本真和多样性，并蕴含着变革的思想；在对待教育的看法上，都认同教育的复杂性、实践性、文化性和整体性；在研究方法上，都具有草根情结，遵循自下而上的逻辑；在资料收集上，强调研究者深入实践领域获得一手资料；在研究旨趣上，注重个体经验和地方性知识的描述和意义的揭示；在表现方式上，强调对事实的叙述，具有相似的表达方式。

“从传统到现代、后现代，从封闭到开放，从一元到多元，从事实描述到意义解释，从论证理论到建构‘现实’，从追求‘科学’到重视人文，从‘客观性’到‘主体间性’，从写语言到‘写文化’，从宏大理论到地域性知识，从价值无涉到价值有涉，从学术研究到实践行动。”① 陈向明用此段话描述质的研究的未来走向，而事实上，这种走向正是文化教育人类学所看重和践行的。不同学科背景、不同研究旨趣的研究者之间相互对话，研究理论、研究方法相互借鉴，研究领域相互渗透，教育的人类学研究与质的研究正在呈现交叉融合、多元共存、更加丰富多彩的局面。

第四节　教育人类学的学科制度建设

现在，需要回答这样一个问题：中国的教育人类学学科发展已经到了什么

① 陈向明著：《质的研究与社会科学研究方法论》，教育科学出版社2000年版，第45页。

程度？这是一个仁者见仁、智者见智的问题，学科内部与学科外部的研究者之间的观点、学科内部的研究者之间的见解可能并不一致，甚至会相互冲突。

标准选择是判断中国教育人类学发展现状的前提条件。这里，选择费孝通评价社会学学科的标准作为衡量中国教育人类学发展现状的标准。费孝通在20世纪80年代初领导重建中国社会学的时候，提出中国社会学建设需要“五脏六腑”。其中“五脏”是指：①建立学会组织；②建立专业研究机构；③在大学建立相应的系、科；④建立图书资料中心；⑤出版研究成果，包括刊物、丛书、教材和通俗读物。① 下面按照费孝通对中国社会学的重建的五项标准审视教育人类学学科建设和发展现状。

一、学会组织

学会的建立为促进教育人类学的学术交流，凝聚学者对学科之认同，推动中国教育人类学研究学术化、专业化和规范化做出了贡献。

中国教育人类学专业委员会（China Council on Anthropology of Education，简称CCAE），2012年4月6日获得中国人类学民族学研究会批准筹备成立。2013年6月19日，正式通过民政部审批成为中国人类学民族学研究会的二级分支机构。2014年3月28—30日在中央民族大学举行了中国人类学民族学研究会教育人类学专业委员会首届年会暨“教育与文化：教育人类学的理论、方法与应用研究”学术研讨会。此次会议由中国人类学民族学研究会教育人类学专业委员会主办，中央民族大学教育学院、中央民族大学中国少数民族教育研究创新基地、《民族教育研究》编辑部协办。在此次会议中，选举产生了第一

① 费孝通：《关于社会学的学科、教材建设问题》，《西北民族研究》2001年第2期。

届理事会成员。张诗亚、庄孔韶担任名誉理事长，滕星担任理事长，万明钢、郑新蓉、王枬、钱民辉和苏德担任副理事长。2015 年 6 月，《教育人类学理论、方法与应用研究——中国教育人类学专业委员会首届年会论文集》由中央民族大学出版社出版。2015 年 11 月 14—15 日，中国人类学民族学研究会教育人类学专业委员会第二届年会暨“文化多样性与教育”学术研讨会在广西民族大学召开。2017 年 7 月 19—20 日，中国人类学民族学研究会教育人类学专业委员会第三届年会暨“一带一路”战略与民族教育研究学术研讨会在西北师范大学召开。

2009 年 10 月，由中央民族大学中国少数民族地区基础教育研究中心主办的“课程与文化：中国乡土知识传承与校本课程开发研讨会”召开，近 200 名教育学者、人类学者、社会学者与会，它在一定程度上提高了教育人类学在教育学界和人类学界的影响。除此之外，中国学界还举办了多次教育人类学学术研讨会。2006 年 3 月 20 日，由中央民族大学教育学院和中央民族大学期刊社联合召开了“民族文化传承的教育人类学研究”会议。2011 年 11 月 5—6 日，西南大学举办了“西南民族文化与教育的人类学研究”会议。

中国教育学会教育学分会下设有教育人类学学术委员会，由冯增俊任理事长。该学术委员会先后于 2007 年 9 月 26—28 日在西北师范大学，2010 年 12 月 25—26 日在广西师范大学，2013 年 4 月 15—17 日在云南师范大学，2014 年 6 月 13—15 日在青海民族大学，2016 年 4 月 9—10 日在中南民族大学，举办了五次教育人类学学术研讨会。①

近年来，教育人类学作为人类学分支学科的地位已经获得越来越多的认

① 冯增俊主编：《中国教育人类学研究（2016）》，人民教育出版社 2016 年版，第 227—250 页。

可。中国人类学学会2016年年会（在复旦大学召开）和2017年年会（在内蒙古师范大学召开）都专门设置了教育人类学分论坛，教育人类学学者做了主题发言，引起了教育学界和人类学界的广泛关注。

二、专业研究机构

在研究机构的设置方面，中央民族大学成立了教育人类学研究中心，西南大学设有西南民族教育与心理研究中心，西北师范大学设有西北少数民族教育发展研究中心，北京师范大学设有多元文化教育研究中心（2013年7月改名为中国民族教育与多元文化研究中心），北京大学、四川师范大学等高校也建立了关于少数民族教育或多元文化教育的研究中心或机构。

截至目前，中国教育人类学研究已经形成了几个重要派别：中央民族大学学派、西南大学学派和西北师范大学学派。中央民族大学凭借其传统的人类学和民族学的学科背景，开展教育人类学研究具有理论上的优势。西南大学和西北师范大学由于其地处民族地区，拥有丰富和便利的田野调查资源，加之研究少数民族教育受到中央政府和地方各级政府的支持和鼓励，因此这两所高校的教育人类学研究将会更富于潜力和持久性。

三、大学的系、科

教育人类学作为一门交叉学科，不可能像社会学学科那样拥有专门的学院或者系。作为一个专业，它可以被设置在教育学院或人类学系。教育人类学作为一个专业或者研究方向，主要在几所大学具有博士和硕士招生点。

在中央民族大学，在民族学一级学科下设置中国少数民族教育二级学科，在中国少数民族教育专业下设置教育人类学研究方向。截至2016年，已经培养了30多名教育人类学研究方向的博士毕业生。中央民族大学教育学院已形成了本科、硕士、博士三级较为完整的教育人类学研究人才培养体系。

西南大学（由原西南师范大学和原西南农业大学于2005年7月合并组建而成）也是中国较早培养教育人类学专业博士的高校之一。西南大学西南民族教育与心理研究中心在教育学原理和民族教育学（西南大学在教育学一级学科内自设专业）专业下培养教育人类学研究方向的博士研究生。根据近些年的西南大学博士研究生招生简章和专业目录，西南民族教育与心理研究中心在教育学原理专业下设置了教育人类学的研究方向，并同时招收民族教育学专业的博士研究生。可以看出，西南大学越来越注重教育人类学的学科专业建设，同时又不降低民族教育学学科地位。西南大学西南民族教育与心理研究中心在多个省区市建立了教育人类学田野工作站，并设有田野考察工作管理办公室专门负责管理硕士研究生和博士研究生的田野考察工作。中心要求硕士研究生和博士研究生要定期进行田野调查，并撰写调查报告和研究论文。

西北师范大学2005—2012年在教育学原理专业下招收教育人类学研究方向的博士研究生。2013年和2014年，西北师范大学继续招收民族教育学专业博士研究生，民族教育学和人类学理论与方法是专业考试科目。① 华东师范大学教育学部在教育学一级学科下，设置教育文化与社会二级学科，招收博士研究生。② 香港中文大学、香港城市大学也曾培养过教育人类学研究方向的博士。

目前，教育人类学专业的人才培养模式逐渐完善，学术队伍日益壮大。据不完全统计，中央民族大学、西北师范大学、西南大学、中山大学、北京大

---

① 西北师范大学2013年学术型博士研究生招生专业目录。http://master.nwnu.edu.cn/xwzx/xwxx.asp? id=734。

② 华东师范大学2013年招收攻读博士学位研究生的指导教师名单公告。http://www.yjsy.ecnu.edu.cn/newsdetail.asp? id=2615。

学、南开大学、北京师范大学、华东师范大学、广西师范大学、云南民族大学、首都师范大学、四川师范大学、重庆师范大学等高校开设了教育人类学、多元文化教育、教育人类学研究的本土案例分析、民族文化传承与教育、西方教育人类学理论与田野工作等课程，还有一些大学开设了教育人类学的选修课程。

在中国，社会文化人类学（民族学）的教学与研究机构主要有中央民族大学民族学与社会学学院、北京大学社会学人类学研究所、复旦大学人类学民族学研究所、中山大学社会学与人类学学院、厦门大学人类学与民族学系、中国社会科学院民族学与人类学研究所、山东大学人类学系、西南民族大学西南民族研究院、青海民族学院民族学与人类学学院、吉首大学人类学与民族学研究所、云南省社会科学院民族学研究所、西北民族大学民族学与社会学学院、西藏民族学院民族研究院、中南民族大学民族学与社会学学院、湖北民族学院民族学与社会学学院、广西民族大学民族学与社会学学院、云南大学民族研究院、兰州大学历史文化学院民族学系、内蒙古大学民族学与社会学学院、台湾地区研究院民族学研究所、台湾政治大学民族学系、台湾大学人类学系、台湾东华大学原住民民族学院、香港中文大学人类学系、重庆三峡学院民族学与公共管理学院、内蒙古师范大学社会学民俗学学院、新疆师范大学历史与民族学学院、中国人民大学人类学研究所、浙江大学人类学研究所、北京师范大学人类学与民俗学系、重庆大学人文社科高级研究院人类学研究中心等。人类学专业人才培养单位的不断增多能够为更多的人从事教育人类学研究奠定基础。但是，人类学学科设置的不合理，在一定程度上影响了人类学在中国大学体制内的发展以及学术队伍的壮大，这在一定程度上影响了中国教育人类学的发展。在中国的学科专业设置中，社会学和民族学同为法学门类下的一级学科，人类学是社会学一级学科下面的二级学科，与社会学、人口学、民俗学并列。教育部于2012年颁布的《普通高等学校本科专业目录》依然维持了这个格局。①这样，人类学与原本同它具有“亲缘关系”的民族学被人为分裂，而又被置于社会学之下，这种尴尬的学科设置，不仅影响了人们对人类学的认识，也影响了人类学学科谋求独立的发展空间和话语权力。②

四、图书资料中心

由于系统梳理和研究中国教育人类学的历史文献的工作才刚刚起步，对于哪些作品属于教育人类学的范畴，哪些作品可以成为教育人类学的经典作品，哪些书籍可成为教育人类学研究的重要参考书，还需要逐步积累，并不断扩充。这是一项需要长期努力的工作。目前来看，我们需要继续加强图书资料的目录整理工作。

五、研究成果的出版

研究成果包括教材、刊物、丛书、译作和通俗读物等。某一学术领域的出版物的种类、数量和质量能够在一定程度上反映该学科的发展程度。

（一）教材

目前，中国教育人类学的教材主要有四部。2005年，冯增俊主编、万明

① 王建民：《与社会学结缘的中国人类学——基于20世纪前半期的学科史讨论》，《中南民族大学学报》（人文社会科学版）2012年第6期。

② 关于中国人类学的学科历史与学科定位，新近的讨论还可参看以下文章：杨圣敏：《费孝通先生对学科建设的指导——先见者的智慧》，《中国民族报》2005年7月8日；杨圣敏：《当前民族学人类学研究中的几个问题》，《广西民族大学学报》（哲学社会科学版）2012年第1期；周大鸣：《关于人类学学科定位的思考》，《广西民族大学学报》（哲学社会科学版）2012年第1期；石奕龙：《人类学与民族学都应为一级学科》，《广西民族大学学报》（哲学社会科学版）2012年第2期；刘夏蓓：《人类学学科建设与海外他者文化研究》，《广西民族大学学报》（哲学社会科学版）2012年第2期；徐杰舜：《人类学在中国的命运为何一波多折》，《探索与争鸣》2013年第3期；赵旭东：《也谈人类学在中国的学科定位》，《探索与争鸣》2013年第3期。

钢副主编的《教育人类学教程》由人民教育出版社出版，除冯增俊、万明钢之外，王鉴、孟凡丽、齐学红、白芸、刘良华、刘继平等学者参与了该书的撰写。该书还入选了教育部普通高等教育“十五”“十一五”国家级规划教材。《教育人类学教程》全书由十五章构成。第一章至第三章探讨了学科发展和学科体系问题。第四章到第十章探讨了教育人类学的基本问题，主要从两个层面展开，一是教育与人的一般生成原理，二是从宏观和中观的角度研究教育与人类进化、民族发展、文化演进、个体文化适应及人的生物演进的问题。第十一章至第十四章对学校教育中各种微观文化现象进行了分析。第十五章展望了教育人类学的未来发展。该书偏重于从理论上论述教育人类学的基本问题，相对缺少文化人类学与教育研究的内容，也缺少对国内教育人类学研究的全面梳理与介绍。尽管如此，由于该书是中国大陆第一本以“教育人类学”为书名的教材，同时也是教育人类学学科概论性研究的最新研究成果，它标志着这门学科在谋求独立学科地位上迈出了重要一步。

2009 年，华东师范大学教育学者李政涛的《教育人类学引论》出版，这是有教育学背景的教育人类学者致力于学科建设的一部作品。2013 年，南开大学袁同凯编著的《教育人类学简论》出版。该书共十三章，前四章介绍了教育人类学的概念、历史发展过程、理论流派以及研究少数民族教育的经典理论。第五章论述了教育人类学的研究方法。其后的八章对“文化与教育”“文化、人格与教育”“教育与非连续性”“妇女与教育”“学校教育与政治权力”“学校教育与社会环境”“当代与初民社会的教育”“教师与学校教育”等专题进行了论述。

2017 年，由滕星担任主编的《教育人类学通论》由商务印书馆出版。该教材包括学科本体论与学科发展史、理论和方法、文化和教育、族群与教育、教育人类学的实践五大部分。教材内容涵盖教育人类学的多维面向，重点突出社会文化人类学取向的教育研究。该教材适合人类学、教育学、社会学等相关专业高年级的本科生和硕士、博士研究生阅读和参考。

目前，还有其他一些机构和学者正在酝酿、规划和编写教育人类学的相关教材。可以说，中国教育人类学的教材建设已经进入了快速发展的阶段。但是，不得不承认，教育人类学专业的课程至今还不规范。教育人类学的专业设置中至少应该包括以下课程：人类学的理论与社会科学的理论、人类学的研究方法、教育人类学的田野调查实践、教育人类学的经典研究案例、教育人类学的历史等。

（二）刊物

在明确的教育人类学学科发展意识产生之前，少数民族教育是教育人类学的主要研究内容，因此当时的作品主要发表在《民族教育研究》杂志和民族院校的学报上。《广西民族学院学报》（哲学社会科学版）2004 年第 3 期推出了由滕星主持的“教育人类学”专题栏目。从 2009 年开始，《湖南师范大学教育科学学报》定期推出教育人类学研究专栏，截至目前，虽然中国还没有专门的教育人类学杂志，但是中国教育人类学的研究也有了“一席之地”以至可以保证这一专业群体“集体发声”。

中央民族大学在 2006 年创办了《教育人类学研究通讯》的内部电子刊物，滕星为学术顾问，巴战龙为主编，前后共编辑了 16 期。这是中国最早的有组织的以教育人类学命名的电子刊物。2014 年 11 月，由中国人类学民族学研究会教育人类学专业委员会主办，中央民族大学滕星担任主编的《教育人类学研究通讯》创刊，它是教育人类学学会组织的公共平台之一。

2016 年 8 月，由中国教育学会教育学分会教育人类学学术委员会组织编撰、冯增俊主编、按年度（每年一卷）向国内外发布我国教育人类学研究进展情况的专业性、资料性、工具性、连续性学术年刊《中国教育人类学研究(2016)》由人民教育出版社正式出版。该年刊的主要板块有学科发展、理论范式、学术活动等。该年刊忠实记录我国教育人类学学科的发展历程和建设成就，系统展示我国教育人类学研究的学术成果和前沿动态，既适合高等院校教育学专业的教师、本科生、研究生阅读，也可供广大中小学教师、教育科研人员、教育管理工作者参阅。

（三）研究丛书

滕星主编的“教育人类学研究丛书”已由民族出版社出版了50余种著作，对中国教育人类学的发展起到了宣传、引领和推动作用，正是这些书籍的出版使教育人类学在中国成为一个耳熟能详的术语。

（四）国外教育人类学译作

除了前文已经介绍的外国教育人类学译作之外，重要的译作还包括以下几种。

2006年，西南师范大学出版社和海南出版社联合翻译出版了《教育大百科全书》的第二版，“教育人类学”是第二卷中的第一章。该部分内容由时任美国加利福尼亚大学伯克利分校著名的教育人类学家奥格布负责组织编写。2011年，西南师范大学出版社出版了《教育大百科全书》的22个专题分册，《教育人类学》是其中之一，这为国内教育人类学研究者系统学习了解20世纪的美国教育人类学提供了极大便利。涂元玲在《中华读书报》和《湖南师范大学教育科学学报》两次对该书进行了介绍与评价。①

① 涂元玲：《教育人类学的学科特点及启示——评〈教育大百科全书·教育人类学〉》，《湖南师范大学教育科学学报》2011年第6期。

哈里·沃尔科特（Harry Wolcott）是美国著名的教育人类学家。他的代表作《校长办公室的那个人——一项民族志研究》和研究方法的著作《田野工作的艺术》由重庆大学出版社于2009年和2011年先后出版。这两本著作为中国研究者系统学习美国著名教育人类学家的经典著作、借鉴其研究方法提供了一个良好途径。

费特曼（D. M. Fetterman）在斯坦福大学获得教育与医学人类学的博士学位，他做了很多教育人类学的研究。他的著作《民族志：步步深入》于2007年由重庆大学出版社出版。该书按照人类学田野工作的步骤，对民族志的研究方法与技术做了言简意赅的介绍，语言生动活泼，内容不乏教育研究的案例，因而可以视为一部教育民族志的研究入门书。

肯特·科普曼（Kent Koppelman）和李·哥德哈特（Lee Goodhart）所著的《理解人类差异——美国的多元文化教育》于2011年由滕星、朱姝等翻译出版。《理解人类差异——美国的多元文化教育》从文化规范、个体态度与行为、制度性实践三者互动的视角揭示了美国社会中种族、宗教、阶层、性别、残障等方面的偏见、歧视和不平等。此外，该书还介绍了美国联邦政府、高等教育、公司企业、大众传媒等在减少和防止文化偏见与歧视，以及以多元主义作为一个多元社会的最佳方案所做出的努力。

通过上面的分析可以看出，中国教育人类学很难说已确立起现代社会科学意义上的独立学科地位。这是因为，即便仅从学科制度来说，目前也只是在一些学校开设了教育人类学课程。这种局面在短时间内可能不会改观。从外部来看，作为一门关注弱势群体和文化多样性的学科，中国教育人类学的发展在宏观上取决于中国社会政治的发展进程，在微观上取决于其母学科人类学这个专业在中国大学体系中的进一步发展与壮大。但是，可以说，正是由于越来越多的大学和研究者的努力，中国的教育人类学正在逐步走向专业化、组织化的发展道路。

滕星在其主编的“教育人类学研究丛书（第三辑）”的序言中指出，中国大陆地区教育人类学研究已经取得了重要的成果。

一是翻译引介了一批西方教育人类学的理论和著作，传播了教育人类学的基本思想和理念。

二是从理论上对这一学科进行了深入探讨，结合国情研究了大陆地区教育的发展问题，构建了教育人类学的本土理论体系。

三是采用教育人类学的理论，关注异文化教育现象，提倡多元文化教育理念，寻求跨文化的理解和对话，特别是为研究民族问题和民族教育提供了借鉴。

四是从人类学的视角切入，解读了汉族的正规教育和非正规教育，探讨了文化与教育的关系、教育的文化功能等，在一个更广阔的人文背景下探讨了大陆地区的教育问题。

五是积极开展教育人类学的田野调查，出现了一批具有本土意义的教育人类学民族志作品。

六是在一些师范院校和民族院校陆续建立了相应的民族教育和多元文化教育教学科研机构，开设了教育人类学课程，教育人类学人才培养模式逐步完善，学术科研队伍日益壮大。

七是在吸收西方教育人类学学科素养的基础上，进行本土理论建构，创造性地提出了一些符合中国国情的教育人类学理论。

八是以教育人类学研究方法为基础的多学科合作研究课题成果初见端

倪，积累了一定的教育人类学本土研究经验以及与国际组织合作开展研究的经验。①

这段话基本可以概括中国教育人类学在最近十多年的发展成果。通过上面的分析，可以认为，中国的教育人类学进入 21 世纪之后开始走向专业化发展阶段，而且速度越来越快。在教育学界和人类学界，教育人类学都可以称得上是异军突起，其凝聚力和学术影响力正在持续增长。

① 滕星：《中国教育人类学的学科发展和学科建设》，《当代教育与文化》2010 年第 4 期。

第七章　我国台湾地区的教育人类学研究：历程与现状

教育人类学是我国台湾地区人类学研究和教育学研究的重要内容之一。作为一个交叉研究领域，台湾地区的教育人类学研究是由人类学者和教育学者共同推动的。但由于政治、社会等方面的原因，我国台湾地区教育人类学的发展历程与大陆存在一定差异。1949 年后，包括人类学家、民族学家在内的一批学者到了台湾，继续对台湾地区的社会文化展开调查。因此，台湾地区的人类学研究并未中断。不过，教育人类学在台湾地区的发展也是从 20 世纪 80 年代初开始并逐步取得实质性进步的。本章拟从发展历程与研究现状两个方面对台湾地区教育人类学研究予以介绍和评论。

第一节　台湾地区教育人类学的发展历程

关于台湾地区人类学发展的历史分期问题，人类学家李亦园、乔健、黄应贵等都有过专门的论述。① 一般来说，台湾地区人类学的发展大致可以分为四个阶段：1895—1945 年，为日本占领期间的“蕃情”研究和“旧惯”调查时期；1945—1965 年，为民族志和文化史研究时期，这一时期的研究主要以台湾少数族群为主；1965—1987 年，为范式转换和科际整合时期，这一时期研

① 哈正利著：《社会变迁与学科发展：台湾民族学人类学简史》，民族出版社 2010 年版，第 10—12 页。

究对象逐渐扩展到台湾汉人社区；1987 年至今，是学术多元化发展时期。①台湾的教育人类学发展较人类学学科的发展要晚、要慢。

根据目前收集到的资料，余光弘 1976 年在台湾大学考古人类研究所所写的硕士论文《环山泰雅人的社会文化变迁与青少年调适》是台湾最早的一篇教育人类学论文。1987 年，人类学者许木柱的著作《阿美人的社会文化变迁与青少年适应》出版。20 世纪 90 年代中期之前，台湾教育人类学研究方向的硕士论文主要出自台湾高等院校中人类学或者民族学研究所。比如，许炳进的《山胞教育政策与山胞教育问题之研究》、邓淑慧的《学校围墙外的教室——礁溪乡桂村的"安亲班"之教育人类学民族志报告》、林秀美的《学校教育与文化传承之探讨——以乌来社区之教育民族志为例》，等等。

据教育人类学学者周德祯考察，台湾学者郑重信著的《教育人类学导论》和王连生著的《教育人类学的基本原理与应用之研究》，对于引进西方教育人类学观点起了奠基作用。② 詹栋梁的《教育人类学》《教育人类学理论》《儿童人类学——儿童发展》介绍了欧陆哲学教育人类学。人类学学者潘英海根据英美文化人类学理论写了一章"教育人类学"收录于芮英章主编的《文化人类学》里。谢小芩也曾经对美国学校的民族志做了介绍。③ 这些著作对于台湾人类学与教育的结合起了重要的推动作用。

教育学者詹栋梁 1982—1983 年到德国敏斯特大学从事博士后研究工作，学习德国的教育人类学理论，收集了大量德文教育人类学资料，并于 1986 年

① 哈正利著：《社会变迁与学科发展：台湾民族学人类学简史》，民族出版社 2010 年版，第 14 页。

② 周德祯著：《教育人类学导论——文化观点》，五南图书出版公司 1999 年版，第 25 页。

③ 谢小芩：《透视黑盒子——美国"学校民族志"》，《美国月刊》1988 年第 5 期。

出版了《教育人类学》一书。该书系统、整合地介绍了德语国家教育人类学的理论方法和代表人物（其中有9位德国教育人类学者和3位奥地利、荷兰的教育人类学者）的思想、理论。1994年，台北五南图书出版公司出版了詹栋梁著的《儿童人类学——儿童发展》，儿童人类学是哲学教育人类学中的一门重要分支研究领域。詹栋梁的著作对哲学取向的教育人类学在中国的传播与发展起到了重要作用。

1993年，台湾书店出版了《多元文化教育》一书，这是台湾最早系统地介绍多元文化教育的文集。该书上卷“理论与发展”共10篇文章，主要介绍了多元文化教育的发展历程、理念、思想与实践等内容，这些文章引用了大量文化人类学家的观点说明多元文化教育的理念与实践；下卷“政策与实施”刊载了9篇文章，介绍了大陆的少数民族教育政策及台湾多元文化教育的政策与实施情况。

刘蔚之是台湾最早使用人类学方法研究多元文化教育的教育学者之一。①他在20世纪90年代初写作硕士论文时运用实地调查的方法进入台湾北部山地乡内的一所学校，对该学校多元文化教育的课程方案的背景、目标设计、内容选择、课程实施及其影响，以及教师的深层意识形态等内容进行了考察。他研究发现这所学校所实施的多元文化教育课程方案与国外多元文化课程存在很大不同。

1997年夏，台湾师范大学教育学系举办了全台湾第一次“多元文化教育的理论与实际”学术研讨会，提出了“族群关系与教育”“两性平等与教育”

① 刘蔚之：《一个山地学校的多元文化教育之俗民志研究》，台湾师范大学教育研究所硕士论文，1992年；刘蔚之：《多元文化教育之实地探究——以一个山地学校为例》，《教育研究信息》1994年第2期。

"多元文化教育的政策与模式""多元文化的课程与教学"等议题，对"乡土文化教育""本土语言教学"等进行了讨论。①

从20世纪90年代开始，国外多元文化教育的理念和运动传入台湾地区，台湾学者结合台湾族群文化多样化的事实，开展了丰富多彩的少数族群教育和多元文化教育研究。这些研究大多把国外的理论与本土教育实践有机结合起来，力图为台湾的少数族群伸张教育权益。这股研究热潮在21世纪初形成一种繁荣景象，台湾教育界出版了多本关于多元文化教育的重要著作。例如，江雪龄的《多元文化教育》、张建成的《多元文化教育：我们的课题与别人的经验》，等等。在张建成主编的《多元文化教育：我们的课题与别人的经验》中，作者将少数族群教育、性别教育、语言教育、乡土教育、教育优先区五项课题作为台湾多元文化教育最重要的内容。

在博士论文方面，张如慧和许炳进两位博士的学位论文是台湾较早使用人类学的方法进行教育研究的作品。张如慧深入山海中学（化名）少数族群艺能班学生的学校生活之中，以参与观察、访谈及文件分析等方法，探究了少数族群女学生在学校生活经验中所体验到的性别与民族潜在课程，分析了潜在课程的来源与运作，探讨了潜在课程对少数族群女学生所产生的影响，以及女学生对上述潜在课程之观感与因应。许炳进采用文献研究、参与观察、实地调查、参加小区部落教育文化活动、座谈会议等方法，探讨了台湾多元文化教育问题，并提出了政策检讨和寻找问题改进的策略。

吴天泰于2000年对台湾地区教育人类学的发展做了较为详细的梳理。吴天泰认为，台湾教育人类学研究的范围主要有四类：人的本质与教育、文化观

① 张建成主编：《多元文化教育：我们的课题与别人的经验》，师大书苑有限公司2000年版，序。

点的教育、教育民族志、行动研究。其中教育民族志又可分为三种：研究一般教育现象与问题，研究原住民教育，对教育民族志中研究者角色进行探讨。

从美国新泽西州罗格斯大学教育人类学专业博士毕业的周德祯是较早使用文化人类学的理论和方法对少数族群教育进行研究的台湾学者，其作品《排湾族教育——民族志之研究》和《教育人类学——文化观点》对于教育人类学的普及与民族志研究方法的推广应用起到了重要的推动作用。

2002年，王连生的《教育人类学——理论与应用》出版，该书有意将哲学取向的教育人类学与社会—文化取向的教育人类学加以整合，对教育人类学的基本问题做了简明的论述。作者还提出将教育人类学研究与生物科学、行为科学、社会科学、人文学科广泛联系起来，并从若干学科视角展开相关论述。这无疑是具有先见之明的观点。

也有台湾学者在外国开展田野调查，并出版了著作，如袁汝仪的《荷兰视觉艺术教育与师资训练：一个西方案例的教育民族志研究》和《哈佛魔法：从Do Harvard到Do World的哈佛人领袖性教育民族志》。台湾学者冯朝霖对20世纪90年代德国十多所大学中的教育哲学史科目进行了统计分析，其中包括哲学取向的教育人类学、跨文化教育研究等科目的具体情况介绍和分析。①

第二节　台湾地区教育人类学的研究现状

由于收集资料的局限，本节内容将主要以台湾近30年来的硕士论文和部分可查找到的期刊文章为分析对象，讨论台湾教育人类学研究的主要内容和研

① 冯朝霖：《德国教育哲学史科目教学研究之探讨》，《教育与心理研究》1993年第16期。

究方法。通过在“台湾博硕士学位论文知识加值系统：自由的博硕士学位论文全文资料库”以及“台湾图书馆全球资讯网”搜索、整理后发现，自20世纪90年代以来，台湾教育人类学方向硕士论文的研究内容与叙述方式均呈现多样化的局面。

在梳理文献过程中发现，指导教育人类学研究方向的硕士生导师主要有詹栋梁、许木柱、潘英海、周德祯、冯朝霖、吴天泰、陈枝烈、郑同僚、熊同鑫等人。其中，潘英海指导的以教育人类学为研究方向的硕士论文较多，包括邓淑慧的《学校围墙外的教室——礁溪乡桂村的“安亲班”之教育人类学民族志报告》、邱奕君的《赛夏人乡土教育实施及其文化意义》、张雅婷的《实践的轨迹：安亲班教学的脉络化研究》、吕宥萱的《邮文化的社会教育与文化传承：一个民族志的研究》、张嘉伦的《濡化、儒化：埔里育化孔子学堂的教育人类学研究》等。具有教育人类学学科意识，直接以人类学研究、民族志研究为题目的论文主要出自人类学背景的研究系所。而教育学背景的研究者较多使用叙事研究、个案研究、行动研究、生活史研究等作为论文题目。

在研究内容上，台湾教育人类学的研究主题主要包括：少数族群的语言教学，少数族群教育政策，多元文化课程设计与实施，学校—家庭互动，少数族群的亲子教育和养育文化，亲师沟通，族群文化的传承，少数族群学生的文化适应，社区与学校教育的互动，性别教育，教师专业成长，学生的自我认同及成长，少数族群的学习过程，关于教学、学校教育的行动研究，校本课程构建等诸多方面内容。

从研究方法上来看，台湾教育人类学的研究力量为扭转台湾教育研究中只注重量化研究的传统做出了重要贡献。具有人类学背景的研究者指导研究生使用民族志和跨文化比较的研究方法，针对台湾教育的各种方面，做了许多经验研究，其目的在于以人类学方法，从文化的角度来诊断台湾教育问题。仅以周德祯为例，从1994年执教于高等教育至今，周德祯已经指导了20多位博士、硕士研究生使用人类学的方法研究教育问题。人类学研究方法的应用，在相当程度上弥补了台湾教育领域中量化研究对教育议题的理解不够周全、深入的问题。

台湾一些教育类和人类学类的杂志也发表了一些教育民族志作品，下面仅举几例。陈逸君以实际参与、观察、访查等方式调查了南投县信义乡一所中学在目前教育体制下如何进行教学活动，以便了解学校教育对少数族群学生的执行成效、对少数族群文化的影响，以及多元文化理念的落实情况，希望从中寻找出当代少数族群认同与社会整合之间矛盾与冲突的可能解决之道。简良平于2005—2007年实地访谈与观察了偏远地区的公立小学教师教学活动，运用文化资本理论、增权赋能教学响应弱势者教育需求等观点研究了偏远地区小学教师的教育信念与教学行为。①

近年来，台湾多元文化教育的本土化趋势明显，有研究者尝试把性别与族群两个因素综合考虑，研究汉人教师如何解释少数族群的性别关系，阐释现象背后的社会文化意涵、权力关系、性别及族群政治等，同时也从少数族群教师如何解释或感受他们自己的族群与性别文化的角度，进一步检视多元文化教育的内涵。②

还有研究者对大陆的教育问题进行研究。有学者以1987年开办的北京西藏中学为例，整理中国内地西藏班集中办学的民族教育模式的相关文献并进行

① 简良平：《偏远地区小学教师对弱势小区环境之觉知及其教学响应》，《教育实践与研究》2010年第2期。

② 李淑菁：《族群想象下的性/别意象：再思台湾多元文化教育》，《台湾社会研究季刊》2009年第12期。

田野实察，了解其缘起与经过、学制和办学特色。①

总体来看，我国台湾的教育人类学也处在发展过程之中，但是由于专业的研究人员相对较少，很少有学者专门致力于教育人类学的学科建设和学科发展。笔者相信，随着海峡两岸在文化、教育领域交往的愈益频繁，尤其是教师互访、交换生项目的不断开展，大陆与台湾教育人类学界的交流也会更加充分、深入。在全球化学术交流和竞争的时代，两岸的教育人类学学者应该团结起来，取长补短，共同推动中国教育人类学研究发展壮大，与世界对话。

① 王雅萍：《中国内地西藏班的民族教育办学模式——以北京西藏中学的办学为例》，《民族学报》2006 年第 12 期。

下编　前瞻

第八章　对教育人类学若干问题的反思与讨论

在对中国教育人类学的百年发展历程梳理和现状分析的基础上，本章欲结合中国教育人类学发展中的一些经验以及存在的问题，对教育人类学学科理论的若干问题进行一定的反思与讨论。具体来说，本章将就教育人类学的学科性质、学科方法论与研究方法、教育人类学的深层研究主题表明笔者的观点和见解。

第一节　对学科性质的讨论

一、教育人类学的学科性质

任何一个交叉学科，都会面临着学科性质和学科归属的争论。教育人类学作为一门交叉学科，它的学科性质取决于人类学与教育学的特点，我们要对这门学科的研究作品在研究对象、研究方法、价值追求等方面反映出来的一致性特点做判断。从主观上讲，我们还要分析不同研究主体的学科背景和学科认同。应该指出，学科认同的分野既是源于研究者学科背景差异所致，也是不同研究者为了争取学术资源、获取学术声誉的手段。

对教育人类学的学科性质的讨论，将主要针对以下三个问题展开。

第一，教育人类学是人文学科，还是社会学科？我们认为，教育人类学是一门开放的综合的人文社会学科。人类学与教育学之所以能够联姻，在一定程度上是由其共有的人文社会的学科性质所决定的。广义的人类学具有自然学科、社会学科和人文学科的特性。对人的身体形态、演变的研究属于自然学科，对于人的社会性的研究属于社会学科，而综合了考古、语言、文化等方面的研究则更具有人文学科的色彩。社会文化人类学作为人类学的分支学科，则兼具社会学科和人文学科的特点。社会学科取向的人类学研究一般研究可观察的文化，追求事物间的共性或规律，尝试通过归纳综合寻求因果关系的解释，一般使用着重于量的研究的方法。人文学科取向的人类学研究一般观察不可观察的文化，偏向于对人们的思想、个人的内在意义与价值进行探寻，在方法上重视对内在意义与价值的诠释，表达方式经常侧重于质的研究。① 人类学家埃里克·沃尔夫（Eric Wolf）认为，人类学作为一个学科，可以理解为人文学科中最具科学精神的学科，同时也是社会学科中最具人文精神的学科。② 教育作为一种培养人的社会活动，需要教育者与被教育者之间的相互理解、意义领悟，教育学作为研究这种价值关涉活动的学问，因此具有人文学科的性质。从另一方面考虑，教育活动是一群人的社会活动，教育系统又是整个社会系统的一部分，因此教育学又具备社会学科的性质。近年来，教育学作为一门人文社会学科，已经获得越来越多的认可。③ 事实上，当前人文社会学科的交叉、综合的发展趋势非常明显，发展研究、区域研究已经成为一种新的时尚。因此，我们认为教育人类学是一门开放的综合的人文社会学科。

第二，教育人类学是应用学科，还是理论学科？很多教育学者以及一部分

---

① 李亦园著：《人类学的视野》，上海文艺出版社 1996 年版，第 10—11 页。

② ［英］奈杰尔·拉波特、乔安娜·奥弗林著，鲍雯妍、张亚辉译：《社会文化人类学的关键概念》，华夏出版社 2009 年版，第 158 页。

③ 王洪才：《教育学：人文科学抑或社会科学？——兼与张楚廷先生商榷》，《教育研究》2012 年第 4 期。

人类学学者视教育人类学为应用学科，另有一部分人类学学者将教育人类学视为独立的理论学科，有建立宏大理论的雄心壮志。例如，“教育的人类学分析模式”的理论模型以及“少数族群学业成就归因理论”就是成熟的宏大教育人类学理论的代表。我们认为，并非所有的人类学的理论、知识、方法都能直接应用于教育研究或者指导教育实践。因此，教育人类学不仅是一门单纯的应用学科，而且可以理论创新，可以成为教育学和人类学的重要的基础学科。

第三，教育人类学是人类学的分支学科，还是教育学的分支学科？任何一门交叉学科的归属之争，根本上是由于具有不同学术背景的研究者具有不同的研究旨趣、不同的研究路径、不同的学术群体归属等因素造成的。我们认为，教育人类学既可作为人类学的分支学科，也可作为教育学的分支学科。

但是，教育人类学的理论方法和知识体系主要借鉴自人类学，而不是教育学，因此教育人类学研究必须具备人类学和教育学的双重知识背景，并且一定要接受严格、扎实的人类学的理论、知识与方法的学习与训练。

如图 8-1 所示，教育人类学是由人类学和教育学相互交叉而形成的综合的开放性学科，它主要应用人类学的理论框架、概念、思想观点、研究方法分析研究教育中的问题。教育人类学是一门综合性的人文社会学科；教育人类学既是应用学科，又是创新性的理论学科；教育人类学既可作为人类学的分支学科，也可作为教育学的分支学科。能够为教育人类学研究提供支持的人文学科主要有哲学、历史学、文学、语言学、艺术学等，能够为教育人类学研究提供支持的社会学科主要有政治学、社会学、经济学、管理学、心理学、法学等。教育人类学的研究领域可以分为基础研究领域和应用研究领域。基础研究领域主要包括基于田野的经验研究、学科本体论研究、学科方法论研究、反思与评价研究等。应用研究领域主要包括政策研究、评估研究、行动研究、问题研究等。

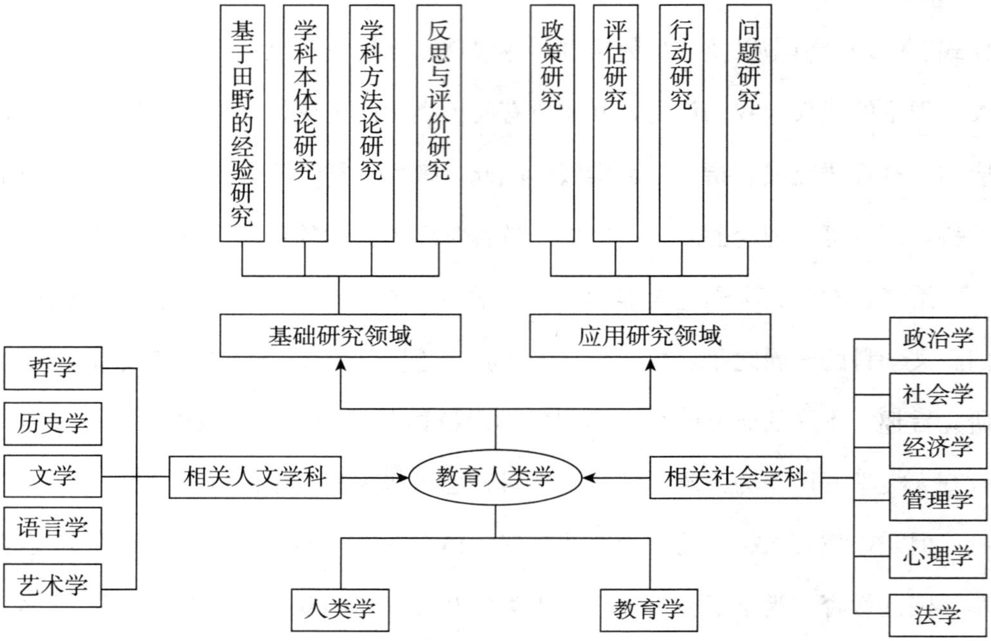

图 8-1　教育人类学的基础学科、相关学科与研究领域

二、教育人类学与教育社会学的区别

在中国，教育人类学与教育社会学是姊妹学科，但由于历史的原因，学科发展历史并不相同。教育人类学与教育社会学的联系与区别主要源于人类学与社会学的差异，以及它们在中国发展的差异。滕星曾经撰文系统比较了中国教育人类学和教育社会学在研究对象、研究方法和研究范围等方面的区别，以及中国教育人类学发展相对滞后的原因。①

① 滕星：《回顾与展望：中国教育人类学发展历程——兼谈与教育社会学的比较》，《中南民族大学学报》（人文社会科学版）2006 年第 5 期。

人类学与社会学是一对渊源相近的姊妹学科，它们在研究对象、研究方法上存在着互补关系，在理论视角与价值取向方面存在相近之处。社会学自诞生以来主要沿着实证主义的路线发展起来，并以自然科学为榜样，试图发现社会构成和变迁的某种普遍规律性，力求达到对社会的客观认识。与社会学相比，人类学在知识论上存在很大差别，主要表现在以下几个方面。①

第一，从研究对象上看，社会学多以研究西方工业社会为主，而人类学则以非西方的异文化或弱势少数民族为主要研究对象。在研究立场上，社会学更强调客观的分析研究，人类学更倾向强调被研究者的观点。

第二，社会学往往将复杂的社会现象划分为许多具体的研究主题与领域，而人类学注重将研究对象放在整体的社会文化背景中去讨论，强调整体的观点。

第三，人类学常常将不同社会文化进行比较，或从全人类社会文化角度来看待个案，以突出研究对象独特的性质。

第四，与社会学相比，人类学具有更强调反思性，反省及挑战自己的文化及已有的理论知识的文化偏见。

在研究当代社会问题时，社会学家往往只关注社会问题产生的原因、条件和机制，意在解决社会矛盾，缓解或协调社会冲突。人类学家则更加注重从当地人的思想观念、心理适应和历史文化传统等方面探求社会问题的深层次原因。在很多时候，人类学家在研究问题的时候，还有一种“向后看”的历史情怀，他们并不想立即“解构”和重建社会关系和结构，而是期待采用一种“慢慢改变”的思路改良社会。

---

① 黄应贵著：《反景入深林——人类学的关照、理论与实践》，商务印书馆2010年版，第22—24页。

美国著名教育人类学家乔治·斯宾德勒将教育民族志分为人类学的教育民族志、社会学的教育民族志和心理学的教育民族志三类，意在说明不同学科背景的研究者的教育民族志具有不同的特点。① 保罗·威利斯（Paul Willis）、巴兹尔·伯恩斯坦（Basil Bernstein）、迈克尔·扬（Michael Young）等人出色的民族志研究在一定程度上促进了教育民族志研究方法的推广和普及，但是他们一直宣称属于社会学的研究。教育民族志作为一种研究策略和研究手段，既可以被教育人类学所应用，也可以被教育社会学所应用。

第二节　对学科方法论的讨论

教育人类学的认识论和具体研究方法源于现代人类学学科对教育这一特殊的人文社会现象的根本认识。尽管人类学家对文化发展和社会进化的观点不尽一致，但他们所秉承的研究理念与方法是一致的。

在人类学家的眼里，社会—文化的事实与自然生态环境、人们的生活方式、思想观念密不可分。社会文化是缤纷复杂的，每种文化都有其自身的逻辑和价值，要想理解一种文化的内涵必须与当地人同吃、同住、同劳动，通过长时间的参与式观察、深度访谈、直接体验等方式获取一手资料，才能够获得对文化与社会的真知。人类学家承认研究者的自身的价值立场与当地人的立场可能会存在分歧或冲突，对研究结果造成影响，因此人类学家非常注意及时反思研究过程并做出修正，以揭示自己的偏见和先见对研究的影响。在大多数情况下，人类学或民族志研究是案例研究。田野工作、民族志撰写、理论阐释或构

① 马小梅、李复新：《教育人种志的源流》，《外国教育研究》1993 年第 1 期。

建是人类学研究的三个重要环节，也是教育人类学的显著标志。

教育人类学家遵循着人类学对待文化和社会的根本看法，将教育视作一种文化的存在、社会的存在、历史的存在，通过田野研究直接面对鲜活的教育实践，从具体的个案研究中获得对教育与人性的理解。教育人类学研究在认识论上遵循从具体到抽象的逻辑，认识过程是从实践—认识—再实践—再认识螺旋上升的过程。

民族志既指研究方法论和具体的研究策略、技术以及隐藏其后的关于世界是什么的本体论思想，也可以指人类学家最后的研究文本，它是人类学家研究的重要成果之一。现代人类学的民族志理论与方法是由马林诺斯基、拉德克利夫-布朗和博厄斯等人创立的。在这里，我们将教育民族志定义为研究者在深入某一文化群体（某一族群、社区或学校）做田野工作的基础上，对其教育问题所做的整体式描述、分析与阐释的研究过程及其最终的研究成果。如果一部教育民族志作品做了理论阐释或理论构建的工作，就可以称为教育人类学作品。

一、从田野中获取一手资料

田野原本是殖民时代人类学家对原始族群居住和活动区域的形象概括，多少带有一种浪漫主义的色彩。在当代人类学中，田野已经泛指人类学家的研究对象的所在区域。当人类学家谈到田野的时候，更多的是指一种走进研究对象生活、走进实践的求知态度。相比二战之前，人类学家的田野范围已经远远扩大了。

人类学的田野工作，也称为实地调查，它是人类学研究最显著的特征之一。田野工作是指研究者长时间（通常是半年或一年）深入研究对象真实的生活情境中，通过参与式观察、深度访谈、直接经验的方式研究当地人的生活、思想观念、文化历史传统的一整套的研究技术。

当人类学家走进田野，在异质文化的震撼下，通常会有“陌生但熟悉”“熟悉却陌生”的文化感觉。在这种充满张力的感觉中，人类学家寻找写作的灵感，借此理解当地人的行为、思想观念。撰写民族志不仅要描述研究者的所见所闻所感，还要描述他者所理解的世界，进而达到理解文化意义上的他者和重构自我对文化的理解。

二、用文化观点看待教育

文化是一个复杂，且充满争论的概念。以摩根（L. H. Morgan，1818—1881）和泰勒（E. B. Tylor，1832—1917）为代表的古典进化论研究者探求人类文化的起源和发展的一般规律，以解释当时世界各民族社会文化发展水平差异悬殊的原因。泰勒对文化的定义广为流传，他说：“文化或文明，就其广泛的民族学意义来说，是包括全部的知识、信仰、艺术、道德、法律、风俗以及作为社会成员的人所掌握和接受的其他的才能和习惯的复合体。”① 摩根在1877年出版的《古代社会》中根据生产技术和生产工具的发明提出人类社会先后经历了蒙昧时代、野蛮时代和文明时代。

传播理论质疑人类文化的发明能力，提出文化首先是由若干民族独立发明，然后逐步传播和扩散的，传播理论将人类学的文化理论从历时性的猜测带到共时性的描述上。马林诺斯基的功能主义人类学将文化理解为个体的某种需要的产物。以博厄斯为代表的历史特殊论和文化相对主义认为，每种文化的形

① ［英］泰勒著，连树声译：《原始文化：神话、哲学、宗教、语言、艺术和习俗发展之研究》，上海文艺出版社1992年版，第1页。

成都是地理的、经济的、历史的等诸多因素影响的结果，文化具有整体性。每一民族的文化都具有价值，没有高低贵贱之分，没有衡量文化的普遍标准。

人类学家拉尔夫·林顿的文化概念被广泛引用，他区分了文化的三个层次。一种文化是“习得行为与行为之结果的综合结构，这种习得行为的组成要素被一个特定社会的成员所分有和传递”。文化的概念至少包含三种不同的现象：物质的，也就是生产制品；运动的，也就是显在行为（因为这必然包含运动）；心理的，也就是被一个社会的成员所分有的知识、态度和价值。前两者可归为显在方面。① 中国人类学家庄孔韶等人将人类学研究中的文化定义为：“人们在生活中实践和传承的思维、行为和组织及其产品。作为一个有机有序而又能动变迁的复合整体，文化对于寻常百姓，如同水之于鱼，是一种日用而不知的存在。”②

解释主义人类学家克利福德·格尔茨批判了将文化理解为“习得行为”、将社会结构理解为“平衡互动模式”的观念。在格尔茨看来，功能理论对于理解社会变迁是困难的，也不能平等对待社会过程和文化过程。英国的结构主义者和许多美国社会学者将文化视作社会组织的纯粹衍生物，马林诺斯基和许多美国人类学家将社会组织形式视作文化模式的行为体现。“不论是哪一种情况，次要的那个术语作为动因隐退，留给我们的不是一个综合的文化概念，就是一个无所不包的社会结构概念。”③ 格尔茨区分了社会结构和意义结构，它们是同一社会现象的不同抽象。人们互动行为过程持续存在的方式是社会结构。文

---

① ［美］拉尔夫·林顿著，于闽海、陈学晶译：《人格的文化背景——文化、社会与个人关系之研究》，广西师范大学出版社2007年版，第30—35页。

② 庄孔韶主编：《人类学通论》（修订版），山西教育出版社2004年版，第34页。

③ ［美］克利福德·格尔茨著，纳日碧力戈等译：《文化的解释》，上海人民出版社1999年版，第166页。

化，作为一种有序的符号系统和意义系统，是人类解释他们经验、指导他们行动的意义结构。格尔茨指出，在观察社会行动的时候，要同时关注行动对于社会行动者的意义，也要关注它们是如何促进社会系统运作的。

通过对爪哇莫佐库托（Modjokuto）小镇一个小男孩帕伊坚（Paidjan）葬礼仪式过程富有张力场面的深描，格尔茨指出，社会结构（因果—功能）方面的整合形式和文化（逻辑—意义）方面的整合形式之间的断裂是导致葬礼上的混乱与紧张的根源，但这种断裂并不导致社会和文化的瓦解，而是导致了社会和文化的冲突。① 在后文中，格尔茨进一步指出参加葬礼的人在文化意义框架与社会互动模式之间的不和谐与当地社区宗教、政治活动息息相关，但他更倾向于将这种不和谐归于某种符号的意义系统。

在不同的研究者那里，文化的概念可以不同，但是教育人类学者不约而同地关注文化，认为“文化中存在教育”，“教育离不开文化”，人类学的经典概念涵化和濡化就是广义上的教育问题，前者是共时性的，后者是历时性的。

用文化的观点研究教育，首先，应关注“文化中的教育问题”和“教育中的文化问题”，将教育现象、问题与文化、社会、政治、经济、历史传统等广泛地联系起来，将教育看成是一种“文化的存在”“社会的存在”“政治的存在”“经济的存在”“历史的存在”。其次，要从心理、行为、社会等不同层面研究教育与文化的关系。再次，还可以从人类学的经典理论和民族志中获取关于文化与社会的洞见研究、分析教育问题。

---

① ［美］克利福德·格尔茨著，纳日碧力戈等译：《文化的解释》，上海人民出版社 1999 年版，第 188 页。

三、整体地书写教育民族志

在人类学中，民族志原意为对某族群或某地的社会和文化的全面描述。根据波瓦利埃考证，民族志一词由德国历史学家尼布尔于 1810 年最先使用。① 与历史学家的知识来源于文献记录不同，人类学的民族志的知识大部分来源于研究者对有关民族的直接观察和接触。人类学家观察、描述、比较、分类的具体事实并非一种实体，而是一种社会生活过程。人类学的调查研究单位总是某一时期、某个特定地区的社会生活。② 按照列维-斯特劳斯的观点，民族志是从独特处着眼，对人类群体进行的观察和分析，目的在于尽可能忠实地恢复每个人类群体的生活原貌。他说："民族志一语在所有国家里词义相同，而民族学则大致相当于盎格鲁-撒克逊国家里所谓的社会人类学或文化人类学。社会人类学致力于研究作为表象系统的各类建制，文化人类学则致力于研究各种实现社会生活的技术，有时也包括那些被看作服务于各类建制的技术。"③ 民族学则是利用民族志学家所提供的资料进行比较研究。

民族志从诞生之日起至今经历了三个时代：第一代民族志具有自发性、随意性和业余性的特征；第二代民族志以马林诺斯基的作品为代表，强调学科规范和科学性；第三代民族志从 20 世纪 60 年代发端，深受现象学、解释学、后现代主义等思潮影响，具有深刻的批判性和反思性。④

---

① 彭克宏主编：《社会科学大辞典》，中国国际广播出版社 1989 年版，第 352 页。

② ［英］拉德克利夫-布朗著，潘蛟等译：《原始社会的结构和功能》，中央民族大学出版社 1999 年版，第 4 页。

③ ［法］克洛德·列维-斯特劳斯著，张祖建译：《结构人类学》（1），中国人民大学出版社 2006 年版，第 4 页。

④ ［美］詹姆斯·克利福德、乔治·E. 马库斯著，高丙中等译：《写文化——民族志的诗学与政治学》，商务印书馆 2008 年版，代译序。

从20世纪80年代开始，中国教育学者就将“ethnography”（民族志）误译为“人种志”。虽然有人类学背景的研究者指出了“教育民族志”的误译问题，① 但是目前这一现象还没有得到有效的改观。

“人种志”中的“人种”即是“种族”的意思，一般是指“在体质形态上具有某些共同遗传特征的人群”②。“人种”这一概念暗含着人类是由不同的“种”组成的。事实上，“人种”不仅反映人类体质形态上的生物层面的差异，它也是一种文化建构的结果。“人种志”在一定程度上含有“种族主义”和“种族歧视”的意味，容易让人产生误解甚至反感。而“民族”也不同于“种族”。林耀华早在1963年就指出，民族与种族混淆问题是一个较大的错误，“把历史上的民族矛盾说成是种族矛盾，把民族的不同说成为血统的不同，从而混淆了两个不同范畴的矛盾。与此相适应的，把民族学误译为人种学，从而混淆了两个不同范畴的学科。这些都需要纠正”③。

人类学不同流派的理论为教育人类学家研究提供了丰富的文化研究视角。进化论学派开创了对文化的科学研究，着重从“时间序列”研究文化、社会的历时发展；传播学派重点研究文化移动、传播的“空间序列”，注意不同文化之间的“横向联系”；法国社会年鉴学派推崇从社会的内部规则和整体进行研究；功能学派认为一个社会及其文化是一个统一的整体，各种社会制度和文化是整体的组成部分，各有其结构及功能；美国历史学派强调各个民族历史和文化的特殊性，在文化区、文化模式、文化与人格、文化变迁等领域建立了自己的理论。

---

① 樊秀丽：《教育民族志方法的探讨》，《教育学报》2008年第3期。

② 李鹏程主编：《当代西方文化研究新词典》，吉林人民出版社2003年版，第257—258页。

③ 林耀华：《关于“民族”一词的使用和译名的问题》，《历史研究》1963年第2期。

这些人类学的经典理论以及经典的民族志研究，启迪教育民族志研究将某一社区或某一文化群体的教育问题与当地社区自然生态环境、生产方式、语言、家庭和社区交往、政治组织、法律体系、宗教信仰、民间习俗、阶级地位等因素广泛联系起来，探求它们之间的互动模式和因果联系。

书写教育民族志要关注“上下”“左右”“前后”“内外”几对关系范畴。“上下”指在一个系统里，哪些方面是处于基础地位的，哪些是派生的，谁决定着谁；区分生理、心理、行为、文化、社会等不同层面的现象和问题，揭示它们之间的关系。“左右”指与研究对象相关联的一些范畴。“上下”“左右”共同构成研究对象的共时性的结构与关联。“前后”主要关注历时性，即是指研究对象及其联系的系统在历史上是如何发展变化的。“内外”是指研究对象所在的系统与其外部系统之间的关系如何，它们是如何相互作用的。

民族志作为一种研究方法，并不排斥其他研究方法，教育人类学家在研究过程中非常注重使用调查问卷、数据统计、文献研究、理论思辨等方法作为民族志研究的补充。

四、批判性反思贯穿研究始终

反思首先是一个哲学概念，后来被引入人文社会学科中。反思指反映、返回、沉思、间接性等。在西方哲学中它通常指精神（思想）的自我活动和内省方式。① 在哲学中，“所有反身朝向观者自己的意向活动都可以被称作反思”②。在人类学中，反思表示一种与人的习惯思维相反的思考问题的方式，

① 冯契主编：《哲学大辞典》（修订本），上海辞书出版社2001年版，第337页。

② 倪梁康著：《自识与反思——近现代西方哲学的基本问题》，商务印书馆2002年版，第18页。

从他者到自我，从对象到主体，是一种由彼及此、由远及近、由生及熟的复杂程序。①

第二次世界大战结束之后，人类学家过去的一些田野工作地点相继关闭，人类学家在一些新独立的国家成了不受欢迎的人。20世纪60年代兴起的民权运动、反战运动、女权主义运动等一系列因素促使人类学家对自己的学术活动进行反思、批判。人类学家开始反思人类学与殖民主义、帝国主义、种族中心主义、欧洲中心主义之间的关系。

1967年马林诺斯基田野日记被整理出版，“一石激起千层浪”，这可以视为反思人类学的开端。20世纪70年代中期，实验民族志兴起，它的先驱性研究是克里福德·格尔茨的解释人类学，人们开始挑战作为客观、科学的第一代写实主义民族志。以赛义德（E. W. Said）的《东方学》（1978年）为代表的后殖民主义理论对西方中心主义的激烈批评以及对传统民族志修辞方式的批判，引起了西方人类学者的反思，人类学家开始承认早期的民族志研究是具有某种意识形态的“话语”。以保罗·拉比诺（Paul Rabinow）的《摩洛哥田野作业的反思》（1977）等著作的出版为标志，反思人类学开始兴起。到1986年的詹姆斯·克利福德（James Clifford）和乔治·马尔库斯（George Marcus）《写文化——民族志的诗学与政治学》的问世标志着人类学反思时代的最后确立。马尔库斯和费希尔（M. J. Fischer）在《作为文化批评的人类学》中倡导民族志工作者对异文化经验进行表述，叙说世界历史的政治经济过程，并将人类学作为文化批评的艺术。

---

① 高丙中：《人类学反思性民族志研究：一个范式的六种尝试》，《思想战线》2005年第5期。

沃尔夫在《欧洲与没有历史的人民》中指出，历史的编纂渗透着权力的运作，世界历史在一定程度上就是欧洲思想和霸权的产物，那些被纳入欧洲扩张进程的人民并非没有历史。沃尔夫相信，“处在世界历史之外”的民族并不是在消极地等待欧洲将他们带入世界历史，他们也在积极地创造世界历史。沃尔夫提出，应当用人类学家考察小规模人群的方式去关注欧洲之外的社会，用非欧洲的思维方式考察世界。

约翰内斯·费边（Johannes Fabian）在《时间与他者》这部著作中对人类学通过时间构建来制造其客体的做法进行了反思。他指出，人类学家所研究的非西方社会与西方社会原本共时存在，但经人类学家田野工作处理之后，却被划分为前现代与现代的历时序列，这样就把“他者”同“野蛮”和“原始”联系起来，而忽略了“他者”的同时性与历史意识。

早期白人人类学家认为，处于初民社会的少数族群的民众是野蛮、落后的，这种充斥着西方中心主义、白人中心主义的思想反映了人类学家不自觉的殖民心态。众所周知，20世纪50年代之前的人类学与帝国主义、殖民主义乃至欧洲中心主义之间存在扯不清的瓜葛，这也为后来的人类学家反思学科历史、反思与批判自我奠定了坚实基础。正是伴随着这种批判，女性主义人类学、反思人类学，实验民族志才得以真正诞生。

教育人类学家在田野工作中进行批判性反思的内容首先是各种各样的常识。它们常出自不同人之口，在大多数情况下是约定俗成、习以为常的。这种常识遮蔽了事实的真相，在一定程度上阻碍知识的更新与进步。因此，优秀的教育人类学家从不轻易相信别人说的话，而会通过多次“三角验证”确定“事实”的真伪。

教育人类学家批判性反思的第二个重要内容就是存在于各种关系之中的

"权力"。"权力"作为人类社会的一种属性，无孔不入，无处不在。研究者与被研究者之间存在着社会地位、话语、符号等多方面的不平等，田野中的社会关系格局，田野社区与外部社会之间的权力牵拉，这些都是教育人类学家不得不面对、需要不断反思批判的问题，甚至在撰写教育民族志过程中，研究者会被带入各种权力关系的网络中。因此，批判性反思对于一名研究者成为一名客观、公正、有良知的知识分子至关重要。

教育人类学的批判性表现在对各种"常识"的批判，倡导实证的经验研究，自下而上地提出理论和阐释。教育人类学的批判意识表现为：在看待社会和自身的方式上，对"常识"不轻信、不盲从，努力挖掘、揭露教育与社会、文化、政治、权力等之间的关系，还表现为研究者不断学习和探索，不断反思与超越自己已经形成的观念与认识。

美国批判教育民族志研究专家卡斯皮肯（P. F. Carspecken）在其专著中引述金奇洛（J. Kinchloe）和麦克拉伦所编的书中的论述作为其批判民族志的本体论部分奠定基础。在此，这段话在一定程度上能够反映出批判的社会研究的一些特点，能够为中国教育人类学的研究提供一些借鉴。

> 我们定义批判主义者，乃是指一位研究者或是理论学者，他试图使用其研究作为一种对于社会或文化的批判，并且接受下列几项假定：所有的思想皆是受到权力关系的中介，而这些权力关系乃是社会或历史所建构而成的；事实永远无法自绝于价值之外，或是脱离某种意识形态的刻凿；概念与客体之间的关联，还有能指与所指之间的关系，并非永远不变，其关系往往受到资本主义之制造与消费的社会关系所中介；语言是形成主体性（意识与前意识的觉知）的核心元素；在任何社会中，总是会有一些特定

的团体比其他人更享有特权；特权的理由形形色色、五花八门；当受压迫者或弱势族群接受自身的社会地位，并认为这是自然或不可避免的事情时，当前社会特有的压迫即能最有力地复制下去；压迫有许多面向，只着重于其中一面而不顾其他部分（如阶级压迫相对于种族主义），往往就会忽略彼此间的连接关系；主流的研究实务做法都普遍地（即使大部分常是相当拙劣地）与阶级系统的复制，以及种族和性别歧视挂钩。①

事实上，讲到批判，就要立刻与“权力”和“权利”联系起来思考问题。将教育与政治、文化批判联系起来，既需要研究者具有过人的智慧、胆识，也需要策略和方法。在现时的背景中，大多数中国的教育研究者并不能以自己的身份、标签得到高学历专业群体应有的尊重和赞美，因为教育研究的成果远未达到一般百姓期望的程度，也很少为教育改革和社会公正贡献力量。教育人类学家因为其独有的长时间走进普通人的生活，描绘地方性历史与文化，反映当地人的心声，为当地教育发展出谋划策而受到各方称赞。有理由相信，中国教育人类学者如果能够将反思、批判与建设的思想带入教育研究中，将会获得更高的声誉。

五、研究要以问题为中心

从事一项社会科学研究，可以是为了解释某一问题或某一现象，可以是为了验证、修正或构建某种理论，也可以同时为了达到这两个目的。但是，由于20世纪80年代以来，中国的教育人类学受到国外教育人类学的影响，同时受

① ［美］Phil Francis Carspecken 著，郑同僚审订：《教育研究的批判民俗志：理论与实务指南》，华东师范大学出版社2005年版，第5页。

到人类学和其他社会科学理论的影响，因此不可避免地陷入了某种理论崇拜的局面，即很多研究都是在为了验证国外的理论，而非出于解释或解决问题。显然，这很不利于教育人类学研究的本土化。另外一个突出的问题就是，研究并非以问题为中心而展开，而是针对某个研究对象和内容，使用预先准备好的理论框架去分析解释。这在一定程度上，并不符合人类学研究自下而上的自然主义传统。滕星曾指出，目前由于很多新入门的硕士、博士的社会科学理论薄弱，视野相对狭窄，因此选择某种理论框架（如结构功能主义、冲突理论、互动理论等）有助于初学者集中精力钻研某个问题。当然，这种局面是一种无奈之举。①

教育人类学研究并不排斥理论假设和预先的理论框架，但中国的教育人类学研究并非单纯地验证西方教育人类学的理论，也不能局限于某一理论框架内而忽视更多有价值的视角。人类学家费孝通曾经因为自己的早期研究缺乏假设而感到不安，他坦陈在编写《花篮瑶社会组织》时他曾“极力避免理论上的发挥”，认为“实地研究者只要事实不需理论”，理论只是“叙述事实的次序上要一个合理的安排罢了”。在江村实地调查时，他还主张“调查者不要带理论下乡，最好让自己像一卷照相的底片，由外界事实自动地在上射影”。但是在接受拉德克利夫-布朗“社会学调查”理论影响之后，费孝通认为《花篮瑶社会组织》实际上是一种“社会调查报告”，《江村经济》是一个从社会调查到社会学调查或社区研究的一个过渡作品，而《禄村农田》则是“想贯彻社区研究方法的一个企图”。在拉德克利夫-布朗看来：“社会调查只是对某一人群社会生活的闻见的搜集；而社会学调查或研究乃是要依据某一部分事实的考察，来验

① 这个观点来自笔者2011年对滕星教授的访谈。

证一套社会学理论或‘试用的假设’。”①

但是，已有的中国教育人类学的作品的缺陷在于不是缺少理论前设，而是很多作品是在验证理论，而不是在研究问题并把问题解释清楚。从长远来看，中国的教育人类学研究应该抵制这两种研究思路，坚持以问题研究为中心。

开展教育人类学研究，需要研究者具备敏锐的洞察力和理解能力、批判与反思的意识、吃苦耐劳的精神、良好的社会交往能力、坚实的社会文化人类学的理论功底，要学会当地人语言，了解当地人的历史文化，还需要充足的时间、资金与物质条件。事实上，这些并不是每个研究者都能具备的，因此并不是每个人都可以做教育人类学研究。

第三节　对深层研究主题的探讨

深层研究主题是某类研究问题或研究领域在研究的最后阶段不得不面对的根本问题，这些根本问题的探讨和解决是解决其他问题的先决条件。在教育人类学研究领域，这些深层次主题多从具体的教育、社会和文化问题提炼而来，具有哲学、伦理学、政治哲学的色彩。这些深层次问题的揭示既是一门学科成熟的表现，也是学科深化和持续发展的条件。

对教育人类学的深层研究主题的认识，首先和最主要的是来源于对教育这一社会文化现象的产生、发展和演变的认识。按照人类学家厄尔斯特·盖尔纳的观点，在农业社会中，人口的再生产在很大程度上可以不借助社会的专门机构而完成。家庭、家族单位、村落或者部落的一部分就可以从容地完成对年轻

① 费孝通、张之毅著：《云南三村》，社会科学文献出版社2006年版，第11—12页。

个体的训育和培养工作，他们可以按照一对一、边干边学的方式培养自己的后代，从而把这一社群的文化与生存技术传给下一代。

现代学校教育的产生与工业社会的生产需要是紧密相连的。与农业社会相比，工业社会是一个生产分工更加细化、不断追求更高效率的社会。工业社会“要求劳动分工要有流动性，陌生人之间要持续、经常和直接地进行交流，共享一种标准的习惯用语和必要时用书面形式传递的精确意思。由于一些重要的原因，这个社会必须完全由外部提供教育：每个人都由专家来培训，而不仅仅由他自己所在的地方社群来培训”。“这个社会的成员要想具备工作的资格并享受真正的、充分的公民权利和义务，就必须按照一种标准的媒介和共通的概念的要求，达到相当高的识字和技术能力的水准，这是家族或者地方单位根本不可能提供的。”① 工业社会要求在“地方家族关系的单位之外进行人的生产和再生产”②，因为“只有由学校传授而不是由亲属传授的文化，才能赋予工业人以可用性、尊严与自尊”③。就是在这种情况下，现代的学校教育体制诞生了，而且扮演着越来越重要的角色，以至盖尔纳说：“现代社会秩序的根基不是刽子手，而是教授。国家权力的主要工具和象征，不是断头台，而是国家博士。如今，对合法教育的垄断，比对合法暴力的垄断更重要，更具核心意义。”④

盖尔纳从劳动分工与社会发展的角度分析了现代学校教育的诞生。事实上，学校教育是伴随着现代性的发展而不断完善起来的。正如王铭铭所指出的那样，“从广泛的视野来看，现代学校的确立，是现代性生成的重要组成部分”，“作为正式的社会化空间，学校在近现代中国文化的自我改造过程中扮演

①②③④ ［英］厄内斯特·盖尔纳著，韩红译：《民族与民族主义》，中央编译出版社2002年版，第45、51、48、46页。

着十分重要的角色”。①

对于以探讨教育及其产生的社会、文化、历史背景之间的关系为使命的教育人类学来说，现代性既是现代学校教育展开的历史背景，又是教育人类学研究试图要超越的重要命题，随之而来的，还会牵涉出进步主义与保守主义的争论，以及结构与能动性之间关系的探讨。笔者认为，这是中国教育人类学研究中必然要牵涉的根本主题，虽然它们可能只会在教育人类学研究最根本的层面上被思考与讨论，甚至在研究者深层的潜意识中发挥着作用。当然，这只是笔者对教育人类学研究的一些还远未成熟的想法，有待于进一步凝练与完善。

一、现代性的困境及其超越

台湾学者曾守得在其 1989 年编译的《教育人种志研究方法论》序言中揭露了当时台湾教育中“病态百出”的各种问题。

> 在一切讲究实效的社会，来自四面八方的期望，往往扭曲了教育的本质。小自幼稚园、小学阶段的所谓“才艺补习”填鸭教育，及初中、高中（职）阶段的升学考试，大至大学阶段的就业、进修与留学竞争，几乎所有父母与师长，无不期望其子弟考试一帆风顺。于是，造成一般社会重利歪风，凡是能够顺利通过层层考验者，必可扬眉吐气，名利双收，一举成才。不幸落第者，只好再接再厉，卷土重来。许多人甚至把十多年青春毫不吝惜地虚掷在准备考试的岁月里，载浮载沉。在教育当局痛心疾首呼吁

① 王铭铭：《教育空间的现代性与民间观念——闽台三村初等教育的历史轨迹》，《社会学研究》1999 年第 6 期。

减轻学生课业负担的同时，强大的社会舆情（校长、市长、家长、亲友的殷殷期望），却又从另一方面来加重学生的负担，造成教育问题益增沉疴，几达药石罔效的境地。①

如果说上述这段话描述了20世纪80年代中国台湾教育的尴尬处境，那么21世纪第二个十年的中国大陆的教育问题比其更复杂，更加尖锐，也更引人关注。在经济欠发达偏远落后的地区，学校教育的硬件设施、师资队伍建设、教学质量是人们持续关注的问题，而在一些发达的大城市，人们对教育公平与教育机会均等的期望则越来越高，无可奈何的家长与中小学生在学校、家庭与各种辅导班之间忙碌地穿行，各种潜规则的运行令他们无计可施，“抓狂”，以致心生怨恨。笔者认为，在一定程度上，这些问题都是由现代性所带来的。

（一）何谓现代性

“现代性”的概念起源于“现代”一词。“现代”最早出现在5世纪，其意图在于把已经皈依基督教的现代社会与仍然属于“异教”的罗马社会区别开来。从那之后，“现代”一词在内涵上就强调古今之间的“断裂”，“用来表达一种新的时间意识”。② 波德莱尔较早地使用了“现代性”这一概念，他所理解的“现代性”就是“过渡，短暂，偶然，就是艺术的一半，另一半是永恒和不变”。这一界定强调了现代性具有的永无止境的革新和变化的特征。③

米歇尔·艾伦·吉莱斯皮（Michael Allen Gillespie）认为，现代性的起源

---

① ［美］Dell Hymes等著，曾守得编译：《教育人种志研究方法论》，五南图书出版有限公司1989年版，译序。

② ［德］尤尔根·哈贝马斯著，曹卫东译：《后民族结构》，上海人民出版社2002年版，第178页。

③ 周宪：《现代性的张力——现代主义的一种解读》，《文学评论》1999年第1期。

与欧洲宗教的价值观念有着密切的关系，他说："现代性最确信的就是，它不欠过去任何东西，它已经创造了自己，重要的是现在正在发生的事情。事实上，这就是我们每个人都珍视的自由、权利和进步的含义。然而，这种信念使我们陷入一种不安全的境地……假如我们不清楚这个事实，那么纵然我们可以像俄狄浦斯那样驰骋世界，有出色的能力来解答问题，有惊人的欲望来掌控世界，但却看不到我们是谁，我们正在做什么。我们既可能像他一样成为一个'所有人都称呼伟大的'人，但也可能像他一样，不得不面对从我们的有限性涌现出来的极深的问题。"①

在很多人头脑里，现代性意味着某种向上的向前的运动，它是"人们头脑产生的一种建构"，它也可以看作人们头脑中"暂时存在同时又与某种特定的时间和类型的社会相认同的意识形态概念"。② 从这个意义上讲，现代性是一种思想、价值观念、意识形态，或者称之为一种文化精神。从内涵上看，现代性包含着人们所熟悉的理性、启蒙、科学、契约、信任、主体性、个性、自由、自我意识、创造性、社会参与意识、批判精神等观念和思想。从载体来看，现代性表现为"作为个体的主体意识""公共的文化精神和文化价值""系统化的历史观"等。个体的和社会的一般的文化模式和价值取向上升为普遍的、总体性的、意识形态化的文化精神，是理性化发展的必然性结果。

现代性既可以看作一种文化精神，又可以看作一种社会构造和运行机制。马克斯·韦伯所讲的理性化可看作现代性的一种进程。理性作为现代性主流的意识形态之一，通过一系列的制度安排建构起现代社会的政治、经济结构。吉

---

① ［美］米歇尔·艾伦·吉莱斯皮著，张卜天译：《现代性的神学起源》，湖南科学技术出版社2012年版，第378—379页。

② 中国社会科学杂志社编：《人类学的趋势》，社会科学文献出版社2000年版，第103—121页。

登斯强调对现代性的制度性分析，在他那里，现代性是指“后封建的欧洲所建立而在20世纪日益成为具有世界历史性影响的行为制度与模式。‘现代性’大略地等同于工业化的世界”。① 吉登斯认为，“时—空伸延”“脱域机制”“知识的反思特性”是现代性的动力来源。现代性的“制度性维度”主要表现为经济运行的理性化、行政管理的科层化、公共领域的自律化、公共权力的民主化和契约化等。

（二）现代性的困境

资本主义现代性的社会系统和运行机制也遇到了难题。按照哈贝马斯的理解，后工业社会耗尽了“简单的”工业化所依赖的资源（包括自然资源和前现代社会形态当中的文化资本和社会资本），同时也遇到了一系列社会再生产的负面后果。比如，由系统带来的风险，而且，这些风险也无法转嫁出去，也就是说，无法转嫁给其他社会、其他文化、其他部门或子孙后代。② 吉登斯摒弃了以往从文化和认识论的视角分析现代性，而是采取了从资本主义、工业主义、监督和军事力量四个制度性的维度对现代性进行分析，并认为现代性存在着经济崩溃、极权主义、战争风险、生态危机等风险。

亨利·卡里尔（Henry Kariel）对现代性的困境进行了深刻的描述：“我们对从学前阶段到规模庞大的托儿所提供的照料充满感激之情，也享受到工业产品的舒适，但我们对现代性中无所不包的文化深怀不满。然而，我们却被现代性如此地包容进去，以至于找不到一种替代性的文化来平息我们的不满。甚至当我们控制了那些使我们不适的力量时，我们也感觉到我们的抵抗被以技术

① ［英］吉登斯著，赵旭东、方文译：《现代性与自我认同》，生活·读书·新知三联书店1998年版，第16页。

② ［德］尤尔根·哈贝马斯著，曹卫东译：《后民族结构》，上海人民出版社2002年版，第202—203页。

为中心的力量所中和了。”①

美国著名社会学家伊曼纽尔·沃勒斯坦结合他所提出的“世界体系理论”，区分了两种现代性：一是“技术的现代性”，它具有某种肯定性和前瞻性，一般以物质为表现形式；二是“解放的现代性”，“它是解放、充分民主（与贵族统治或精英统治相对立的人民统治）、人类完善和正确的现代性”。沃勒斯坦认为，这对“孪生兄弟”形成了现代世界体系的主要文化冲突。②

也有研究者认为，西方现代性的历史轨迹是从“人类的解放”走向“自我奴役”的历史，这突出表现为人类的价值理性的消退、人性的迷失以及社会发展的危机。西方的现代性思想导致了“价值领域”的分化。马克斯·韦伯从李凯尔特的新康德主义出发，认为科学只关注“事实问题”，法律和道德只关注“公正问题”，艺术和批判只关注“趣味问题”。这些分化无法从更高层次上得以合理的解决，“主体间共有的世界观的社会同一性也很难再被一种理论理性或实践理性打着客观科学或理性道德的旗号所发挥的一体化力量取而代之”③。反启蒙运动还“指责启蒙运动以科学和技术进步的名义破坏了自然，以世界主义和个人主义的名义毁灭传统的社群，以社会工程的名义来推进某种政治极端主义”④。

（三）现代性的超越

像哈贝马斯和吉登斯这样的社会学家还是在为现代性做辩护，并反对“后

① ［美］约翰·R. 霍尔、玛丽·乔·尼兹著，周晓虹、徐彬译：《文化：社会学的视野》，商务印书馆2002年版，第394页。

② ［美］伊曼纽尔·沃勒斯坦著，黄光耀、洪霞译：《沃勒斯坦精粹》，南京大学出版社2003年版，第526—546页。

③ ［德］尤尔根·哈贝马斯著，曹卫东译：《后民族结构》，上海人民出版社2002年版，第185页。

④ ［美］马克·里拉著，张小勇译：《维柯：反现代的创生》，新星出版社2008年版，导言。

现代主义”一些主张。哈贝马斯竭力维护他所说的现代性尚未实现的民主潜力。吉登斯认为，西方的现代性就是在人们反思性地运用知识的过程中被建构起来的。现代性的反思蕴含着一种特殊的意义，即社会实践总是不断地受到关于这些实践本身的新认识的检验和改造，从而在结构上不断改变着自己。从这个意义上讲，反思性，特别是知识的反思性为现代性的发展提供了动力。①

斯蒂芬·卡斯尔思在论及“自上而下的全球化”和“自下而上的全球化”之间的矛盾时，注意到“自下而上的全球化”是“使世界更平等的主要希望所在，因为在这种情况下，经济和社会的变化不再意味着对众多人的排斥和使他们贫困化”，而且他发现，“从数以千计的地方运动和公民社会组织的活动中正在产生新的公民权利理论”。② 也有人认为，现代性本身就蕴含着多元的观点，或者称为不同的面向。不同民族和国家在面对发展与现实的挑战时，是具有能动性的，这种能动性来自不同的历史、文化与传统。借用安德鲁·芬伯格的话说，现代性的过程是“可选择的现代性”。

后现代主义的理念和思想首先在现代主义的一些运动中得以孕育和发展，并经历了深刻的“转型”，才最终与其“决裂”。19 世纪晚期到 20 世纪中叶的一些现代主义、先锋哲学和文化运动，这些运动聚焦于相对主义、视角主义、主体性和语言，它们是后现代主义运动的先驱。③ 对文本、语言的解构与重构是后现代主义研究的一个重要取向。后现代主义具有否定性、建设性和庸俗性

---

① ［英］安东尼·吉登斯著，田禾译：《现代性的后果》，译林出版社 2000 年版，第 32—39 页。

② 中国社会科学杂志社编：《社会转型：多文化多民族社会》，社会科学文献出版社 2000 年版，第 244—255 页。

③ ［美］约翰·R. 霍尔、玛丽·乔·尼兹著，周晓虹、徐彬译：《文化：社会学的视野》，商务印书馆 2002 年版，第 372—373 页。

三个向度。① 无疑，建设性的后现代主义更能经得住时间的考验，并对未来发展具有指导意义。

还有学者断言，在21世纪，人类社会在经历后工业社会（信息社会）之后，会从工业文明进化到生态文明，成为可持续化的，并享有光明的未来，但同时又可能面临着像20世纪有两次世界大战和冷战贯穿那样，21世纪会由几次全球性的生态灾难贯穿，在这之后，人类才会从物质主义的迷梦中完全惊醒。②

（四）教育与中国现代性

由于现代性是一套产生于西方社会与历史中的话语体系，因此并不是所有学者都赞同使用它来描述和展望中国社会的演变。如果从“学术者，天下之公器”的角度来思考，在没有更好的本土话语产生之前，用现代性也无妨。同时，应该注意现代性与现代化之间的联系与区别。

近代以来，中国的现代化进程可以分为四个阶段。从1840年第一次鸦片战争开始，经洋务运动、百日维新，再到辛亥革命，在西方列强变本加厉地践踏下，在亡种亡国的巨大危机下，中国的志士仁人一直在寻找中华复兴之路。从“中体西用”引进西方科学技术再到制度建设与文化反思、重建，中国一直在追求一条适合中国国情的现代化之路。从鸦片战争近代中国沦为半封建半殖民地的社会以来，中国对现代化的历程经历了一个艰难的思想认识与群众认同的过程，大体可以分为四个阶段：19世纪60年代的洋务运动是中国现代化运动启动的开端；辛亥革命后主流的价值观转变为“西化”，但对“西化”并无

① 王治河：《论后现代主义的三种形态》，《国外社会科学》1995年第1期。

② ［美］欧文·拉兹洛编，戴侃、辛未译：《多种文化的星球——联合国教科文组织国际专家小组的报告》，社会科学文献出版社2001年版，序言。

明确的认识，这是现代化意识形成的第二阶段；1949年中华人民共和国成立之后，核心价值观变为苏联式的社会主义，这是现代化思潮的第三阶段；1978年改革开放之后，是第四个阶段。①

历史已经进入21世纪，中国正走在关键路口，面临比经济转型更具挑战的社会转型和文化转型。当前，“中国社会结构变化之深、利益格局调整之大、遭遇的外部环境之复杂，实属罕见。市场经济的冲击余波未了，全球化、民主化、信息化的浪潮又不期叠加。分配焦虑、环境恐慌，拼爹时代、屌丝心态，极端事件、群体抗议，百姓、社会、市场、政府的关系进入‘敏感期’”②。

有学者指出，进入21世纪之后，中国的社会转型不应再被引导到“现代化建设”这个路径上，因为在中国语境中现代化的内涵主要是指“民富国强”，这是经济和物质的指标，“而价值体系和制度安排则被抽离”。③ 现代性则是指“欧洲启蒙运动所倡导的自由、理性、个人权利等核心价值观，和以此为基础建立的市场经济、民主政体和民族国家等一整套制度，即现代文明秩序”④。也就是说，当代中国问题仍可看作建设“现代性”的过程。

近代以来，内忧外患的中国在追求民族独立以及建设现代化强国的事业中，现代性的思想一直伴随左右。事实上，现代学校的确立是现代性生成的重要组成部分。王铭铭在考察闽台乡村初等学校的历史变迁时，注意到现代初等教育是近现代以来中国文化变迁的组成部分，它是在以西方传教士为代表的殖民文化统治和以本土教育家为代表的现代民族—国家建设两种现代性的政治权

---

① 罗荣渠：《“现代化”的历史定位与对现代世界发展的再认识》，《历史研究》1994年第3期。

② 陈琨：《激发中国前行的最大力量》。http://cpc.people.com.cn/18/n/2012/1103/c351073-19483801.html。

③④ 秦晓等著：《当代中国问题：现代化还是现代性》，社会科学文献出版社2009年版，第4、27页。

力下成长起来的，同时村落社区公共事业观念对于现代初等教育制度的吸纳，是原有的地方性知识体系对于现代知识传播体系的反向改造。这样一个自上而下、自下而上的双重进程，也特别能够反映19世纪以来中国现代性之进程的基本特征。①

20世纪早期在寻求民族解放和国家富强的运动中，鲁迅和沈从文代表了中国学人对待乡土社会和现代性的两种不同态度：一个置身动态的现代性之中看待乡土社会，一个站在静态的乡土世界之中看待现代性；一个试图以启蒙者的姿态唤醒民众、改造乡土社会，一个持谨慎的保守的态度。刘铁芳认为，“乡土中国作为教育背景的缺席，直接导致乡村社会在现代教育体系中被边缘化”，以乡土中国为背景的中国教育应以“古典的姿态看护现代化，拓展现代教育的视野，显现乡土社会作为现代教育基础的背景与价值”。②

在教育人类学家的眼里，学校教育以及各种正式和非正式的教育活动，都不单纯是一种教育现象，而与社会、历史、文化、政治、经济等因素广泛地发生着联系。也就是说，现代教育的困境不仅由教育系统内部的各种因素和问题所引起，还与整个社会现代性的发展有联系。教育作为现代性的一种构建，又同时建构着现代性。因此，教育问题的解决之道到哪里寻求，不仅要从教育系统内部出发，要从更广阔的社会系统出发，还要重点考虑教育这个社会机构与其他社会机构之间的错综复杂的关系。

当然，也有必要进一步追问，当前中国学校教育，尤其是少数民族学校教育所处的困境是现代性发育成熟之结果，还是现代性发展不充分之表现？当然

---

① 王铭铭：《教育空间的现代性与民间观念——闽台三村初等教育的历史轨迹》，《社会学研究》1999年第6期。

② 刘铁芳著：《乡土的逃离与回归：乡村教育的人文重建》（增订本），福建教育出版社2011年版，第122—137页。

不同的研究者会有不同的解答。笔者讨论现代性这一问题的目的，并不是说所有的教育人类学研究都要与此牵扯上关系，而是强调现代性是一种社会发展和教育发展的背景，看待任何教育问题都应该追求最深层次的根源，并且从最广泛的视角阐释各种看似微观甚至微不足道的问题。

教育人类学家滕星曾经指出这样一个事实：过去 50 年中，中国教育过于强调了“国家整合”的目标，而忽视了社区教育、家庭教育和个人生存教育等层面存在的问题。这种教育是为 5%的精英能够进入主流社会服务的，而忽略了 95%不能通过教育融入主流社会的学生，这些学生回归本土社区成为“文化边缘人”，“干活不如老子，烧饭不如嫂子；当顶门杠嫌短，当烧火棍嫌长”是对他们的真实描绘。① 从这段文字可以看出，教育问题不仅是一种教育发展思路和策略的问题，而且也是一种如何看待社会、如何看待社会发展的问题。社会发展的路线在一定程度上决定着教育发展的路线。

进入 21 世纪以来，反映在经济、文化和政治上的全球化进程已经越来越明显，全球化背景下的教育研究是教育场域应对全球化挑战的一种体现。已有敏锐的教育学者指出，应该“在现有的宏观研究视角和文献数据分析的研究方法的基础上，采用人类学和社会学研究方法深入分析地方教育改革实践的机理”，并在这些层次上形成互动，达到对全球化和教育的全面理解。② 无疑，在现代性、全球性的层面展开教育研究是一种必然的发展趋势，这是社会发展和时代转换的一种要求。

---

① 滕星、关凯：《教育领域中的国家整合与地方性知识》，《中南民族大学学报》（人文社会科学版）2007 年第 5 期。

② 蒋衡、朱旭东：《当代西方教育与全球化理论研究评析》，《比较教育研究》2010 年第 6 期。

二、进步主义与保守主义

多元文化的主张在深层次上是一种文化相对主义的价值理念，而现代性教育则蕴含着进步主义的意涵。在一定程度上，这对张力揭露出中国现代性进程中的伦理悖论——究竟是追求发展、进步，还是承认差异、保持原有的多样性？

曾有人戏称："边缘的世界只能消极地旁观不涉及它的这一主题（指现代性的危机），因为它是'野蛮的''前现代的'，或者，简单地说，它还需要'现代性'。"① 虽然中国可以逃脱被取笑的命运，但是不能否认，中国现代性的历程是以西方现代性为参照的。由于历史、文化、政治、经济的差异，中国的现代性历程有其特殊性。

伊曼纽尔·华勒斯坦等人所著的《开放社会科学》中，有一段关于弱势群体面临双重困境的精彩分析。

> 因为各种流行的普遍主义究竟是什么样的，并没有一个令人满意的答案。如果他们接受其智慧，那么他们会发现自己在理论前提上就已经遭到了排斥或贬低。但是，如果他们在是否遵从流行普遍主义的问题上犹豫不决，那么他们又会发现自己在政治和学术两方面都无法在该系统内部发挥适当的作用，从而妨碍现状的改善。结果，在刚开始时，受排斥的人们无论是在政治上还是在文化上，都在整合与分离之间来回摆动。②

---

① ［美］弗雷德里克·杰姆逊、三好将夫编，马丁译：《全球化的文化》，南京大学出版社2002年版，第18页。

② ［美］华勒斯坦等著，刘锋译：《开放社会科学：重建社会科学报告书》，生活·读书·新知三联书店1997年版，第63页。

“发展”作为一套强有力的话语体系，它引导着20世纪后半叶的中国不断摸索和寻找适合自己的道路。20世纪50—60年代盛行的现代化理论认为所有的国家都处于一个直线发展道路上的不同阶段，并最终都像西方国家那样发达而有序。现代化理论作为一个空洞的梦魇引领着许多第三世界国家的发展。直到很多国家在努力了几十年之后发现与发达国家之间的差距越来越大时才恍然大悟并反思“我们是不是被欺骗了”。之后诞生的依附理论和世界体系理论发现，发展在本质上是一种不平等的过程，不同国家之间是一种“中心—半边陲—边陲”的结构，发达国家的发展必须以牺牲弱势国家的利益为代价。或许只有从根本上改变这一结构，才能改变这种不平等的事实。这种理论在一定程度上削弱了后发展国家和人民的主观能动性及改变历史命运的能力。

无论是社会进化论还是文化进化论都暗含着普遍主义的观点，普遍主义和特殊主义向来是社会科学中一个争论不休的论题。教育人类学家也提出了自己的观点。美国多元文化教育专家班克斯也说：“没有多样性的统一性导致的是文化独裁主义和霸权主义，缺乏统一性的多样性则会导致文化的割据和民族国家的分裂。在民主多元文化国家，多样性和统一性共存于完美的平衡之中。”① 在论及中国少数民族地区教育时，滕星也指出：“既要考虑到国家教育的整合功能，进行普适性知识的传播，又要考虑到当地特殊的社会和人文生态环境，注重地方性知识的传递，使教育能够满足不同地区、不同文化背景、不同阶层、不同族群人们的需要，实现教育领域内国家‘大传统’和地方‘小传统’的良性互动，这才是中国教育今后发展的一条正确之道。”② 相信在很长的一

① ［美］James A. Banks 著，荀渊等译：《文化多样性与教育：基本原理、课程与教学》（第5版），华东师范大学出版社2009年版，第22—23页。

② 滕星、关凯：《教育领域中的国家整合与地方性知识》，《中南民族大学学报》（人文社会科学版）2007年第5期。

段时间之内，进步主义和保守主义之间的论争与二者之间的平衡，仍然会是教育人类学研究的一个非常重要的主题。

人们抨击普遍主义只不过是一种经过“乔装打扮的特殊主义”，而且具有西方中心主义的色彩，具有强大的压迫性。在追求自由与幸福的人类的历程中，途径和方式是多元的，这是不能否认的。

当研究者使用进步主义与保守主义、普世主义与相对主义、世界主义与地方主义、统一性与多样性来描述学校教育，尤其是少数族群教育和乡村教育时，这些话语更多地代表具有价值倾向的研究者们的客位思考。在研究对象当地的社区中，教育连同当地人生活的自然生态环境、生产生活、文化习俗、宗教信仰、语言等因素构成一个统一的整体。在局外人看来，他们的教育及周遭的一切都面临着各种各样的危机；在局内人看来，各种问题或许根本就是微不足道，甚至是天方夜谭。这也是文化的差异的一种体现。

发展人类学家凯蒂·加德纳（Katy Gardner）和大卫·刘易斯（David Lewis）对此有下面的一番评说。

> 人类学告诉我们，任何基于因果关系的机械式社会变迁模式必然会排斥与压制人们生活的丰富多样性……人类学提倡一种态度与观点，即鼓励从事发展工作的人倾听他人的意见，关注不同的观点以及看问题与做事情的新方法。这种观点不断质疑源自我们自身文化并寻求在其他地方应用的一般假设，同时唤起人们对存在于其他文化的各种不同选择的关注。它突出了人类存在的丰富多样性，就像不同语言、信仰与文化的其他方面所表现的丰富多样性一样。人类学试图表明社会与经济生活的相互联系以及变迁过程中人们之间的复杂关系。最后，人类学鼓励我们深入探究，透过现

象看本质，并尽我们所能去揭示社会与经济生活的复杂性。①

人类学可以对发展提出有力的批评，使发展思想与活动摆脱过于系统化的模式，以及传统与现代、正式与非正式、发达与不发达等二元对立思想的束缚，向更富有创造力的方向发展。同样，对于有兴趣探讨话语的运作方式、知识与权力，以及社会转型等课题的人类学家来说，批评性地参与有计划或非计划性的社会变迁过程能够给他们带来很大的创作机会。②

中国人类学家和民族学家张海洋也在一直呼吁，改变中国的发展方式。他说："今日中国的改革需要的不再是优胜劣汰、适者生存的天演论，而是能从社会发展转向文化生态学，能阐释多元文化与和谐社会……通过人人互惠和天人互惠来维护可持续发展的道德文化再生产论。"③ 教育人类学在探讨贫穷与落后地区的教育与社区发展时，不得不在进步主义与保守主义力量之间寻求一种平衡，并且还要谋求发展。这是教育人类学研究的一个根本难题。

三、结构与能动性

结构与能动性是一对描述人类行动的概念和理论范畴，它们一直是人类学、社会学研究中争论的焦点话题之一。结构与能动性这对主题，既能表现教育人类学的研究视角，也能反映研究者阐释教育现象和破解教育难题的思路。可喜的是，目前已经有越来越多的教育人类学研究者关注这项议题。

①② ［英］凯蒂·加德纳、大卫·刘易斯著，张有春译：《人类学、发展与后现代的挑战》，中国人民大学出版社2008年版，第154—155、第2页。

③ 张海洋：《好想的摩洛哥与难说的拉比诺》，载［美］保罗·拉比诺著，高丙中、康敏译：《摩洛哥田野作业的反思》，商务印书馆2008年版，代译序。

下文将首先梳理人类学与社会学研究中关于结构与能动性的种种争论。将二者置于一起讨论，虽然还有些“二元对立”的嫌疑，不过比较彻底地明晰这对范畴的百年争论，有助于我们更好地看待和研究教育问题，也有助于我们分析和解读现有教育人类学研究的现状。

（一）结构与能动性的含义

结构通常指独立于个体并能影响或制约个体的各种外部环境因素，如社会阶层、宗教信仰、性别、种族、文化观念等。能动性一般指个体所拥有的独立自主选择和展开行动的能力。人们通常把结构与能动性之间的争论归结为认识论、方法论上的不同，其实也是本体论上的不同。关于结构的理论和思想与唯实论、有机论、整体主义、客观主义等相关，而能动性与唯名论、机械论、心理主义、个体主义、还原论等相关。前者多认为社会是一个不可还原的整体，较多采用宏观的分析方法，后者则认为个体才是可以认知的对象，而较多采用微观的研究方法。具有整体主义特点的结构主义和功能主义都强调社会整体相对个人所具有的至高无上的地位，而在具有人文主义的解释学传统里，个体的理性、情感、生命意义、价值、行动则被凸显。

马克思没有直接讨论结构与能动性的问题，但从一些著作中可以窥探出他对二者的观点。譬如，在1852年发表的《路易·波拿巴的雾月十八日》一文中，马克思写道：“人们自己创造自己的历史，但是他们并不是随心所欲地创造，并不是在他们自己选定的条件下创造，而是在直接碰到的、既定的、从过去承继下来的条件下创造。一切已死的先辈们的传统，像梦魇一样纠缠着活人的头脑。”① 马克思早就意识到人具有改变历史的创造性，同时又被历史和现

① 《马克思恩格斯选集》（第1卷），人民出版社2012年版，第669页。

实的条件所限制的局限。马克思的理论具有整体的、立体的结构主义的特点，但是马克思的理论目标是人类的解放事业，因而更加关注社会系统的再生产和矛盾等问题。

（二）整体主义取向的结构观点

“结构”一词的英文“structure”源于拉丁词“struere”，本来是“建造”的意思，因此“structure”作为一个名词，既有“行动或过程”的含义，又有“结果或者后果”的含义。最初，“结构”一词应用于建筑学和几何学领域，后来扩展到工程学、生物学、地质学以及社会科学中。①

斯宾塞继承了前人舍夫勒（A. E. Schaffle，1831—1903）和孔特（A. Comte，1798—1857）的观点，系统比较了社会和生物有机体。社会有机体有类似于生物有机体的特征，社会的各个组成部分之间关系具有稳定性，语言作为纽带或信息通道，使得社会有机体成为可能。在斯宾塞社会有机论的影响下，涂尔干认为社会就其实质来说是一种整体，其个体的相互结合和相互作用的性质不能简单地从个体角度加以解释和理解，社会现象不同于心理现象，社会现象的成因只能从社会事实中来寻找。社会高于个人，社会事实无法用生理学、个体心理学以及其他研究个体的方法来解释，而必须用社会学的方法、观点解释。他认为社会学的研究对象就是社会事实，社会事实是人们行动、思考和感受的方式，它独立于个体的意识而具有客观实在性，能支配人的行为，并具有强制性。在《原始分类》中，涂尔干与莫斯表达了这样的观点：思维的结构反映了社会关系的物质结构。在《宗教生活的基本形式》中，涂尔干认为，符号化的宗教仪式及其观念不仅表达对超自然力量的崇拜，也是对组成人们日常生活的

① ［英］杰西·洛佩兹、约翰·斯科特著，崔春喜译：《社会结构》，吉林人民出版社 2005 年版，第 10—16 页。

社会和结构的崇拜。因此，在涂尔干那里，个体的认知、信仰与社会结构紧密联系。涂尔干在他一生中创造了四种基本机制解决社会的整合问题：①文化机制（集体意识、集体表象）；②结构机制（结构的互相依赖和亚群体的形成）；③人际机制（仪式）；④认知机制（分类、符号化的方式）。①

人类学在学科建立之初，就对婚姻、家庭、亲属关系制度等结构的内容进行了研究。现代人类学重要奠基人马林诺斯基在《西太平洋的航海者》中所描绘的特罗布里恩德群岛的“库拉圈”（Kula ring）是一种根据风俗信仰而进行的延迟性交换结构。后来马林诺斯基建立了基于个人需要基础之上的功能主义理论。他认为人的基本需求导致了文化的回应，这些文化回应包括营养补给、亲属关系、居所、保护、活动、训练、卫生等，文化的基本功能是满足人们的生理、心理和社会需要。②

与马林诺斯基不同，结构—功能主义取向的拉德克利夫-布朗认为所有的社会现象都是与社会结构的存在相联系的产物，因此把社会行为的产生归因于人类的主观动机的心理学解释是没有意义且很难接受的。他主张根据生成社会秩序的机制、根据社会制度的功能来解释社会制度和各种现象的存在。布朗认为，社会结构就是“社会关系网络的绵延”，“任何一种关系都涉及一个人们互动时的行为受到各种规范、规则或范式制约的过程”。③ 在他那里，结构、过程和社会功能紧密连接在一起的：社会过程与社会结构相互依存，功能反映社会结构和社会过程之间的相互联系。

---

① ［美］乔纳森·H. 特纳著，邱泽奇、张茂元等译：《社会学理论的结构》，华夏出版社2006年版，第431页。

② ［英］马林诺斯基著，黄剑波等译：《科学的文化理论》，中央民族大学出版社1999年版，第74—119页。

③ ［英］拉德克利夫-布朗著，蟠蛟等译：《原始社会的结构和功能》，中央民族大学出版社1999年版，译者序。

埃德蒙·罗纳德·利奇（Edmund Ronald Leach，1910—1983）以“动态平衡”理论向当时流行的结构功能主义的静态平衡理论提出了挑战。在《缅甸高地诸政治体系》中，他认为导致缅甸卡钦山地克钦人的政治制度在贡老和贡萨之间摇摆的原因固然与该社会相互矛盾的制度或结构有关，但离开了争权夺利的个体，这些制度和结构的矛盾也就无从谈起。

在列维-斯特劳斯结构主义理论中，一个模型只有满足以下四个条件才能称之为“结构”：①这种结构应表现出一种系统的特征，任何一个组成部分变化都会引起其他成分也发生变化；②任何一个模型都隶属于一组变化，其中每一种变化都对应于同类模型内的一个模型，以至所有这些变化加起来便构成一组模型；③上述特质使我们能够预见，当模型的某一成分被更改的时候，该模型会如何反应；④构拟一个模型应当使其运行能够解释全部被观察到的事实。① 在列维-斯特劳斯那里，结构分为两种：有意识的表层结构和无意识的深层结构。隐藏在实际社会关系背后的深层结构，它不能直接被观察到，只有通过文化人类学家的努力才能认识。列维-斯特劳斯的结构人类学实质是想探索支配人类社会生活的普遍原理，揭示人类心灵的基础结构。

以马克斯·格拉克曼（Max Gluckman，1910—1975）为首的曼彻斯特学派一反结构功能主义的社会结构观，认为矛盾和冲突是社会的常态，社会是一个动态的过程，而且正是由于分裂和冲突而绵延不绝。20 世纪 60 年代之后，象征人类学研究符号、仪式、象征意义与社会结构之间的关系。玛丽·道格拉斯（Mary Douglas）、维克多·特纳（Victor Turner）和克利福德·格尔茨是重要的代表人物。维克多·特纳继承了范·盖纳普（Van Gennep）对“通过

① ［法］克洛德·列维-斯特劳斯著，张祖建译：《结构人类学》(1)，中国人民大学出版社 2006 年版，第 257 页。

仪式”的研究与分析，他将“阈限”期从不同社会状态之间的过渡阶段发展成为一个持续存在的社会状态。他注意到个体具有反结构性、创造性或某种改良意识，他们的目的是“占据有利位置批判和改变社会结构”①。道格拉斯深受涂尔干和列维-斯特劳斯的影响，主要探讨了社会组织、结构与认知方式之间的关系。她认为人类的信仰、宗教、仪式与社会秩序紧密相连，“任何文化都是一系列相关的结构……特定的文化主题有调控身体的仪式表达……仪式演示的是社会关系的形式。通过直观地表现这些关系，它能使人们认识自身所处的社会。通过物质性的身体这个象征性的媒介，仪式作用于政治实体”②。在道格拉斯那里，精神力量能否发生作用受到社会结构的影响和规约。

关于整体主义取向的“结构”理论不胜枚举。从上面的分析中，我们可以看到结构的思想从宏观向微观、从整体到局部、从有形到抽象的发展趋势，这在一定程度上是人类学、社会学学科发展成熟的表现。乔斯·洛佩兹（Jose Lopez）和约翰·斯科特（John Scott）认为，社会结构包括制度的、关系的和具象的层面。③ 在制度结构的观念下，社会结构被看作“由那些定义人们行为期望的文化或规范模式所构成，行动者能把握彼此的行为并且组织起来相互之间的持久关系”；在关系结构的观念下，社会结构被看作“由社会关系自身所组成，也就是被理解为行动者和他们的行动之间的因果联系和相互独立性以及他们所占据位置的模式”。这两种社会结构观念代表了“结构”与“能动者”的两种偏向，前者突出社会结构的重要性，把个体行动者置于次要的或从属的

① ［美］奈杰尔·拉波特、乔安娜·奥弗林著，鲍雯妍、张亚辉译：《社会文化人类学的关键概念》，华夏出版社2009年版，第221页。

② ［英］道格拉斯著，黄剑波等译：《洁净与危险》，民族出版社2008年版，第159页。

③ ［英］杰西·洛佩兹、约翰·斯科特著，崔春喜译：《社会结构》，吉林人民出版社2005年版，第4—6页。

地位，而后者则正好相反。具象结构是一种晚近的观念，并深受布迪厄思想的影响，它是指“铭刻于人类身体和思想中的习惯和技能”，“这些习惯和技能使人们生产、再生产和改变制度结构和关系结构成为可能”。具象结构已经具有某种调和主客观的特色。

（三）个体主义取向的能动性观点

能动性是行动者表现出的一种创造性的能力，无论这种能力是先天遗传的，还是后天习得的。在自然界，无机物、有机生命体被普遍认为具有应激和反应的能力。古希腊德谟克利特的原子自动说是对一切物体具有能动性的最早猜测。17 世纪，英国哲学家培根从哲学上提出人的能动性问题。① 康德的《纯粹理性批判》试图解决“我能知道什么”这一难题，他发现人类思维具有一种先天的能动的综合作用。康德从自我意识的角度阐述了人类认知的可能性与限制，这可以认为是从认识论角度论述人的能动性。

行动者这一概念不同于行为者。在马克斯·韦伯那里，行动不同于行为，而是建立在理性选择的基础上，包含着意识、思考、倾向、目标、价值等元素。偏向于阐述个体能动性的理论在一定程度上受到了人文主义的影响。马克斯·韦伯深受狄尔泰生命哲学、新康德主义者李凯尔特的影响，他认为应对社会进行解释性的理解，并创建了“理解的社会学”。齐美尔（G. Simmel，1858—1918）曾经分析过微观的社会互动形式。

威廉·詹姆斯为社会科学研究能动性奠定了坚实的基础。他发现人类具有将自身当作客体的能力，即自我能力。自我可以分为物质自我、社会自我、精神自我。库利（C. H. Cooley，1864—1929）发展了自我的概念，他认为自我

① 金炳华主编：《马克思主义哲学大辞典》，上海辞书出版社 2003 年版，第 204—205 页。

是个体在社会环境中与他人互动产生的“镜像”，即他所说的“镜中我”的概念。深受行为主义、实用主义和达尔文主义影响的乔治·赫伯特·米德（George Herbert Mead，1863—1931）认为人的心智能运用符号来表示环境中的客体，并能进行“想象性预演”，选择对自己有利的行动方案。在符号互动主义看来，人类可以利用符号进行交往、互动和角色领会，社会就是这种相对稳定的互动模式的总和。

20世纪中期以后，人类学、社会学更加强调能动性，将人看作具有理性选择能力的能动者，而社会就是通过人们所做的各种利益选择和决定来生成和维系的。角色理论的代表人物拉尔夫·特纳（Ralph Turner）严厉批评他称之为“结构的角色理论”的观点。他认为，社会情境下的个体互动实质上是角色扮演、角色领会和角色构建的过程，个体在互动中会通过做出一定的姿态和暗示（包括话语、身体姿势、声音的抑扬顿挫、服装、面部表情以及其他身体语言）以利于合作。[①] 戈夫曼（E. Goffman，1922—1932）的剧场理论是通过对一系列舞台表演概念的解释而展开的。戈夫曼将整个社会看作一个舞台，日常生活中的人与人的交往互动都是一种表演。个体会在行动前做各种排演，在正式的“台前”也会根据场景变换和突发事件改换“剧本”。在戈夫曼看来，个体能够操作剧本、舞台，并利用各种道具以达到其自己的目的。

人类学家弗雷德里克·巴思（Fredrik Barth）提倡行动或交易理论，认为制度和习俗是不能直接观察的，只有通过观察人们的行为才能发现它的存在。他认为，行为的习俗模式更应该被视为人们在特定环境中做出的对时间和资源的安排的策略性决定的结果。社会结构只是一种“附带现象”，是人们的策略

① [美] 乔纳森·H. 特纳著，邱泽奇、张茂元等译：《社会学理论的结构》，华夏出版社2006年版，第363页。

在无意识下产生的副产品。①

解释主义人类学家格尔茨认为文化“是指从历史沿袭下来的体现于象征符号中的意义模式，是由各种象征符号体系表达的传承概念体系，人们以此达到沟通、延存和发展他们对生活的知识和态度”②。格尔茨考察象征符号的目的在于寻找符号是如何塑造行动者看待和思考这个世界的，并通过深描的方法加以解释。在对巴厘岛斗鸡的深描中，格尔茨揭示出斗鸡过程实质上是巴厘岛人情感爆发和地位争夺的一种表现，在羽毛、血、金钱、人群的社会展演中蕴含着个体感性和理性的人性本质以及意义追求。

（四）调和的观点

对于以个人与社会之间的相互关系为主要考察对象的人类学、社会学来说，如何克服主观主义，使从个人立场出发的社会学研究也能将社会列入其考察范围，反之，如何摆脱客观主义的束缚，使从社会出发的社会学研究也能够将社会与个人的关系作为其研究对象，始终是一个亟待解决的难题。在众多对结构与能动性的折中的研究中，最为引人注目的莫过于伯格与卢克曼的现实的社会构建观点、萨林斯提出的象征和文化理性观点、布迪厄的实践与惯习理论、帕森斯的社会行动与模式变化理论以及吉登斯的结构化理论。

伯格（P. L. Berger）与卢克曼（T. Luckmann）的思想承继了舒茨（A. Schutz）的思路。作为现象学社会学的创始人，舒茨的研究主要关注日常生活世界的常识世界的结构。在他看来，生活世界是按照人们的常识意义被加以理解和建构

① ［英］罗伯特·莱顿著，蒙养山人译：《他者的眼光——人类学理论入门》，华夏出版社 2005 年版，第 106 页。

② ［美］克利福德·格尔茨著，纳日碧力戈等译：《文化的解释》，上海人民出版社 1999 年版，第 103 页。

的，而常识起源于人的社会性。伯格和卢克曼在《现实的社会构建》中强调所有的知识都是在社会互动中产生的，对现实中的常识进行知识社会学分析可以加深理解社会实在的建构过程。他们所理解的社会既是涂尔干意义上的客观社会事实，也包含韦伯所论述的主观意义，他们的知识社会学的使命就是对现实的社会构建进行双重分析，以揭示在日常生活中“人是他们自己积极主动创造的社会的产物”的常识性道理。伯格和卢克曼通过外化—客观化—内化这一持续的辩证过程来分析社会实体的建构：首先，个体的思想和行为是通过制度化和合法化的活动实现外化和客观化，现实因而成为一种相对独立的实体；其次，通过行动者的社会化实现知识的内化，即客观化的知识进入的个人意识。

萨林斯（M. Sahlins）在其1976年所著的《文化与实践理性》中指出，关于实践理性和象征理性的辩论，是现代社会思想的关键问题。萨林斯坚持象征理性，他实际上是在挑战人类社会2 500年来关于精神与物质、主体与客体之间的根深蒂固的对立观念。他希望在人类关于主体感知的问题上，能够有一种历史的眼光，确立文化在主体与客体、精神与物质之间的关系中所起到的中介作用，这种中介作用是根据意义的社会逻辑来实现的。同时，他实际上也是在挑战马林诺斯基以来的文化功能论，那种理论认为文化仅仅是为了满足人类的某种物质或者欲望的需要而产生的。如果把文化理解为一种无形的规约，是某种隐藏的社会结构，那么文化则在一定程度上限制着人们的能动性的发挥，并在一定程度上决定着人们实践的方向。

皮埃尔·布迪厄（Pierre Bourdieu，1930—2002）的《实践理论大纲》（*Outline of a Theory of Practice*）整合了各种对立的文化理论，形成了更为融通的社会模型架构。按照布迪厄的讲法，“惯习”（habitus）概念和实践理论意在摆脱客观主义和主观主义的思路。因为“客观主义把行动理解为‘没有行动者’的机械反应，而主观主义则把行动描绘成某种良知自觉之心，通过理性的盘算，自由地筹划着如何确定自己的目标，使自己的效用最大化”①。除了克服主观主义与客观主义的对立，惯习观还要克服实证主义唯物论与唯智主义唯心论之间的对立。“与实证主义唯物论不同，我们在理论上把实践作为实践来看待，认为知识的对象是被建构出来的，而不是被消极被动地复制下来的；与唯智主义唯心论不同，惯习观提请我们注意，这种建构的原则存在于社会建构的性情倾向系统里，这些性情倾向在实践中获得，又持续不断地旨在发挥各种实践作用；不断地被结构形塑而成，又不断地处在结构生成过程之中。”②惯习是深刻地存在于性情倾向系统中的，作为一种技艺存在的生成性的能力，是完完全全从实践操持的意义上讲的，尤其是把它看作某种创造性艺术。③

布迪厄认为，惯习是主体实践性地认识社会的一种认知结构，而实践（社会行动或称惯习行动）则由结构和惯习这两大部分组成。也就是说，结构通常是通过惯习间接地支配着社会行动，惯习反过来又对结构的形成起到一定的制约作用，对结构的再生产做出贡献。惯习的形成即社会结构的内化与主观化的过程，社会结构的绵延、再生产是以惯习为中介的。

塔尔科特·帕森斯（Talcott Parsons，1902—1979）深受帕累托、涂尔干和韦伯的影响。虽然他被认为是一个结构功能主义者，但是其理论非常复杂。帕森斯唯意志论的行动单位是由行动者、目标、规范和情境条件所组成。④ 每一个微观社会行动均可以分解为这四个要素，因此帕森斯的行动单元理论可以

---

①②③ ［法］皮埃尔·布迪厄、［美］华康德著，李猛、李康译：《实践与反思——反思社会学导引》，中央编译出版社2004年版，第163、164、165页。

④ ［美］乔纳森·H. 特纳著，邱泽奇、张茂元等译：《社会学理论的结构》，华夏出版社2006年版，第38页。

看作其从微观角度综合社会和文化结构与个体能动性的尝试的结果。新模型的意义在于以最有效和可能的方式综合了唯心主义和唯物主义的传统。帕森斯认为，社会系统是一种行动者互动过程的系统，行动者之间的关系结构就是社会系统的一种基本结构。帕森斯在后期提出的“交换模型”（AGIL），被认为是其向宏观理论发展的典范。

为了克服主客观的对立，吉登斯提出了以结构与主体的相互关系为认识对象的结构化理论。在吉登斯看来，社会科学的主要领域既不是个体行动者的经验，也不是任何形式的社会总体的存在，而是在时空向度上得到有序安排的各种社会实践。① 吉登斯的结构化理论有一个主要观点，即认为“以社会行动的生产和再生产为根基的规则和资源同时也是系统再生产的媒介（结构二重性）”②。在结构二重性观点看来，社会系统的结构性特征对于他们反复组织起来的实践来说，既是后者的中介，又是它的结果。③ 构成结构二重性的关键要素是行动与结构。结构二重性表现为：结构既是行动的后果，又是行动的前提，结构与行动相互依存。结构不仅对行动造成制约，而且是行动得以展开的媒介。结构的存在依赖于行动者本身，并且通过行动者的行动而得到绵延和再生产。

上述五种理论都选择以某种中介（伯格和卢克曼的“常识的构建”、萨林斯的“文化理性”、布迪厄的“惯习”、帕森斯的“行动单元”、吉登斯的“结构二重性”）来改变主、客二元对立的局面，把结构与能动性整合在了一起。如果说，社会科学的理论都是从有限的社会现实抽象、化约而来，那么当它们重新面对错综复杂的现实时肯定会表现出各种狭隘性。任何一种社会理论都不

---

①②③ ［英］安东尼·吉登斯著，李康、李猛译：《社会的构成——结构化理论大纲》，生活·读书·新知三联书店1998年版，第61、81—82、89页。

是十全十美的，它们只能从一些侧面丰富人们对人与文化和社会的理解。

（五）教育研究中的观点

对于教育是什么，不同立场的学者有不同的观点。从应然与实然、历史与现实等不同角度看待教育，教育的含义也往往不同。从社会的角度定义教育，教育是某一社会使其成员系统社会化的过程。狭义的教育则指学校教育，它带有统治阶级和意识形态的规训与惩戒的政治和权力色彩。从个体的角度来定义教育，往往把教育等同于个体的学习或发展过程。因此，实际上，教育的过程是社会结构与个体主观能动性双重作用的过程，社会对于个体成长和发展来说具有一种不可抗拒的持续的影响力，但同时个体具有突破既有社会限制而改变自身思想、行动的主动性和创造性。

早期的功能主义学者将学校视作社会系统不可缺少的组成部分，它为社会培养和输送人才，保证社会的运转和延续。功能主义理论肯定了学校教育在传播既定的社会文化、政治、经济规范之中承担着重要作用，却无法回答学校是如何确保学校为全体公民提供均等的教育计划和经济待遇的。

布迪厄对学校教育的功能分析是从社会政治、文化的再生产的角度进行的。他和帕斯隆（J. C. Passeron）强调，学校不仅能再生产社会的结构体系，而且也能再生产与统治和被统治社会阶层相关的文化价值。他们认为，“所有的教育行动客观上都是一种符号暴力”①，“教育行动必须把负责其实施当局的教育权威和相对独立性当作实施的社会条件”②，教育系统的结构和运行必须通过制度特有的手段生产并再生产制度性的条件。③

教育人类学家约翰·奥格布在长期的田野工作基础上，巧妙地将学生的学

①②③ ［法］布尔厄、帕斯隆著，邢克超译：《再生产——一种教育系统理论的要点》，商务印书馆2004年版，第13、20、65页。

业表现从学校教育中抽离出来，进入更为广阔的文化和社会背景中。奥格布认为，多元文化教育学派的理论局限在于其理论假设，即错误地认为学生的学业表现只与学校内部的设置和活动（课程、教育环境、教师态度等）有关。① 他还批判传统的少数族群学业成就归因理论漠视少数民族传统文化价值观与行为方式的意义，忽视了其社会与历史的因素影响，忽视了少数民族受教育群体动机的研究。奥格布从少数族群文化、语言、认知与美国白人控制的公立学校和占支配地位的文化语言之间的关系入手，试图建立起沟通学生个体、学校教育、社区及族群文化传统的综合分析框架。在其著名的"文化模式理论"模型中，奥格布将学生群体重新划分为自愿移民少数民族和非自愿移民少数民族，并从参照框架、族群理论、生存策略、社会认同和与主流族群关系五个方面比较他们的不同。自愿移民少数民族是指那些近些年到美国寻求政治避难或者寻求经济发展机会的一些群体。非自愿移民少数民族是指那些通过奴隶制度、版图扩张以及各种形式的奴役制度等被整合到美国社会的少数民族，非洲裔美国人、奇卡诺人（Chicanos）和美国土著人是这类少数民族的代表。② 奥格布发现，生活在纽约的西印度人和加利福尼亚的华裔属于自愿移民少数民族，这些族群虽然受到主流族群的歧视和压制，但他们采取"积极的二元参照框架"，认为他们现在的生活处境比母国的同辈人好，困难是暂时的，通过时间和更多的学校教育，他们最终能够克服这些困难。③ 在 1981 年，奥格布就号召进行

① 胡玉萍：《文化力量与非主流人群的教育策略——奥格布文化参照框架差异理论述评》，《社会》2006 年第 4 期。

② Bradley A. Levinson. Ogbu's Anthropology and the Critical Ethnography of Education：A Reciprocal Interrogation. *Qualitative Studies in Education*，1992（3）.

③ 王婧：《奥格布教育人类学思想探析——对一个国际著名教育人类学家的文本分析》，载滕星、张俊豪主编：《多民族文化背景下的教育研究》，民族出版社 2009 年版，第 1—80 页。

多层次的研究，以将研究结果与更大的社会背景和社会结构联系起来。① 实质上，奥格布反对做单纯的微观民族志研究，他一直有建立宏大理论的抱负。

多元文化教育的代表人物班克斯的理论将教育问题诉诸教育内部来解决。虽然他认为促进性别、种族和社会阶层平等的学校文化和结构是多元文化教育的重要维度，但是班克斯认为这需要全员参与的学校文化和组织的重建。这无疑把多元文化教育的希望寄托在教育者和学习者的能动性之上了。②

“人是生而自由的，却无往不在枷锁之中。”③ “尽管我们现在很清楚地认识到，不存在、也不可能存在什么确定的未来，然而对未来的意象却会影响到人类目前的行动方式。”④ 批判教育学家就是看到了能动性的巨大力量，他们试图告诉更多的人，学校是统治阶级用以维护和延续社会秩序的统治工具，学校必须培养学生以批判的眼光去审视他们所处的社会及其制度，通过这样的学校教育使年青一代能够在斗争中掌握自己的命运，而非墨守成规，坐以待毙。批判教育学家的主要任务之一便是唤醒广大教师为创建一个更加公正、合理的社会而努力，唤醒学生觉知自身处境，为改变不利的社会境遇努力奋斗。

教育人类学的研究往往进入一个微观的环境中，观察了解当地人的社会文化与社会互动，意在同时了解他们行动背后的思想，同时又将教育问题连同这个微观环境里的其他问题放入宏观的社会文化背景当中去考虑。因此，这种研究格局本身就是一种社会结构与个体行动者的复杂的关系格局。这样的研究范

① ［美］奥布主编，石中英等译：《教育人类学》，西南师范大学出版社 2011 年版，第 118 页。

② ［美］James A. Banks 著，荀渊等译：《文化多样性与教育：基本原理、课程与教学》（第 5 版），华东师范大学出版社 2009 年版，第 17—18 页。

③ ［法］卢梭著，何兆武译：《社会契约论》，商务印书馆 2001 年版，第 8 页。

④ ［美］华勒斯坦等著，刘锋译：《开放社会科学：重建社会科学报告书》，生活·读书·新知三联书店 1997 年版，第 84 页。

式及研究格局，使结构与能动性的讨论成为教育人类学研究中的重要分析主题。这在一定程度上是由教育人类学研究的认识论和方法论决定的，当然，这种认识论和方法论也需要进一步超越和改革。

第九章　中国教育人类学的未来展望

20 世纪 80 年代之后，中国的教育人类学获得了快速发展，但是与其姊妹学科教育社会学相比，在文献总量、学术影响力等方面还存在较大差距。尽管如此，应该看到，近年来，在教育人类学学术组织的推动下，中国教育人类学研究成果的数量和质量均呈现稳步提升的态势。从长远来看，教育人类学必定会像教育社会学那样茁壮成长。中国教育人类学的未来可以从以下三个方面展开分析。

第一节　为中国的教育研究增添力量

教育研究的专业性和教育研究者的专业地位历来饱受质疑。从拉格曼（E. C. Lagemann）的著作中可以窥见美国教育研究“困扰不断”“捉摸不定”的学科历史。拉格曼坦言，“教育研究这一学术领域的工作被看作一个后娘养的孩子”，“从事与研究教育被看作地位低下的工作，已经几乎不是一个秘密”；在美国，“反知识主义一直是美国生活的一个中心主题，而与此相关的反教育主义现象也一直是一个非常重要的主题”。①

中国的教育研究团体可以称之为全国最大的学术群体，因为中国拥有世界

① ［美］埃伦·康德利夫·拉格曼著，花海燕等译：《一门捉摸不定的科学：困扰不断的教育研究的历史》，教育科学出版社 2006 年版，英文版序。

上最多的中小学生和教师，有世界上最多的学校。但是在庞大的教育研究机构之下，中国的教育研究却没有产出与群体规模相对应的优秀的研究成果。与其他人文社会科学的研究成果相比，一般的教育研究成果明显缺乏深刻性，教育研究者经常引述哲学家、历史学家、政治学家、社会学家、心理学家、经济学家的研究成果，但教育学家的研究成果却很少被其他领域的专家所引用。相比较而言，教育研究的作品很少能够建立独特的话语系统和理论体系。因此，有学者将“教育理论的滞后、不参与或被边缘化”视为教育改革危机的重要原因。① 但是，为什么教育理论会“滞后、不参与或被边缘化”？除去社会结构的各种规限之外，研究主体缺少独立之品格和深入教育田野之精神，无疑是重要的原因。

如果将教育研究视为一种人文社会科学研究，那么在中国它至少落后于其他社会科学（政治学、经济学、社会学等）研究十几年。这在一定程度上可以从当下教育研究中所使用的时髦词汇看出，大多数新奇词汇在其他社会科学领域十多年前就已经被使用过了。教育研究非常擅长借用其他学科的现成的理论和研究方法，而不能对这些理论和方法进行系统的、卓有成效的、批判性的反思。教育研究多借助于其他学科的研究成果，却很少能够将自身的研究成果反哺给其他学科，这凸显了教育学在学科体系中的尴尬地位。当教育学家说“教育学是一个开放的多学科研究领域”的时候，我们隐隐约约可以看到这种趋向。

教育人类学研究将教育问题置于历史、社会、经济、文化等背景中去探讨，取得了公认的成果。事实上，人类学对教育研究的贡献，最早是比较教育

① 石中英、高政：《2011年我国教育基本理论研究新进展》，《中国社会科学报》2011年12月29日。

研究者意识到的。西班牙著名的比较教育家加里多（J. L. G. Garrido）写道："比较教育研究者非常幸运，自己的工作将由于人类学家所完成的研究而变得容易起来。这种情况，现在还不能预见何时会发生。因此，我认为比较教育研究者应该对文化人类学和教育人类学多做一些了解，直到自己觉得有点像一位人类学家。"① 中国著名教育家顾明远认为比较教育研究应该重视文化研究，他指出："进行文化研究是很困难的一件事。最好是采用文化人类学的方法，到当地去生活一段较长的时间。"②

从某种程度上讲，对于崇尚高谈阔论和自我封闭的中国教育研究来讲，教育人类学无疑将为其贡献力量。③ 对于那些自以为高贵的正统人类学研究而言，教育人类学也将做出自己的独特贡献。

今后一段时间，中国教育人类学的学科建设可以从内外两个方面着手。从学科制度和研究保障体系来讲，要优化教育人类学专业研究团体和专业研究机构，重视研究梯队的培养，加快建设专业刊物、教材和通俗读物。从学科内部研究来讲，教育人类学研究需要做好以下几项工作：继续开展扎实的田野工作，撰写高质量的教育民族志作品，尤其要注重从经典的人类学民族志中学习如何撰写教育民族志；建构具有中国特色的教育人类学理论，创设成熟的学科理论体系；从中国文化与历史传统中挖掘学科发展的养料，加强教育与文化、社会、政治、经济互动的研究；继续扩大教育人类学研究国际视野，加强对国外优秀教育人类学作品的翻译与介绍，继续增加与国际同行交流，吸取国外的

---

① ［西班牙］何塞·加里多著，万秀兰译：《比较教育概论》，人民教育出版社 2001 年版，第 196 页。

② 顾明远：《文化研究与比较教育》，《比较教育研究》2000 年第 4 期。

③ 巴战龙：《简论人类学视野中的教育研究》，《湖北民族学院学报》（哲学社会科学版）2005 年第 1 期。

理论与方法，同时展现中国教育人类学所取得的成果；在条件允许的条件下，鼓励学者开展以海外为研究对象的教育人类学研究。

第二节　成为一门综合的开放的学科

一般而言，社会科学具有三大传统：因循自然科学范式的实证主义传统、具有人文主义的解释学传统、批判主义的传统。它们在对社会和知识的本质、如何认识和研究社会、价值关涉等问题上存在明显差异，并且具有不同的理论渊源和发展脉络。

按照英国社会学家吉拉德·德朗蒂的观点，实证主义起源于激进的自由主义，其兴起的背景是反对权威和政治上专制主义的现代意识。实证主义者将自然科学视为所有科学的典范，认为社会科学应该按照自然科学的研究方法研究社会。他们提出，任何社会现象都可以还原为某种原子单元，能够被研究者客观、公正地观察和分析，科学研究是一件独立于社会和道德价值的中立活动。实证主义寻求的是一种工具性的知识——一种具有解释力和预测能力的因果关系。在两次世界大战之间的这段时间里，实证主义在科学哲学领域占据了主导地位。涂尔干去世之后，逻辑实证主义和经验社会科学一直占据优势地位。后来，波普尔（K. Popper）的“证伪主义”和库恩（T. Kuhn）的“范式理论”动摇了实证主义的根基，同时它受到新康德主义者、马克斯·韦伯和解释学以及法兰克福学派等的批判。

解释学与19世纪德国思想有密切的关系，它起源于维柯和卢梭的反启蒙主义思想，更多的是对文化的保守态度的产物。19世纪以来，解释学有两大传统：一个是新康德哲学、德国历史学派、韦伯的社会学以及弗洛伊德的心理分析的客观主义传统，另一个是以海德格尔（M. Heidegger，1889—1976）、维特根斯坦（L. Wittgenstein，1889—1951）、伽达默尔（H. Gadamer，1900—2002）和文齐（P. G. Winch，1926—1997）为代表的主观主义传统。两个传统之外还有走中间路线的舒茨（A. Schutz，1899—1959）。最后，保罗·里克尔（P. Ricoeur，1913—2005）将解释学引向了批判解释学。

在解释学的传统中，社会现实被看作一个有意义的建构物，不同的文化和历史都有其不同的价值观念。它强调语言的重要性，认为社会是借助语言和意义建构起来的。它还认为研究者与研究对象存在一种“交互主体性”的关系。解释学传统具有一种强烈的反科学主义的倾向，代表着现代性意识中的沟通取向。

具有马克思主义传统的批判理论同时对实证主义和解释学提出了挑战。马克思主义的社会理论放弃了“价值中立”的观念，其核心观点是“自我改造”，而不是“自我理解”。对于马克思主义者来说，社会科学知识必须是批判的知识，人们要借助这种批判的知识达到改造社会的目的。在马克思主义者那里，“批判”和“解放”是核心的概念，并辩证地联系在一起。20 世纪 60 年代，法兰克福学派的兴起在文化批判领域和沟通领域做出了重要贡献。哈贝马斯和阿佩尔（K. Apel）在整合解释学传统和马克思主义传统的批判理论上做出了重要贡献。哈贝马斯对科学和认识旨趣进行了分类，并试图将社会科学建基于解放旨趣之上，随后他又提出了“交往行动理论”。虽然这个理论本身具有乌托邦的色彩，但不能否认其作为综合的社会科学理论的价值和光芒。20 世纪 90 年代，马克思主义的社会科学又从内部分化为“实在论”和“建构论”两种势力。

在梳理了社会科学中的三大传统之后，我们会发现，在世界范围内，这三大传统也渗透于不同的教育人类学研究传统中。发轫于20世纪初的德国精神科学教育学以及随后的教育人类学具有典型的人文主义的解释学色彩。20世纪70年代之后，德国教育人类学一方面转向了批判教育学，另一方面开始吸取社会文化人类学的实地调查的研究方法，从而实现了三种传统在教育人类学研究领域的重合。

起步于20世纪的美国教育人类学具有很强的实证色彩，文化与人格学派及以斯宾德勒为代表的第一代教育人类学家的研究范式具有典型的第一代民族志特征，他们相信民族志能够带来客观、科学、准确的人类学知识。从20世纪70年代开始，尤其是20世纪80年代之后，人文主义传统在人类学中全面复兴，伴随着后现代主义以及反思人类学、实验民族志、批判民族志的兴起，美国的教育人类学研究不可避免地受到它们的影响，从而使教育人类学研究具有了某种人文主义解释学和批判的特征。

中国的教育人类学研究在20世纪20年代末就已引入了德国的教育人类学传统，具有了现象学、解释学的传统，当时人类学家、社会学家、教育学家开展的边疆教育和民族教育研究使用的实地调查方法，属于实证主义的范畴。20世纪80年代之后，中国的教育人类学同时受到英美教育人类学、多元文化教育、批判教育研究以及德奥的现象学、解释学传统的教育人类学的影响。因此，可以说，目前，中国的教育人类学研究界同时具有实证主义、解释主义和批判主义这三大社会科学传统。这是一件值得欣喜的事，需要继承下去。目前的问题是如何将这三者有效地整合到实际的研究中去，更好地服务于教育人类学研究与实践。

教育人类学作为一门交叉学科领域，对研究者的要求相当高——它要求研究者同时具备教育学、人类学的基础理论、基本知识、研究方法，以及需要知晓教育人类学研究的相关进展。通常，教育人类学的研究者可能陷入“双重落后”的窘境，即一方面落后于主流、前沿的教育研究，另一方面落后于主流、前沿的人类学和社会科学研究。要弥补这种事实存在的缺憾，教育人类学的研究者要从“根”上努力钻研人类学、社会学、哲学的理论和作品，并且同时关注最新的教育研究动态。

当前，国内一些教育人类学的研究者需要“补课”。一是要“补习”社会文化人类学的理论、方法，了解人类学研究的最新发展。二是系统“补习”国内外的教育人类学研究的相关理论知识。三是要学习钻研教育人类学的“姊妹学科”——教育社会学的相关知识，从教育社会学研究的发展中汲取营养。伊万·伊利奇①、巴兹尔·伯恩斯坦、迈克尔·扬等出色的教育社会学家的作品都应该纳入学习范围中来。四是除了从人类学、教育学等母体学科吸收营养外，教育人类学的研究者还要从哲学、社会学、政治学、历史学等学科汲取营养。

我们正处在一个现有的学科结构分崩离析、遭到质疑、各种竞争性学科亟待建立的时刻。② 教育人类学的研究者应该具有危机感。教育人类学应该而且可以成为一门综合性的开放性的研究领域，应能为教育学理论建设和实践贡献力量，也应该能扬眉吐气地屹立于人类学诸分支学科之林。

---

① 伊万·伊利奇，当代著名的思想家、社会批判家、教育社会学家，公认的“非学校化社会”理论的创始人和“非学校化运动”的领袖。其代表作《非学校化社会》已经被翻译成中文，参见［美］伊万·伊利奇著，吴康宁译：《非学校化社会》，桂冠图书股份有限公司 1994 年版。

② ［美］华勒斯坦等著，刘锋译：《开放社会科学：重建社会科学报告书》，生活·读书·新知三联书店 1997 年版，第 110—111 页。

第三节 为国家建设和发展贡献智慧

教育人类学作为一门综合的人文社会学科，学科的发展绝不能与国家建构和社会建设脱离关系。无论是中华人民共和国成立前的边疆教育研究，还是20世纪80年代后教育领域的“文化寻根”，都说明学科发展要紧密联系社会现实，要回应国家、社会所关切的问题。因为“知识是通过社会而构成的，这意味着更有效的知识也将通过社会而成为可能”①。在这一方面，教育人类学家滕星、张诗亚等已经做出了表率。

滕星对云南拉祜族社区和拉祜族女童班实验倾注了长达十年的时间和精力，可谓用心良苦。滕星还根据其对云南拉祜族社区的实地调查结果，在2003年以一名教育人类学家的身份在《求是》杂志上发表了一封公开信，向政府和社会各界陈述拉祜族民众的艰苦生活，并呼吁政府采取有效措施帮助拉祜族儿童实现义务教育。② 2005年，滕星和他的学生马效义发表了《中国高等教育的少数民族优惠政策与教育平等》一文，在丰富的田野调查和与国外经验借鉴的基础上，作者提出了多项可实际操作的高等教育中少数民族优惠政策。这项研究成果为众多的研究者所引用，起到了良好的社会效果。③ 此外，滕星还向有关部门递交了多份民族教育的内参报告和影视内参片，并受到重视，一些政策建议也被采纳。

---

① ［美］华勒斯坦等著，刘锋译：《开放社会科学：重建社会科学报告书》，生活·读书·新知三联书店1997年版，第100页。

② 滕星：《应在贫困地区实施免费义务教育》，《求是》2003年第19期。

③ 滕星、马效义：《中国高等教育的少数民族优惠政策与教育平等》，《民族研究》2005年第5期。

2003年，以张诗亚为核心的研究团队递交的《关于在中国农村贫困地区教育中推进“更新工程”的建议》的研究咨询报告被国家有关部门采纳，随后该研究团队向教育部提交了《高师教育实习“改制”与农村师资“更新”一体化工程建设方案》。教育部根据这些建议实施了“顶岗实习”政策，获得了良好的效果，并产生了巨大社会反响。① 此外，张诗亚和吴晓蓉还根据这项研究发表了《“顶岗实习”：来自农村教育的日志》的文章，在学术界亦引起了较大关注。

另外，中国教育人类学也可以“走向行动”。例如，与非政府组织合作，参考、学习它们的经验，开展实践活动也是一条贡献社会的途径。非政府组织的一些项目为中国教育人类学走向实践和行动提供了某种有益的参考。从1996年开始的“农家女”自杀干预项目，可以看作行动中的“成人教育项目”，这和保罗·弗莱雷所开展的成人扫盲运动有着相似的特点。“在文化传统上，这种组织直接继承了宋明以来的乡约组织和梁漱溟、晏阳初的乡村建设和平民教育的思路；在机构上，依托各个村庄的妇联组织；在理念上，吸收了现代社会学和精神医学中关于自杀问题的理论；在经济上，不靠投入大量资金的办法来养起几个典型村，而是用很少的投入，调动农村妇女的主动性。”② 另一个非政府组织——“天下溪”的实践行动也很引人瞩目。2003年，“天下溪”以“一方水土养一方人”的文化理念，开始在环境教育的项目地尝试编写乡土文化教材。“天下溪”坚持与项目地教育局合作，由一线教师参与教材编写的原则，使乡土教材能够进入课堂，保证教材能够在当地推广使用。

学术研究、学科发展与其所在的社会、政治和文化进程紧密联系。如果说

① 张国圣等：《“顶岗实习”能不能“更新”农村师资》，《光明日报》2004年4月16日。
② 吴飞著：《自杀作为中国问题》，生活·读书·新知三联书店2007年版，第88页。

当前中国的社会发展正在从注重社会转型到更加注重文化转型①，或者说，正在从注重社会现代性到更加注重文化现代性②，那么当前中国教育人类学研究的任务就在于通过扎实的民族志叙述与深刻的理论阐释，揭示教育与社会、文化、政治、经济之间的各种复杂关系，以当下事实联系历史与未来，通过教育研究引领中国社会的发展与进步。

在21世纪第二个十年及之后的日子里，中国教育人类学应该而且能够产生更多有助于推进中国教育改革的本土实践和理论。教育人类学的学者应该综合运用人类学、教育学、社会学、心理学、历史学、政治学、生物学等学科的理论方法，研究、分析现存的教育和社会问题，为国家教育政策提供建议，引领中国教育改革与实践。中国教育人类学学者应该而且能够在理论研究与社会改革、实践之间搭建起更多的桥梁。中国教育人类学研究也需要更多有社会使命感、独立人格、批判反思精神的研究者加入进来。

---

① 赵旭东：《从社会转型到文化转型——当代中国社会的特征及其转化》，《中山大学学报》（社会科学版）2013年第3期。

② 钱永祥：《现代性业已耗尽了批判意义吗?》，载贺照田主编：《后发展国家的现代性问题》，吉林人民出版社2011年版，第3—19页。

主要参考文献

一、中文著作

1. ［奥］茨达齐尔著，李其龙译：《教育人类学原理》，上海教育出版社2001年版。

2. ［德］博尔诺夫著，李其龙等译：《教育人类学》，华东师范大学出版社1999年版。

3. ［德］恩斯特·卡西尔著，沉晖等译：《人文科学的逻辑》，中国人民大学出版社2010年版。

4. ［德］克里斯托弗·乌尔夫著，许小红译：《社会的形成》，广东教育出版社2012年版。

5. ［德］兰德曼著，阎嘉译：《哲学人类学》，贵州人民出版社2006年版。

6. ［德］马克斯·舍勒著，李伯杰译：《人在宇宙中的地位》，贵州人民出版社1989年版。

7. ［德］武尔夫著，张志坤译：《教育人类学》，教育科学出版社2009年版。

8. ［德］伊曼努尔·康德著，邓晓芒译：《实用人类学》，上海人民出版社2005年版。

9. ［德］伊曼努尔·康德著，赵鹏、何兆武译：《论教育学》，上海人民出版社2005年版。

10. ［德］尤尔根·哈贝马斯著，曹卫东译：《后民族结构》，上海人民出版社 2002 年版。

11. ［俄］古卡连科著，诸惠芳、梅汉成译：《多元文化教育的理论与实践》，人民教育出版社 2012 年版。

12. ［俄］康·德·乌申斯基著，郑文樾译：《人是教育的对象：教育人类学初探》（上卷），人民教育出版社 2007 年版。

13. ［俄］康·德·乌申斯基著，张佩珍等译：《人是教育的对象：教育人类学初探》（下卷），人民教育出版社 2007 年版。

14. ［法］高宣扬著：《德国哲学通史》（第 2 卷），同济大学出版社 2007 年版。

15. ［加］雷蒙德·蒙罗、［美］卡洛斯·托雷斯著，宇文利译：《社会理论与教育：社会与文化再生产理论批判》，上海人民出版社 2012 年版。

16. ［加］马克斯·范梅南著，宋广文等译：《生活体验研究——人文科学视野中的教育学》，教育科学出版社 2003 年版。

17. ［美］Dell Hymes 等著，曾守得编译：《教育人种志研究方法论》，五南图书出版有限公司 1989 年版。

18. ［美］James A. Banks、Cherry A. McGee Banks 主编，陈枝烈等译：《多元文化教育：议题与观点》，心理出版社 2008 年版。

19. ［美］N. Ken Shimahara、Ivan Z. Holowinsky、Saundra Tomlinson-Clarke 主编，滕星、马效义等译：《全球视野：教育领域中的族群性、种族和民族性》，民族出版社 2010 年版。

20. ［美］Phil Francis Carspecken 著，郑同僚审译：《教育研究的批判民俗志：理论与实务指南》，华东师范大学出版社 2005 年版。

21. ［美］阿普尔著，阎光才等译：《文化政治与教育》，教育科学出版社 2005 年版。

22. ［美］埃尔曼·R. 瑟维斯著，贺志雄等译：《人类学百年争论(1860—1960)》，云南大学出版社 1997 年版。

23. ［美］安妮特·拉鲁著，张旭译：《不平等的童年：阶层、种族与家庭生活》，北京大学出版社 2010 年版。

24. ［美］奥布主编，石中英等译：《教育人类学》，西南师范大学出版社 2011 年版。

25. ［美］白杰瑞主编，滕星、马效义等译：《中国少数民族教育——文化、学校教育与发展》，民族出版社 2011 年版。

26. ［美］彼得·伯格、托马斯·卢克曼著，汪勇译：《现实的社会构建》，北京大学出版社 2009 年版。

27. ［美］大卫·费特曼著，龚建华译：《民族志：步步深入》，重庆大学出版社 2007 年版。

28. ［美］邓津、林肯主编，风笑天等译：《定性研究：方法论基础》，重庆大学出版社 2007 年版。

29. ［美］弗朗兹·博厄斯著，刘莎等译：《人类学与现代生活》，华夏出版社 1999 年版。

30. ［美］顾定国著，胡鸿保、周燕译：《中国人类学逸史——从马林诺斯基到莫斯科到毛泽东》，社会科学文献出版社 2000 年版。

31. ［美］哈里·F. 沃尔科特著，马近远译：《田野工作的艺术》，重庆大学出版社 2011 年版。

32. ［美］哈里·F. 沃尔科特著，杨海燕译：《校长办公室的那个人——

一项民族志研究》，重庆大学出版社 2009 年版。

33. ［美］华勒斯坦等著，刘锋译：《开放社会科学：重建社会科学报告书》，生活·读书·新知三联书店 1997 年版。

34. ［美］基辛著，甘华鸣等译：《文化·社会·个人》，辽宁人民出版社 1988 年版。

35. ［美］肯特·科普曼主编，滕星、朱姝等译：《理解人类差异——美国的多元文化教育》，中央民族大学出版社 2011 年版。

36. ［美］拉尔夫·林顿著，于闽海、陈学晶译：《人格的文化背景——文化、社会与个人关系之研究》，广西师范大学出版社 2007 年版。

37. ［美］罗伯特·普特南著，李宗义、许雅淑译：《阶级世代：穷小孩与富小孩的机会不平等》，远足文化实业有限公司 2016 年版。

38. ［美］马克·里拉著，张小勇译：《维柯：反现代的创生》，新星出版社 2008 年版。

39. ［美］马文·哈里斯著，李培茱、高地译：《文化人类学》，东方出版社 1988 年版。

40. ［美］玛格丽特·米德著，曾胡译：《代沟》，光明日报出版社 1988 年版。

41. ［美］玛格丽特·米德著，宋正纯等译：《性别与气质》，光明日报出版社 1989 年版。

42. ［美］玛格丽特·米德著，周晓虹、周怡译：《文化与承诺——一项有关代沟问题的研究》，河北人民出版社 1987 年版。

43. ［美］玛格丽特·米德著，周晓虹、李姚军、刘婧译：《萨摩亚人的成年：为西方文明所做的原始人类的青年心理研究》，商务印书馆 2008 年版。

44. ［美］迈克尔·赫茨菲尔德著，刘珩、石毅、李昌银译：《人类学——文化和社会领域中的理论实践》，华夏出版社 2009 年版。

45. ［美］迈克尔·托马塞洛著，张敦敏译：《人类认知的文化起源》，中国社会科学出版社 2011 年版。

46. ［美］乔纳森·H. 特纳著，邱泽奇、张茂元译：《社会学的理论结构》，华夏出版社 2006 年版。

47. ［美］乔治·E. 马尔库斯、米开尔·M.J. 费彻尔著，王铭铭、蓝达居译：《作为文化批评的人类学——一个人文学科的实验时代》，生活·读书·新知三联书店 1998 年版。

48. ［美］斯蒂文·郝瑞著，巴莫阿依、曲木铁西译：《田野中的族群关系与民族认同——中国西南彝族社区考察研究》，广西人民出版社 2000 年版。

49. ［美］唐娜·伊·玛茜、帕特里克·杰·麦奎兰著，白芸等译：《学校和课堂中的改革与抗拒——基础学校联合体的一项人种志考察》，华东师范大学出版社 2005 年版。

50. ［美］威廉·F. 派纳、威廉·M. 雷诺兹、帕特里克·斯莱特里、彼得·M. 陶伯曼著，张华等译：《理解课程——历史与当代课程话语研究导论》，教育科学出版社 2003 年版。

51. ［美］威廉·亚当斯著，黄剑波、李文建译：《人类学的哲学之根》，广西师范大学出版社 2006 年版。

52. ［美］维特·巴诺著，瞿海源、许木柱译：《心理人类学》，黎明文化事业出版有限公司 1979 年版。

53. ［美］辛格尔顿著，蒋琦译：《应用人类学》，湖北人民出版社 1984 年版。

54. ［挪威］弗雷德里克·巴特、［奥］安德烈·金格里希、［英］罗伯特·帕金、［美］西德尔·西尔弗曼著，高丙中等译：《人类学的四大传统——英国、德国、法国和美国的人类学》，商务印书馆 2008 年版。

55. ［瑞典］胡森、［德］波斯尔斯韦特主编，张斌贤等译：《教育大百科全书》（第 2 卷），西南师范大学出版社、海南出版社 2006 年版。

56. ［意］巴蒂斯塔·莫迪恩著，李树琴、段素革译：《哲学人类学》，黑龙江人民出版社 2005 年版。

57. ［英］埃里克·霍布斯鲍姆著，李金梅译：《民族与民族主义》，上海人民出版社 2000 年版。

58. ［英］厄内斯特·盖尔纳著，韩红译：《民族与民族主义》，中央编译出版社 2002 年版。

59. ［英］吉尔德·德兰逖著，张茂元译：《社会科学——超越建构论和实在论》，吉林人民出版社 2005 年版。

60. ［英］凯蒂·加德纳、大卫·刘易斯著，张有春译：《人类学、发展与后现代的挑战》，中国人民大学出版社 2008 年版。

61. ［英］约翰·雷克斯著，顾骏译：《种族与族类》，桂冠图书股份有限公司 1991 年版。

62. 艾力·伊明著：《多元文化整合教育视野中的维汉双语教育研究——新疆和田中小学双语教育的历史、现状与未来》，民族出版社 2011 年版。

63. 巴登尼玛著：《文明的困惑——藏族教育之路》，四川民族出版社 2000 年版。

64. 巴战龙著：《学校教育·地方知识·现代性——一项家乡人类学研究》，民族出版社 2010 年版。

65. 班红娟著：《国家意识与地域文化——文化变迁中的河南乡土教材研究》，民族出版社 2012 年版。

66. 宝乐日著：《土族、羌族语言及新创文字使用发展研究》，民族出版社 2011 年版。

67. 曹树勋著：《边疆教育新论》，正中书局 1945 年版。

68. 常永才编著：《文化多样性、心理适应与学生指导》，四川辞书出版社 2007 年版。

69. 陈·巴特尔著：《文化变迁中的蒙古民族高等教育的演变》，内蒙古教育出版社 2004 年版。

70. 陈·巴特尔、陈晓莹、［加］保尔·马克西姆主编：《教育人类学》，知识产权出版社 2012 年版。

71. 陈国强主编：《简明文化人类学词典》，浙江人民出版社 1990 年版。

72. 陈美如著：《多元文化课程理念与实践》，师大书苑有限公司 2000 年版。

73. 陈时见主编：《边界跨越——广西民族贫困地区女童教育研究》，广西人民出版社 2001 年版。

74. 陈世联著：《文化与儿童社会化》，中国社会科学出版社 2008 年版。

75. 陈涛主编：《贵州民族教育调查》，中央民族学院出版社 1990 年版。

76. 陈向明著：《旅居者和“外国人”——留美中国学生跨文化人际交往研究》，湖南教育出版社 1998 年版。

77. 陈向明著：《质的研究与社会科学研究方法论》，教育科学出版社 2000 年版。

78. 陈振中著：《社会学语境中的教育弱势现象》，广西师范大学出版社

2007 年版。

79. 程福财著：《流浪儿：基于对上海火车站地区流浪儿童的民族志调查》，上海社会科学院出版社 2008 年版。

80. 崔相录著：《二十世纪西方教育哲学》，黑龙江教育出版社 1989 年版。

81. 崔宜明、王正平、郁振华、陈卫平著：《中国传统哲学与教育》，上海教育出版社 1995 年版。

82. 崔英锦著：《朝鲜族传统游戏传承的教育人类学研究》，黑龙江人民出版社 2008 年版。

83. 戴庆厦、滕星主编：《中国少数民族双语教育概论》，辽宁民族出版社 1997 年版。

84. 邓红著：《乡村少数民族儿童的学校生活——甘肃民族地区农村学校教育的田野考察》，民族出版社 2014 年版。

85. 邓志伟著：《多元文化·课程开发》，安徽教育出版社 2008 年版。

86. 刁培萼主编：《教育文化学》，江苏教育出版社 1992 年版。

87. 丁钢、刘琪著：《书院与中国文化》，上海教育出版社 1992 年版。

88. 丁钢主编：《近世中国经济生活与宗教教育》，上海教育出版社 1996 年版。

89. 丁钢主编：《文化的传递与嬗变——中国文化与教育》，上海教育出版社 1990 年版。

90. 丁钢主编：《中国教育：研究与评论》（第 15 辑），教育科学出版社 2012 年版。

91. 丁钢著：《中国教育的国际研究》，上海教育出版社 1996 年版。

92. 丁月牙著：《行动者的空间：甲左村变迁的教育人类学研究》，广西师范大学出版社 2016 年版。

93. 董艳著：《文化环境与双语教育——景颇族个案研究》，民族出版社 2002 年版。

94. 费孝通著：《费孝通在 2003：世纪学人遗稿》，中国社会科学出版社 2005 年版。

95. 冯跃著：《教育的期待与实践——一个中国北方县城的人类学探究》，民族出版社 2009 年版。

96. 冯增俊等译：《教育人类学》，海南人民出版社 1988 年版。

97. 冯增俊主编：《教育人类学教程》，人民教育出版社 2005 年版。

98. 冯增俊主编：《中国教育人类学研究（2016）》，人民教育出版社 2016 年版。

99. 冯增俊著：《教育人类学》，江苏教育出版社 1991 年版。

100. 傅维利、刘民著：《文化变迁与教育发展》，四川教育出版社 1988 年版。

101. 高金岭、谢登斌等著：《文化学关照下的教育变革》，广西师范大学出版社 2007 年版。

102. 高宁著：《教育的嬗变和文化传承》，湖南大学出版社 2008 年版。

103. 顾明远著：《中国教育的文化基础》，山西教育出版社 2004 年版。

104. 郭凤鸣著：《秩序中的成长：少数民族习惯法的教育人类学解读》，四川大学出版社 2011 年版。

105. 郭建如著：《西部民族贫困地区农村义务教育财政、资源配置与效益研究——基于云南、新疆、内蒙古等地贫困县的案例研究》，民族出版社 2010 年版。

106. 郭建如著：《中国农村义务教育财政体制变革与义务教育发展：社会学透视》，民族出版社 2010 年版。

107. 哈经雄、滕星主编：《民族教育学通论》，教育科学出版社 2001 年版。

108. 哈经雄主编：《中国少数民族高等教育学》，广西民族出版社 1991 年版。

109. 胡鸿保主编：《中国人类学史》，中国人民大学出版社 2006 年版。

110. 胡玉萍著：《美国当代少数族裔教育理论与政策研究》，民族出版社 2015 年版。

111. 黄奋生著：《边疆政教之研究》，商务印书馆 1947 年版。

112. 黄书光著：《理学教育思想与中国文化》，上海教育出版社 1993 年版。

113. 黄应贵著：《反景入深林——人类学的关照、理论与实践》，商务印书馆 2010 年版。

114. 黄政杰主编：《多元文化课程》，师大书苑有限公司 1997 年版。

115. 黄忠敬著：《知识·权力·控制——基础教育课程文化研究》，复旦大学出版社 2003 年版。

116. 江雪龄著：《多元文化教育》，师大书苑有限公司 1997 年版。

117. 姜又春著：《社会人类学视阈下农村儿童养育制度研究》，西南交通大学出版社 2013 年版。

118. 金志远著：《民族文化传承与民族基础教育课程改革》，民族出版社 2008 年版。

119. 金忠明著：《乐教与中国文化》，上海教育出版社 1994 年版。

120. 靳玉乐主编：《多元文化课程的理论与实践》，重庆出版社 2006 年版。

121. 景时春主编：《民族教育学》，甘肃教育出版社 1991 年版。

122. 李定仁主编：《西北民族地区校本课程开发研究》，民族出版社 2006 年版。

123. 李红婷著：《跨越生命的断层——四代人的教育梦》，光明日报出版社 2013 年版。

124. 李红婷著：《嬗变与选择：中国乡村家庭与学前教育》，湖南师范大学出版社 2013 年版。

125. 李红婷著：《无根的社区，悬置的学校——湖南大金村教育人类学考察》，民族出版社 2011 年版。

126. 李剑著：《教育审美与教育批判——解脱现代性断裂对民族教育发展的困扰》，中央民族大学出版社 2011 年版。

127. 李姗泽著：《生育文化的田野调查与教育内涵分析——沾益炎方苗族教育人类学解读》，西南师范大学出版社 2003 年版。

128. 李书磊著：《村落中的“国家”——文化变迁中的乡村学校》，浙江人民出版社 1999 年版。

129. 李素梅著：《中国乡土教材的百年嬗变及其文化功能考察》，民族出版社 2010 年版。

130. 李卫英著：《民族学校教育中的隐性力研究——对黔南石龙乡布依族苗族学校教育的田野考察》，中国社会科学出版社 2012 年版。

131. 李文海主编：《民国时期社会调查丛编・文教事业卷》，福建教育出版社 2004 年版。

132. 李小江等著：《文化、教育与性别——本土经验与学科建设》，江苏人民出版社2002年版。

133. 李晓博著：《有心流动的课堂：教师专业知识的叙事探究》，外语教学与研究出版社2011年版。

134. 李艳红著：《东乡族女教师职业生涯发展研究》，甘肃教育出版社2012年版。

135. 李政涛著：《教育人类学引论》，上海教育出版社2009年版。

136. 梁瓯第著：《我怎样通过大小凉山》，文通书局1944年版。

137. 凌纯声、林耀华等著：《20世纪中国人类学民族学研究方法与方法论》，民族出版社2003年版。

138. 刘曼卿著：《边疆教育》，商务印书馆1937年版。

139. 刘谦著：《教育的社会文化土壤：基于美国费城安卓学校的教育人类学观察》，光明日报出版社2016年版。

140. 刘世民著：《错位与抉择——论农村学校教育的主导功能和路向》，西南师范大学出版社2003年版。

141. 刘新科主编：《中国传统文化与教育》，东北师范大学出版社2002年版。

142. 刘玉玲著：《教育人类学》，扬智文化事业股份有限公司2003年版。

143. 刘正发著：《凉山彝族家支文化传承的教育人类学研究》，中央民族大学出版社2007年版。

144. 罗慧燕著：《教育与社会发展——中国贵州省的一个个案研究》，民族出版社2009年版。

145. 罗吉华著：《文化变迁中的文化再制与教育选择——西双版纳傣族和

尚生的个案研究》，民族出版社 2011 年版。

146. 罗章著：《放歌山之阿：重庆酉阳土家山歌教育功能研究》，广西师范大学出版社 2007 年版。

147. 吕晓娟著：《潜在课程的性别审视：在东乡族中小学的教育人类学考察》，甘肃教育出版社 2011 年版。

148. 马戎、［加］龙山主编：《中国农村教育发展的区域差异：24 县调查》，福建教育出版社 1999 年版。

149. 马戎编：《西方民族社会学的理论与方法》，天津人民出版社 1997 年版。

150. 马效义著：《新创文字在文化变迁中的功能与意义阐释——以哈尼、傈僳和纳西族为例》，民族出版社 2011 年版。

151. 马玉华著：《国民政府对西南少数民族调查之研究（1929—1948）》，云南人民出版社 2006 年版。

152. 孟凡丽著：《多元文化背景中地方课程开发研究》，中国社会科学出版社 2008 年版。

153. 纳日碧力戈著：《现代背景下的族群建构》，云南教育出版社 2000 年版。

154. 倪胜利著：《生态·人文·人的发展——西南民族教育文化研究》，西南师范大学出版社 2013 年版。

155. 欧群慧著：《云南省孟波镇中学多元文化教师民族之研究》，民族出版社 2011 年版。

156. 欧阳护华著：《单位与公民社会的碰撞：改革者的真实故事》，北京大学出版社 2004 年版。

157. 潘蛟主编：《中国社会文化人类学/民族学百年文选》，知识产权出版社 2009 年版。

158. 彭虹斌、刘剑玲著：《流变与博弈——一个农村小镇 30 年的教育变迁》，重庆大学出版社 2009 年版。

159. 彭正梅著：《解放和教育：德国批判教育学研究》，华东师范大学出版社 2008 年版。

160. 朴胜一主编：《中国少数民族教育发展与展望》，内蒙古教育出版社 1990 年版。

161. 祁进玉著：《群体身份与多元认同——基于三个土族社区的人类学对比研究》，社会科学文献出版社 2008 年版。

162. 钱民辉著：《多元文化与现代性教育之关系研究——教育人类学的视野与田野工作》，民族出版社 2008 年版。

163. 乔馨著：《教育人类学视野下的岩洞嘎老文化传承研究》，中央民族大学出版社 2011 年版。

164. 任杰慧著：《中国式在家上学——R 学堂的教育人类学研究》，社会科学文献出版社 2017 年版。

165. 任运昌著：《空巢乡村的守望：西部留守儿童教育问题的社会学研究》，中国社会科学出版社 2009 年版。

166. 桑国元著：《文化人类学与课程研究——方法论的启示》，中国书籍出版社 2013 年版。

167. 沈红著：《结构与主体：激荡的文化社区石门坎》，社会科学文献出版社 2007 年版。

168. 沈红著：《石门坎文化百年兴衰：中国西南一个山村的现代性经历》，

万卷出版有限公司 2006 年版。

169. 石奕龙著:《应用人类学》,厦门大学出版社 1996 版。

170. 石中英著:《教育学的文化性格》,山西教育出版社 1999 年版。

171. 史静寰主编:《走进教材与教学的性别世界》,教育科学出版社 2004 年版。

172. 司洪昌著:《嵌入村庄的学校——仁村教育的历史人类学探究》,教育科学出版社 2009 年版。

173. 苏德、陈中永等著:《中国边境民族教育论》,中央民族大学出版社 2012 年版。

174. 苏德主编:《全球化与本土化:多元文化教育研究》,中央民族大学出版社 2013 年版。

175. 孙东方著:《文化变迁与双语教育演变——中国东北地区达斡尔族民族教育田野个案研究》,中央民族大学出版社 2010 年版。

176. 孙杰远、徐莉著:《人类学视野下的教育自觉》,广西师范大学出版社 2007 年版。

177. 孙若穷主编:《中国少数民族教育学概论》,中国劳动出版社 1990 年版。

178. 滕星、巴战龙、欧群慧等著:《经济文化类型与校本课程建构》,民族出版社 2012 年版。

179. 滕星、海路主编:《人类学视野中的教育研究》,民族出版社 2011 年版。

180. 滕星、胡鞍钢主编:《西部开发与教育发展博士论坛》,民族出版社 2001 年版。

181. 滕星、苏德主编：《教育人类学理论、方法与应用研究——中国教育人类学专业委员会首届年会论文集》，中央民族大学出版社 2015 年版。

182. 滕星、王军主编：《20 世纪中国少数民族与教育：理论、政策与实践》，民族出版社 2002 年版。

183. 滕星、王铁志主编：《民族教育理论与政策研究》，民族出版社 2009 年版。

184. 滕星、王远新、海路主编：《中国少数民族新创文字研究论文选集》，民族出版社 2012 年版。

185. 滕星、王远新主编：《中国少数民族新创文字应用研究——在学校教育和扫盲教育中使用情况的调查》，民族出版社 2011 年版。

186. 滕星、张俊豪主编：《多民族文化背景下的教育研究》，民族出版社 2009 年版。

187. 滕星等著：《书斋与田野——滕星教育人类学访谈录》，民族出版社 2010 年版。

188. 滕星主编：《多元文化教育——全球多元文化社会的政策与实践》，民族出版社 2010 年版。

189. 滕星主编：《多元文化社会的女童教育——中国少数民族女童教育导论》，民族出版社 2009 年版。

190. 滕星主编：《教育的人类学视野——中国民族教育的田野个案研究》，民族出版社 2009 年版。

191. 滕星主编：《教育人类学通论》，商务印书馆 2017 年版。

192. 滕星主编：《乡土知识与文化传承——中国乡土知识传承与校本课程开发研讨会论文集》，民族出版社 2013 年版。

193. 滕星主编：《中国乡土教材应用调查研究》，民族出版社 2011 年版。

194. 滕星著：《教育人类学的理论与实践——本土经验与学科建构》，民族出版社 2009 年版。

195. 滕星著：《文化变迁与双语教育——凉山彝族社区教育人类学的田野工作与文本撰述》，教育科学出版社 2001 年版。

196. 滕星著：《族群、文化与教育》，民族出版社 2002 年版。

197. 滕志妍著：《世俗化时代的宗教与教育》，甘肃教育出版社 2011 年版。

198. 田静著：《教育与乡村建设——云南一个贫困民族乡的发展人类学探究》，中央编译出版社 2013 年版。

199. 涂元玲著：《村落中的本土教育》，山西教育出版社 2010 年版。

200. 万明钢主编：《多元文化视野价值观与民族认同研究》，民族出版社 2006 年版。

201. 万明钢著：《文化视野中的人类行为——跨文化心理学导论》，甘肃文化出版社 1996 年版。

202. 汪洪亮等编：《民国时期边疆教育文选》，黄山书社 2010 年版。

203. 王国维编著：《教育学》，教育世界社 1905 年版。

204. 王洪玉著：《甘南藏汉双语教育历史与发展研究》，民族出版社 2015 年版。

205. 王慧霞著：《民族地区基础教育新课程实施问题研究——两所藏族学校的民族志研究》，天津教育出版社 2013 年版。

206. 王建民著：《中国民族学史》（上卷），云南教育出版社 1997 年版。

207. 王建民、张海洋、胡鸿保著：《中国民族学史》（下卷），云南教育出版社 1998 年版。

208. 王鉴、万明钢著：《多元文化教育比较研究》，民族出版社 2006 年版。

209. 王鉴著：《民族教育学》，甘肃教育出版社 2002 年版。

210. 王军主编：《教育民族学》，中央民族大学出版社 2007 年版。

211. 王连生著：《教育人类学——理论与应用》，五南图书出版有限公司 2002 年版。

212. 王铭铭著：《村落视野下的文化与权力——闽台三村五论》，生活·读书·新知三联书店 1997 年版。

213. 王慕宁著：《现代西洋各派教育哲学思潮概论》，华风书店 1932 年版。

214. 王涛著：《追寻教育的语言基础——一种交际民族志学视野》，广东高等教育出版社 2011 年版。

215. 王锡宏、王文长主编：《民族教育经济学》，知识出版社 1990 年版。

216. 王锡宏主编：《中国边境民族教育》，中央民族学院出版社 1990 年版。

217. 王兆璟、王春梅著：《西方民族主义教育思想研究》，民族出版社 2006 年版。

218. 卫惠林著：《边疆民族问题与战时民族教育》，中山文化教育馆 1938 年版。

219. 魏峰著：《弹性与韧性——乡土社会民办教师政策运行的民族志》，上海三联书店 2009 年版。

220. 温润芳著：《社会变迁中山西乡土教材的编纂与应用研究》，民族出版社 2013 年版。

221. 翁乃群主编：《村落视野下的农村教育——以西南四村为例》，社会科学文献出版社 2009 年版。

222. 吴杰著：《台湾乡土教育历史与模式研究》，民族出版社 2013 年版。

223. 吴天泰等著：《教育人类学》，五南图书出版有限公司 2002 年版。

224. 吴晓蓉著：《教育，在仪式中进行——摩梭人成年礼的教育人类学分析》，西南师范大学出版社 2003 年版。

225. 肖川著：《教育与文化》，湖南教育出版社 1990 年版。

226. 谢启晃著：《民族教育概论》，广西民族出版社 1984 年版。

227. 徐莉著：《民族村落中的教师：文化场视域下教师发展的个案研究》，广西师范大学出版社 2009 年版。

228. 徐书业著：《变革的趋向——转型期的学校文化生态研究》，西南师范大学出版社 2003 年版。

229. 徐迅著：《民族主义》，中国社会科学出版社 2005 年版。

230. 杨红著：《拉祜族女童的教育选择——一项教育人类学的回访与再研究》，民族出版社 2013 年版。

231. 杨军著：《西北少数民族地区基础教育均衡发展研究》，民族出版社 2006 年版。

232. 杨雅彬著：《中国社会学史》，山东人民出版 1987 年版。

233. 姚秀颖著：《文化变迁视角下呼和浩特回族的教育策略选择》，中央民族大学出版社 2009 年版。

234. 于影丽著：《社会转型期乡村文化：传承与断裂——玉村教育人类学考察》，教育科学出版社 2012 年版。

235. 袁春艳著：《人口较少民族生存、文化与教育——基于云南省莽人的人类学考察》，中国社会科学出版社2013年版。

236. 袁汝仪著：《哈佛魔法：从Do Harvard到Do World的哈佛人领袖性教育民族志》，远流出版事业有限公司2010年版。

237. 袁汝仪著：《荷兰视觉艺术教育与师资训练：一个西方案例的教育民族志研究》，五南图书出版有限公司1995年版。

238. 袁同凯编著：《教育人类学简论》，南开大学出版社2013年版。

239. 袁同凯著：《蓝靛瑶人及其学校教育：一个老挝北部山地族群的民族志研究》，中国社会科学出版社2014年版。

240. 袁同凯著：《走进竹篱教室——土瑶学校教育的民族志研究》，天津人民出版社2004年版。

241. 苑青松著：《语文：言语生命的赋形——贵州石门坎“波拉德”课程人类文化学探究》，中国古籍出版社2013年版。

242. 詹栋梁著：《儿童人类学——儿童发展》，五南图书出版有限公司1994年版。

243. 詹栋梁著：《教育人类学》，五南图书出版有限公司1986年版。

244. 詹栋梁著：《教育人类学理论》，五南图书出版有限公司1989年版。

245. 张爱琴著：《民族地区发展与乡土教材开发——宁夏回族社区教育人类学田野调查》，民族出版社2013年版。

246. 张慧真著：《教育与族群认同——贵州石门坎苗族的个案研究(1900—1949)》，民族出版社2009年版。

247. 张济洲著：《文化视野下的村落、学校与国家：一个地方社区基础教育变迁的历史人类学考察》，教育科学出版社2011年版。

248. 张俊豪著：《多元文化中的民族院校》，民族出版社 2011 年版。

249. 张建成主编：《多元文化教育：我们的课题与别人的经验》，师大书苑有限公司 2000 年版。

250. 张苗苗著：《社会变迁中的壮文教育发展——以广西壮文学校为个案》，民族出版社 2011 年版。

251. 张诗亚主编：《百川横流：全球化背景下的多元文化教育国际论坛论文集》，广西师范大学出版社 2007 年版。

252. 张诗亚主编：《风绿山野：黔东南教育人类学考察论文集》，广西师范大学出版社 2009 年版。

253. 张诗亚主编：《言说西南——西部开发与民族教育》（上、下），西南师范大学出版社 2003 年版。

254. 张诗亚主编：《走进西南——西南民族教育考察》，西南师范大学出版社 2003 年版。

255. 张诗亚著：《回归位育——教育行思录》，西南师范大学出版社 2009 年版。

256. 张诗亚著：《祭坛与讲坛——西南民族宗教教育比较研究》，云南教育出版社 1992 年版。

257. 张诗亚著：《西南民族教育文化溯源》，上海教育出版社 1994 年版。

258. 张霜著：《民族学校教育中的文化适应研究——贵州石门坎苗族百年学校教育人类学个案考察》，民族出版社 2012 年版。

259. 张新立著：《“鹰雏虎崽”之教——教育人类学视野下的彝族儿童民间游戏研究》，广西师范大学出版社 2007 年版。

260. 张学强主编：《明清多元文化教育研究》，民族出版社 2006 年版。

261. 张学强主编：《中国少数民族教育与美国多元文化教育比较研究》，民族出版社 2011 年版。

262. 郑金洲著：《多元文化教育》，天津教育出版社 2004 年版。

263. 郑金洲著：《教育文化学》，人民教育出版社 2000 年版。

264. 郑新蓉、杜芳琴主编：《社会性别与妇女发展》，陕西人民教育出版社 2000 年版。

265. 中山大学人类学系主编：《人类学教学理论与实践》，知识产权出版社 2008 年版。

266. 钟海青主编：《文化多样性与教育研究——中国教育人类学专业委员会第二届年会论文集》，中央民族大学出版社 2016 年版。

267. 钟志勇著：《蒙古族传统体育传承的教育人类学研究》，中央民族大学出版社 2012 年版。

268. 周德祯著：《教育人类学导论——文化观点》，五南图书出版公司 1999 年版。

269. 朱解琳著：《甘宁青民族教育史简编》，青海人民出版社 1993 年版。

270. 庄孔韶主编：《人类学通论》，山西教育出版社 2002 年版。

271. 庄孔韶主编：《人类学研究》（第 1 卷），知识产权出版社 2012 年版。

272. 庄孔韶著：《教育人类学》，黑龙江教育出版社 1989 年版。

273. 庄泽宣、陈学恂著：《民族性与教育》，商务印书馆 1938 年版。

274. 邹进著：《现代德国文化教育学》，山西教育出版社 1992 年版。

二、英文著作

1. Alexander F. Chamberlain. *The Child and Childhood in Folk-Thought*.

New York: Macmillan, 1896.

2. Antonia Darder. *Culture and Power in the Classroom: A Critical Foundation for Bicultural Education*. Bergin & Garvey, 1991.

3. Bradley A. U. Levinson, Mica Pollock. *A Companion to the Anthropology of Education*. Chichester: Wiley-Blackwell, 2011.

4. C. K. Nicholson. *Anthropology and Education*. Columbus, Ohio: Charles E. Merril Publishing Company, 1968.

5. Charles Stafford. *The Roads of Chinese Childhood: Learning and Identification in Angang*. Cambridge: Cambridge University Press, 1995.

6. Elizabeth Eddy. *Becoming a Teacher: The Passage to Professional Status*. New Ycrk: Teachers College Press, 1969.

7. George D. Spindler. *Doing the Ethnography of Schooling: Educational Anthropology in Action*. Holt, Rinehart, and Winston, 1982.

8. George D. Spindler. *Education and Cultural Process: Toward an Anthropology of Education*. Holt, Rinehart and Winston, Inc., 1974.

9. George F. Kneller. *Educational Anthropology: An Introduction*. New York: John Wiley & Sons Inc, 1965.

10. Harvey Russell Bernard. *Research Methods in Anthropology: Qualitative and Quantitative Approaches*. Lanham: Rowman & Littlefield Pub. Group, 2011.

11. Joan I. Roberts and Sherrie K Akinsanya. *Educational Patterns and Cultural Configurations: The Anthropology of Education*. New York: David McKay Co., 1976.

12. Murray L. Wax, Stanley Diamond, Fred O. Gearing. *Anthropological Perspectives on Education*. New York: Basic Books, 1971.

13. Nancy Lesko. *Symbolizing Society: Stories, Rites and Structure in a Catholic High School*. Falmer Press, 1988.

14. Nathalie Bulle. *Sociology and Education: Issues in Sociology of Education*. Peter Lang, 2008.

15. Norman K. Denzin, Yvonna S. Lincoln. *The Sage Handbook of Qualitative Research*. Thousand Oaks: Sage Publications, 2011.

16. Paul Willis. *Learning to Labour: How Working Class Kids Get Working Class Jobs*. New York: Columbia University Press, 1981.

17. Philip Wexler. *Becoming Somebody: Toward a Social Psychology of School*. Falmer Press, 1992.

18. Robert A. LeVine. *Culture and Personality: Contemporary Readings*. New York: Aldine, 1974.

19. Sharon Gewirtz, Alan Cribb. *Understanding Education: A Sociological Perspective*. Cambridge: Polity Press, 2009.

20. Solon T. Kimball. *Culture and the Educative Process: An Anthropological Perspective*. New York: Teachers College Press, 1974.

21. Thomas S. Popkewitz. *Critical Studies in Teacher Education: Its Folklore, Theory and Practice*. Falmer Press, 1987.

后　记

本书是在我的博士论文基础上修改而成的。我曾揣摩过它可能的价值，但是，无论如何，它是我学习“人类学与教育”这一广泛的研究领域的一个田野笔记以及初步的思考，这是我对它的评价。从酝酿、搜集资料开始算起，写作和修改这部书稿整整用了七年的时间。它能得以成形，得益于许多师长的指导和朋友的帮助。

首先感谢我的导师滕星教授。在入学后不久，滕星老师就为我选择了这项具有某种战略性的研究课题。在三年博士生学习的过程中，滕星老师给我学术上的帮助和指导远远超过了同门其他同学。他单独为我指导论文、讲授人类学和教育人类学的知识达上百次之多。我也在滕老师家中吃了数不清次数的饭，而且每次都能得到师母沈老师的热情招待。这种深情，我自当深沉地去怀念和感念。我很荣幸成为滕老师的学生，也很荣幸在这个时候跟随滕老师学习。

感谢庄孔韶教授。在滕星老师主持的中央民族大学自主科研课题“教育人类学的理论、方法与应用研究”项目开题论证会上以及中国人类学民族学研究会教育人类学专业委员会成立大会上，庄孔韶老师都对中国教育人类学的历史和主题做了精彩分析，并影响了我论文的构思。庄老师曾经多次到民大足球场与我们博士生一起踢球，在言传身教中“过化”后学。后来，庄老师又在不同场合多次对我的教育人类学的研究主题予以点拨。

感谢潘蛟教授。我曾在 2011 年 9 月至 2012 年 1 月旁听了潘蛟老师的“当代人类学”的课程。潘蛟老师极富思辨的精神，往往能点石成金。感谢邓艳红教授、关凯教授、苏德教授、吴明海教授、常永才教授在开题过程中就我的论文所提出的真知灼见。感谢我国台湾教育人类学家周德祯教授。当得知我正在进行教育人类学历史研究的时候，她不仅十分慷慨地为我寄来了她的两本教育人类学著作，而且对我的写作思路予以了指导。感谢广东外语外贸大学的欧阳护华教授为我提供了他的教育人类学著作，并且欣然应允我的访谈。感谢厦门大学易林教授，他使我顺利地下载到了他的具有教育人类学特色的著作。感谢我的博士后研究指导老师赵旭东教授，赵老师不仅帮助我拓展了人类学研究领域，而且在很多方面加深了我对教育人类学的思考。

感谢我的师兄巴战龙博士。巴师兄一直是我学习的榜样。他为我的论文的构思与写作提供了很多重要的智力支持，并在我沮丧郁闷时给我精神鼓励。感谢海路师兄长期以来对我学业及生活的关心和照顾。感谢师兄张亚辉博士。我曾经旁听过他的一节“知识社会学”的课程，那节课是对福柯之《词与物》的讨论。正是在其后的两次邂逅中，张师兄建议我进一步钻研李安宅的《藏族宗教史之实地研究》与民国时期的边疆教育。这对我的研究大有助益。

感谢加拿大多伦多大学安大略教育研究院的邱亦欣博士。自从相识后，我们一直在网上共享研究资料，就共同关心的学术问题进行讨论。我在论文中很多的思路来自她的启发，她是一位不可多得、值得特别珍惜的志同道合的研究搭档。

感谢正在阿尔伯塔大学人类学系求学的师妹郑晓，她为我购买了一些难以买到的教育人类学著作。她的热情与执着令人赞赏。感谢香港中文大学教育学院的张玉婷博士为我寻找研究资料。感谢师妹杨琦雪为我从美国购买了教育人类学的经典著作。感谢章光洁博士、杨瑞芬博士在我论文修改、完善过程中所做的细致而耐心的工作。感谢中央民族大学 2013 届博士才佳兴、赵金虎、加俊、吴振华、李榆、孙晓勇、姚霖、王清、于涛、刘东旭、代启福、张振兴、常劲松、马亮、王向然、高明、杨兴猛、董林、张光昕、邹卫中、陈卫亚等诸位好友，他们收藏的书籍成为我学习的巨大宝藏。感谢“人类学、社会学与教育”QQ 群的老师和朋友们，他们不断发起的学术讨论，为我论文不断增添新的思路与视角。

感谢人民教育出版社的刘立德编审、刘捷编审、曾红梅编审和冯卫斌副编审。他们为本书的修改完善付出了大量的心血，提供了特别有力的专业支持和帮助。

博士学位论文的选题、开题、研究、写作、修改的过程，也是我的女儿孕育、出生和成长的过程，如今我的女儿即将上小学。每当看到她的时候，我都非常愧疚，因为我对论文撰写投入的时间和精力远比照顾女儿要多得多。此书献给我善良淳朴的妻子，同时献给我伶俐聪慧的女儿。我还要向生我、养我的父母致敬！在我追求所谓理想的过程中，他们一直坚定地支持我、鼓励我。

本项研究获得了 2012—2013 年度“联校教育社科医学研究论文奖计划”哲学、社会科学一等奖资助（项目编号为 JY12046），谨向对“联校教育社科医学研究论文奖计划”提供资助和指导的香港圆玄学院、汤伟奇先生和杜祖贻先生表示谢意，向项目评审专家致以谢意。

对当代的学科历史进行研究将会面临各种质疑或非议，尤其是 20 世纪 80 年代后的中国教育人类学的历史。这段历史涉及的人物、作品、观点大多与当前教育人类学的研究者们有着千丝万缕的联系，学科本体论、方法论问题远没有达到形成共识的程度，学术之争还是存在的，不同学科背景的研究者对“教育人类学到底是什么”的争论还在继续。因此，本书的撰著是一项非常困难的任务，面临着风险，即来自不同人群的非议、指责以及各种批判。但是，我相信，历史研究本身就是一项敞开的事业，人们对历史的认识需要一个长期的过程，而且历史研究文本也要不断被修改甚至重写。我希望本书能够引发中国教育人类学研究者的争论。我相信不同学派、不同观点的争鸣对于学科成长和发展至关重要。

由于民国时期民族教育和边疆教育材料繁多，其他时期的一些资料还有待进一步搜集、整理和分析，加之鄙人学力有限，对一些问题的研究或论述难免会有不足或错误。在此，我诚恳地希望学界同人和读者多多给予批评和指教，并希望有关人士提供材料，以期能做进一步的修改和完善。

陈学金

2018年6月20日于北京